Mutual internal migration has been an age-long feature of interaction among the various groups not only of West Africa, but other parts of Africa. The economic situation in Africa has also given rise of late to migration beyond the African continent by asylum seekers to Europe. All these migration trends have also had serious impact both positive and negative not only on the African continent, but on its citizens. It therefore, becomes imperative that scholars and those interested in the well-being of the African continent and its citizens should focus on these developments. This publication is, therefore, most welcome in focusing attention on this significant development. **Bolanle Awe**—*Professor of History; Former Director, Institute of African Studies, University of Ibadan, Nigeria; Pioneer Country Director (Nigeria), John D. & Catherine T. MacArthur Foundation, USA; Former Pro-Chancellor, University of Nigeria, Nsukka.*

Although much of the public discourse concerning African migration concerns the attempted movement to other parts of the world, academic writing has repeatedly noted that most migration takes place within the continent. However, it has tended to focus on the same sets of familiar cases and issues. These companion volumes are refreshing because they introduce us to many less well-known instances which amply illustrate just how mobile African populations really are at the regional, intra-regional and global scales. The focus on the ways in which migrants carve out livelihoods in liminal urban and border settings; seek to maximize their educational options; and relate to the structures of neighbouring states offers much that is new. Other contributions which address so-called international migration shed interesting light on questions of the family in migration, the formation of diasporas and the central role of remittances for sending communities. The various contributions, emanating from younger scholars who are often researching countries other than their own, are both empirically rich and informed by larger comparative literatures on mobility. These collections, which are clearly framed by the editors, deserve a wide readership. **Paul Nugent**—*Professor of Comparative African History, University of Edinburgh, UK*

Un ouvrage d'une grande actualité qui aborde la question des migrations sous un angle radicalement nouveau et original : l'articulation dynamique entre la migration, la mobilité et le développement en Afrique de l'Ouest. L'ouvrage transcende les discours habituels sur les "vagues migratoires" Sud-Nord pour réfléchir aux apports considérables des mobilités intra-africaines, à la fois sociaux, économiques et culturels. Grâce à des enquêtes de terrain passionnantes, menées par des acteurs engagés de la recherche et de la société civile, ces deux volumes bilingues (français-anglais) renouvellent le débat sur les migrations : de quoi faire réfléchir ensemble l'Afrique et l'Europe. **Marie-Caroline Saglio-Yatzimirsky**—*Professeure, Anthropologie des migrations et du développement, INALCO, CESSMA, Paris*

In times of fear of a so-said 'mass exodus' from Africa to Europe, it is a priority to bring nuance through sound empirical analyses. African migrants predominantly move within the continent. The two volumes edited by Elieth P. Eyebiyi and Angèle F. Mendy present rich empirical case-studies on intra-regional mobility patterns and its consequences. They offer inedited reflections on the relations between migration, mobility and development in Africa. The in-depth knowledge of the mostly African authors adds to the quality of a research field, which was for long far too Eurocentric. **Ilke Adam** —*Political Science Professor Migration and Diversity, Vrije Universiteit Brussel (Belgium)*

Cet ouvrage collectif est à la fois remarquable et salutaire. A l'heure où les sciences sociales occidentales, – influencées par l'agenda politique des bailleurs de la recherche en Europe -, restent braqués sur un épiphénomène requalifié de 'crise migratoire', il était temps de mettre en lumière ce que *migration* et *mobilité* représentent en Afrique. L'ouvrage offre une perspective originale et décoloniale sur le sujet de la mobilité et des migrations africaines, avec une focale géographique sur l'Afrique de l'Ouest tant anglophone que francophone. Ces textes sont le produit d'une recherche indépendante. Ensemble, ils constituent une contribution importante, non seulement à la connaissance générale sur les phénomènes migratoires et leur relation aux dynamiques de développement, mais aussi au désenclavement tant de la recherche africaine que de la recherche européenne. **Eric Hahonou** — *maître de conférences, Université de Roskilde, Danemark*

In this double-volume on *Migration, Mobilities, and Development in Africa*, Elieth P. Eyebiyi and Angele F. Mendy, have successful assembled not only competent team of researchers but also opened intellectual canvas to reflect on often ignored dynamics of intra-African migrations mediated by rhizomatic social relationships while refreshingly distancing their work from common developmentalist perspectives with their predictable focus on poverty and crimes alluded to migrants. **Sabelo J. Ndlovu-Gatsheni**—*University of South Africa (UNISA), author of* **Epistemic Freedom in Africa: Deprovincialization and Decolonization** *(Routledge, 2018)*

Migrations, Mobilities and Developments in Africa Vols 1 & II are a seminal contribution to international literature and research. Scholars will find contemporary tropes problematised and nuanced prisms adopted to illuminate the researched local realities. The themes of the books are comprehensively and expansively examined from the stand points of multiple actors/families engaged in mobility. The chapters are authored and located in Africa but the grounded approach to research and the findings offer insights into human resilience that should be of great relevance to migration/mobility scholars around the world. **Olga Bursian** (PhD) – Author of **Migrant Women Act** 2011, Champaign, Illinois: Common Ground.

MOBILITÉS, CIRCULATIONS ET FRONTIÈRES

MOBILITÉS, CIRCULATIONS ET FRONTIÈRES

MIGRATIONS, MOBILITES ET DEVELOPPEMENT EN AFRIQUE
TOME I

ELIETH P. EYEBIYI ET ANGÈLE FLORA MENDY

DARAJA PRESS & LASDEL

Publié par Daraja Press
(https://darajapress.com)
pour
LASDEL/MIGDEVRI
BP 12 901, Niamey, Niger
BP 1 383, Parakou, Bénin
www.lasdel.net, lasdel@lasdel.net
© LASDEL/MIGDEVRI 2019
Tous droits réservés

Illustration de couverture: Kate McDonnell
© Photographie tirée du film *River Nomads* d'Eric Hahonou & Lotte Pelckmans

Edité avec le soutien financier de la Coopération Suisse au Bénin

Catalogage avant publication de Bibliothèque et Archives Canada
Titre: Migrations, mobilités et développement en Afrique / sous la direction d'Elieth P. Eyebiyi et Angèle Flora Mendy.
Noms: Eyebiyi, Elieth P., 1985- éditeur intellectuel. | Mendy, Angèle Flora, 1974- éditeur intellectuel.
Description: Comprend des références bibliographiques. | Sommaire: vol. 1. Mobilités, circulations et frontières -- vol. 2. Stratégies familiales, diasporas et investissements. | Textes en français et en anglais.
Identifiants: Canadiana (livre imprimé) 20190180137F | Canadiana (livre numérique) 20190180420F | ISBN 9781988832432 (vol. 1 ; couverture souple) | ISBN 9781988832456 (vol. 2 ; couverture souple) | ISBN 9781988832449 (vol. 1 ; livre numérique) | ISBN 9781988832463 (vol. 2 ; livre numérique)
Vedettes-matière: RVM: Afrique occidentale—Émigration et immigration—Aspect économique. | RVM: Afrique occidentale—Émigration et immigration—Aspect social. | RVM: Main-d'oeuvre—Mobilité—Afrique occidentale. | RVM: Étudiants—Mobilité—Afrique occidentale. | RVM: Afrique occidentale—Émigration et immigration.
Classification: LCC JV9020 .M54 2019 | CDD 325/.266—dc23

Library and Archives Canada Cataloguing in Publication
© Photographs taken from the film *River Nomads* of Eric Hahonou & Lotte Pelckmans
Title: Migrations, mobilités et développement en Afrique / sous la direction d'Elieth P. Eyebiyi et Angèle Flora Mendy.
Names: Éyébiyi, Élieth P., editor. | Mendy, Angèle Flora, editor.
Description: Includes bibliographical references. | Contents: v. 1. Mobilités, circulations et frontières -- v. 2. Stratégies familiales, diasporas et investissements. | Text in French and English.
Identifiers: Canadiana (print) 20190180137E | Canadiana (ebook) 20190180420E | ISBN 9781988832432 (v. 1 ; softcover) | ISBN 9781988832456 (v. 2 ; softcover) | ISBN 9781988832449 (v. 1 ; ebook) | ISBN 9781988832463 (v. 2 ; ebook)
Subjects: LCSH: Africa, West—Emigration and immigration—Economic aspects. | LCSH: Africa, West—Emigration and immigration—Social aspects. | LCSH: Labor mobility—Africa, West. | LCSH: Student mobility—Africa, West. | LCSH: Africa, West—Emigration and immigration.
Classification: LCC JV9020 .M54 2019 | DDC 325/.266—dc23

Table des matières

Remerciements — ix

Avant-propos : MIGDEVRI, un programme de recherche novateur — xi
Elieth P. EYEBIYI

Foreword: MIGDEVRI, an innovative research program — xiii
Elieth P. EYEBIYI

Préface — xv
Jean-Pierre OLIVIER DE SARDAN

Preface — xix
Jean-Pierre OLIVIER DE SARDAN

INTRODUCTION

Introduction : Examiner les liens entre migrations, mobilités et développement en Afrique — 3
Elieth P. EYEBIYI et Angèle Flora MENDY

Introduction : Examining the Links between migration, mobility and development in Africa — 23
Elieth P. EYEBIYI & Angèle Flora MENDY

MOBILITÉS, DROITS ET ENSEIGNEMENT SUPÉRIEUR / MOBILITIES, RIGHTS AND HIGHER EDUCATION

1. A historical trajectory of cross-border migration between Nigeria and her West African neighbours — 43
Sylvester KOHOL

2. Togolese-Yoruba Women Relations in Ibadan, 1990-2012 — 57
Mutiat Titilope OLADEJO

3. Protection des droits des travailleurs migrants burkinabè en Afrique centrale — 73
Irissa ZIDNABA et Nyalo Barkissa DRABO

4. Internationalisation and quality of higher education in Africa : A comparative study of Makerere University and University of Lagos 95
Lawrence Rafaih OKELLO

5. La mobilité des étudiants à l'université Ouaga I Professeur Joseph Ki-Zerbo 119
Zakaria SORÉ

CIRCULATIONS ET FRONTIÈRES / CIRCULATIONS AND BORDERS

6. Lagos : Negotiating urban mobilities in an age of mobile telephony 137
Naluwembe BINAISA

7. Trajectoires et expériences migratoires de ressortissants ouest-africains à Yaoundé 153
Astadjam YAOUBA

8. Cascadeurs de motos et contournement des normes dans l'espace CEMAC (1990-2015) 183
Loppa NGASSOU

9. Mobilité quotidienne et pratiques locales autour du poste de contrôle juxtaposé entre le Bénin et le Niger 211
A. Aziz MOSSI

10. Métamorphoses et gouvernement de la figure de l'étranger au Maroc 237
Alimou DIALLO

Résumés / Abstracts 257

Les auteurs / Contributors 269

Remerciements

Initié par la coordination du programme « Migration, Development, and Regional Integration » (MIGDEVRI), cet ouvrage en deux tomes est un produit des quatre ateliers du cycle de conférences MIGDEVRI, tenus au Bénin, au Nigeria, au Burkina-Faso et au Niger, de 2015 à 2017. Si le présent tome traite des « Mobilités, circulations et frontières », le tome 2 s'intitule pour sa part « Stratégies familiales, diasporas et investissements ».

À ce titre, le Laboratoire d'études et de recherches sur les dynamiques sociales et le développement local (LASDEL) et les coordinateurs de l'ouvrage, et plus largement du programme MIGDEVRI, sont redevables au comité scientifique du programme, aux différents comités de sélection, à l'International Migration Institute (IMI) d'Oxford, au Laboratoire méditerranéen de sociologie (LAMES) à Marseille, au Groupe interdisciplinaire de recherche sur l'éducation et les savoirs (GIRES) de l'Université Cheikh Anta Diop de Dakar, à Covenant University – Ota Ogun State, Nigeria, au Laboratoire d'analyse quantitative appliquée au développement – Sahel (LAQAD-S) à l'Université Ouaga II, au Burkina Faso, et à toutes les institutions ayant collaboré par la suite. Une mention spéciale doit être faite aux organes de presse impliqués dans le programme : Radio Soleil FM, Radio Chine International (bureau de Dakar), le quotidien béninois *L'Événement Précis* et l'hebdomadaire burkinabè *Le Reporter*.

Les auteurs expriment leur gratitude à Sylvie Mazzella pour ses conseils à l'amorce de cette initiative ; à Adjaratou Aminou pour sa grande contribution au travail de traduction, ainsi qu'à Romain Dampi Somoko, pour la traduction de la préface et de l'introduction de ce livre ; à Oliver Bakewell, Sylvie Bredeloup, Eric Hahonou, Marie-Laurence Flahaux, Eugène Allossoukpo, Boubacar Niane, Abou-Bakari Imorou, Abdoua El Hadji Dagobi, Cather Nansounon, Hamani Oumarou et à l'ensemble des chercheurs du LASDEL tant au Bénin qu'au Niger.

Les auteurs remercient Charles Becker pour ses commentaires et l'accompagnement fourni aux auteurs sur les versions antérieures du manuscrit. Leur reconnaissance va également à Eric Hahonou et à Lotte Pelckmans, pour leur autorisation de reproduire à titre gracieux une photographie tirée de leur film *River Nomads*, qui illustre la couverture de ce livre. Leurs vifs remerciements s'adressent à Jean-Pierre Olivier de Sardan, qui a accepté de rédiger la préface de ce livre, et à Nassirou Bako Arifari : ils ont tous deux apporté leurs conseils scientifiques constants. La grande détermination de Serge Oumow, Odile Inauen, Fabrice Fretz, Anicette Djokpe Savoedo, ainsi que l'efficacité de Siddo Moumouni et de Claude Houinato, ont facilité grandement l'aboutissement de MIGDEVRI. Cet ouvrage leur est dédié.

L'Institut des sciences sociales de l'Université de Lausanne a financé la traduction de l'introduction et de la préface du présent tome.

Enfin, ce livre n'aurait pu exister sans l'appui financier du Programme Global Migration et Développement de la Coopération suisse.

Avant-propos : MIGDEVRI, un programme de recherche novateur

ELIETH P. EYEBIYI

Cet ouvrage s'achèvait au moment où, fin 2017 la chaîne de télévision CNN a diffusé un reportage consacré à la vente de migrants sur des marchés aux esclaves en Libye. L'émotion a été mondiale et la polémique forte : le rapatriement des "migrants" a commencé pour certains pays et les discours d'appel à la jeunesse se sont multipliés pour ne plus tenter l'aventure, quitte à réfuter tout droit à la mobilité. Les médias ont évoqué la résurgence d'un phénomène historique douloureux, la traite négrière, souvent méconnue dans sa dimension transsaharienne.

En 2015 naissait au sein du LASDEL le Programme "Migration, Development, and Regional Integration" (ou "Migration, développement et intégration régionale"), de son acronyme "MIGDEVRI". Son ambition était de « créer un espace de discussions scientifiques et professionnelles autour des thématiques fortes que constituent la migration, la mobilité et le développement [...] dans le contexte sous régional ouest-africain. Au-delà des préjugés, il entend ouvrir de nouvelles pistes de réflexion pour comprendre sur la base de recherches empiriques les liens entre la migration/mobilité, ses différentes formes et les défis contemporains qui se posent aux États ouest-africains ».

Porté par le LASDEL-Bénin et soutenu par une forte contribution de la Coopération suisse, ce programme de recherche innovait en tentant de réunir à la fois de jeunes chercheurs encadrés par des seniors et des intervenants issus de la société civile, du monde politique et des ONG travaillant sur la thématique des migrations, ainsi que des journalistes conviés non pas pour "couvrir" un événement, mais pour prendre part activement et de bout en bout aux activités.

L'activité phare a été un cycle de quatre ateliers bilingues français-anglais tenus respectivement à Ouidah (Bénin), ancien port négrier du golfe de Guinée, Ota (Nigeria) à quelques encablures de la mégalopole Lagos, Niamey (Niger) au cœur du Sahel dans un pays aux prises avec le passage massif des migrants, et Ouagadougou (Burkina-Faso) terre d'émigration historique en direction notamment des plantations de café et de cacao de la Côte d'Ivoire et du Ghana. MIGDEVRI a aussi organisé des ateliers d'écriture scientifique durant les ateliers bilingues du Programme pour développer les capacités des jeunes chercheurs du continent ; tenu des cafés-livres avec divers auteurs ; offert des bourses de résidence à des jeunes chercheurs pour accéder à d'importantes ressources bibliographiques actualisées, sur le site du LASDEL à Parakou (Bénin), et travailler sur leurs propres projets en lien avec les thématiques du programme (articles ou projets de thèse notamment). Quelques-uns de ces résidents contribuent d'ailleurs au présent ouvrage. Le programme a aussi édité la lettre semestrielle *Migrations & Mobilities*, également bilingue, et développé un ensemble de capsules audio et d'articles de presse permettant aux chercheurs de communiquer leurs résultats dans des formats adaptés aux médias de la sous-région. MIGDEVRI a enfin promu la diffusion de résultats de recherches à travers des approches filmiques.

Le présent ouvrage en deux tomes vise d'une part à capitaliser une partie des réflexions issues du programme de 2015 à 2017 et d'autre part à fournir une lecture critique et diversifiée des liens *entre les migrations, les mobilités et le développement*. Ce triptyque s'est rapidement imposé au plan conceptuel afin de dépasser le piège des lectures réductionnistes du concept de *migration* où les préoccupations sécuritaires et économiques des uns tendent à dénier aux autres tout droit à la mobilité ; et bien souvent oublient l'apport pourtant inestimable des migrants tant pour leurs pays de départ que pour leurs pays d'adoption et même de transit. Traiter des migrations sans parti pris théorique ou disciplinaire en intégrant sociologues, démographes, anthropologues, politistes, et historiens ; favoriser des échanges autour des liens entre migrations, mobilités et développement ; établir une passerelle entre pays anglophones et francophones de la région qui jusque-là collaboraient très peu au plan scientifique : ce sont les objectifs qui ont guidé ce programme.

Le programme a accueilli des chercheurs venus de l'Afrique de l'ouest, mais aussi d'ailleurs : Ouganda, Maroc, Suisse, France, Norvège. MIGDEVRI a permis de produire des connaissances nouvelles sur les liens entre migrations, mobilités et développement, dans la sous-région ouest-africaine, mais également sur plusieurs pays d'Afrique centrale et du Nord. Ce livre en témoigne.

Elieth P. Eyebiyi, *Coordonnateur*

Foreword: MIGDEVRI, an innovative research program

ELIETH P. EYEBIYI

This book was conceived when, at the end of 2017, CNN television channel broadcasted a report on migrants sold in slave markets in Libya, an event that provoked strong emotion and controversy worldwide. Some countries began repatriation of « migrants ». Many voices were raised to call the young people not to attempt this adventure, in effect refuting all rights to mobility. The media spoke of the resurgence of the slave trade, a painful historical phenomenon, frequently overlooked in its trans-Saharan dimension.

In 2015 the Program "Migration, Development, and Regional Integration" known as *MIGDEVRI* was born within LASDEL. Its ambition was to « create a space for scientific and professional discussions around the strong themes of migration, mobility and development [...] in the West African sub-regional context. It intends to open new avenues of reflection that goes beyond prejudice in order to understand the links between migration / mobility, its different forms and the contemporary challenges facing West African states on the basis of empirical research « .

Supported by the LASDEL Bénin, with a strong contribution from Swiss Cooperation, this research program brought together young researchers supervised by senior researchers and stakeholders from civil society, politics and NGOs as well as journalists working on the theme of migration who were invited not to « cover » an event, but to take an active and full part in our activities.

The flagship activity was a cycle of four bilingual French-English workshops held respectively in Ouidah (Bénin), the former slave port of the Gulf of Guinea; in Ota (Nigeria), not far from the Lagos megacity; in Niamey (Niger), a country in the heart of Sahel grappling with the massive passage of migrants; and in Ouagadougou (Burkina-Faso), a land of historical emigration towards the coffee and cocoa plantations of Côte d'Ivoire and Ghana.

MIGDEVRI also organized scientific writing sessions during the program's bilingual workshops to empower young researchers on the continent; book-readings were held with various authors. We also provided residency grants to young researchers to assist them to access important updated bibliographic resources on the LASDEL site in Parakou (Bénin) as well as to work on their own projects related to the themes of the program (articles or thesis projects in particular). Some of these residents in contributing to this book. The program also arranged to publish the biannual and bilingual newsletter *Migrations & Mobilities*, and developed a set of audio clips and press articles allowing researchers to communicate their results in formats adapted to the media of the sub-region. And finally, MIGDEVRI has promoted the dissemination of research results through visual anthropology approaches using movies broadcasting.

This two-volume book aims to capitalize on some of the reflections from the 2015-2017 program and to provide a critical and diversified reading of the links between migration, mobility and development. This aim was to overcome the reductionist considerations of the concept of migration which highlight the security and economic concerns of some by denying others the right to mobility, and which often forget the inestimable contribution of migrants both in their countries of departure, their countries of adoption and even during transit. We sought to discuss migrations without any theoretical or disciplinary bias, by involving sociologists, demographers, anthropologists, political scientists, and historians, fostering exchanges about the links between migration, mobility and development. One of the goals of the program was to bridge the gap between anglophone and francophone countries in the region that previously had previously had little scientific collaboration.

The program welcomed researchers not only from West Africa, but also from: Uganda, Morocco, Switzerland, France, Norway. MIGDEVRI has produced new knowledge on the links between migration, mobility and development, in the West African sub-region, and on several countries of Central and North Africa, as this book testifies.

Elieth P. Eyebiyi, *Coordinator,*MIGDEVRI

Translated from French by Adjaratou Aminou

Préface

JEAN-PIERRE OLIVIER DE SARDAN

Aujourd'hui, en Europe, et par conséquent dans les médias inter-nationaux, la « question migratoire » est entièrement focalisée sur les vagues récentes de migrations Sud – Nord, qu'elles aient pour origine les guerres en Afrique ou au Moyen-Orient, le non-respect des droits de l'homme, la misère et le sous-développement, la quête d'un avenir meilleur ou le dérèglement climatique. Les peurs que cet « afflux » migratoire suscite sont non seulement à l'origine de la montée des extrêmes droites, mais aussi au cœur d'une réorientation significative de l'aide internationale en direction de l'Afrique. Cette aide internationale priorise de plus en plus les questions démographi-ques, parce que la « bombe démographique » menacerait l'Europe par le biais des migrations, et les questions sécuritaires, du fait de l'imbrication au Sahel du djihadisme, des trafics de drogue et des trafics de migrants.

Cette réorientation impacte aussi la recherche scientifique et l'ingénierie de la consultance, et donc la production de connaissances, avec une floraison d'appels d'offre pour des travaux et des enquêtes sur les questions démographiques (en particulier la planification familiale) et les questions sécuritaires, ce qui inclut le contrôle des flux migratoires. Or les migrations vues d'Afrique, comme la sécurité vue d'Afrique, produisent des connaissances fort différentes de celles qui sont issues d'une perspective européo-centrée. Par exemple, au Sahel, les migrants font vivre des milliers de villages et contribuent sans doute davantage à lutter efficacement contre l'insécurité alimentaire que la pourtant fort imposante aide humanitaire occidentale. De plus, la plupart de ces migrants vont vers d'autres pays africains. Toujours au Sahel, les préoccupations sécuritaires des populations locales sont bien réelles, mais elles portent plus sur le vol de bétail, les coupeurs de route et la délinquance de proximité que sur le terrorisme, dans un contexte d'incapacité des états à délivrer de façon satisfaisante la sécurité en tant que bien public[1].

Il est donc salutaire de changer de focale et de perspective, et de s'intéresser aussi, voire enfin, aux migrations intra-africaines. Ce livre est un apport précieux à cet égard. En effet, les migrations intra-africaines sont bien plus importantes, quantitativement, mais aussi économiquement et historiquement, que les migrations de l'Afrique vers l'Europe. Elles sont beaucoup plus silencieuses et infiniment moins étudiées que les migrations Sud – Nord. Elles

---

1. Néanmoins, l'Afrique est de plus en plus touchée par les guerres et le terrorisme : certaines zones d'insécurité chronique sont donc devenues des sites de production de réfugiés comme d'autres zones, limitrophes, sont devenues des sites d'accueil de réfugiés. Ces situations extrêmes relèvent d'un autre type d'analyse.

ont, le plus souvent, un autre rapport au temps (saisonnières ou cycliques, par exemple), à l'espace (les frontières ne jouent qu'un rôle mineur), à la compétence (elles sont souvent liées à des niches professionnelles ou à des spécialisations), à la culture (le « choc culturel » de la migration vers l'Europe fait place à un air de famille entre le point de départ et le point d'arrivée), à la loi (l'immigration y est beaucoup plus informelle que clandestine) ou à la nation (les réseaux ethniques y sont plus importants que les appartenances nationales).

Ces migrations sont vitales, tant pour les pays de départ que pour les pays d'arrivée. Du Sénégal, du Mali, du Burkina Faso, du Niger, du Tchad, et ceci depuis la colonisation française, des millions de jeunes migrants partent chaque année pour les pays de la côte : Bénin, Togo, Nigeria, Côte d'Ivoire ou encore Ghana. Ils sont autant de bouches de moins à nourrir en saison sèche, mais aussi leurs envois d'argent permettent de soutenir leurs familles et d'affronter les soudures saisonnières et les famines. Le mécénat des « ressortissants » – ces membres de la diaspora qui ont réussi, tels par exemple les riches commerçants nigériens de Lomé ou de Lagos –, permet souvent de doter leurs villages d'origine d'infrastructures (écoles, dispensaires, pompes, etc.). Pour les jeunes, partir en migration est quasiment un rite de passage, c'est accéder à la maturité, c'est accumuler de quoi payer une dot et se marier, c'est briller aux yeux des filles quand on revient au pays. Dans les pays d'accueil, les migrations intra-africaines sont précieuses, et ne suscitent pas les mêmes résistances, les mêmes fantasmes et les mêmes peurs qu'en Europe. Elles sont le plus souvent inscrites dans le paysage social comme un phénomène normal, où les migrants ont une place attitrée : les bijoutiers sénégalais, les bouchers *hawsa*, les éleveurs *peuls*, les « Nana Benz » togolaises sont à travers l'Afrique de l'Ouest, et parfois bien loin de leur pays d'origine, des figures familières et indispensables des transactions et interactions quotidiennes.

Il ne faudrait pas pour autant penser que les migrations intra-africaines se déroulent sans heurts et sans problèmes, comme dans un monde idéal. Le racisme ou la stigmatisation ne sont pas absents : on le voit en particulier dans les pays arabes à l'égard des Africains noirs, mais c'est aussi une réalité subsaharienne, en particulier sous forme épisodique de flambées xénophobes violentes, qui se sont manifestées jusque dans le pays de Nelson Mandela. L'insécurité liée au statut d'étranger affleure bien souvent – rappelons-nous les dérives de l'ivoirité –, et les rackets policiers ou douaniers envers les Africains venus d'ailleurs sont plus ciblés, plus intensifs et plus violents que sur les nationaux, car les premiers sont plus vulnérables.

Cependant les tensions ne sont pas seulement liées aux migrations d'un pays à l'autre, mais aussi aux mobilités internes à un pays. Les éleveurs transhumants sont loin aujourd'hui d'être toujours bienvenus dans leur propre pays, lorsqu'ils sont dans des zones agricoles. Les ruraux qui affluent en ville sont souvent méprisés par les citadins des classes moyennes. Les clivages entre populations septentrionales et populations côtières d'un même pays sont avivés par la venue des uns chez les autres et vice-versa, et amplifiées par les stéréotypes et les différences linguistiques.

C'est justement un autre atout de ce livre que d'intégrer les migrations dans la perspective plus large des mobilités. Le déplacement permanent d'un pays à l'autre (migration) ne peut être complètement dissocié des déplacements plus épisodiques des citoyens à l'intérieur de leur propre pays (mobilité). Que dire de l'affectation d'un instituteur dakarois en Casamance, d'un magistrat natif de Bamako à Kidal, ou d'un infirmier ibo à Kano ? Ne s'agit-il pas de mobilités internes parfois aussi problématiques que bien des trajectoires migratoires externes ? Il existe d'ailleurs de nombreuses zones grises entre « migrations » et « mobilités » : lorsque des étudiants burkinabès viennent passer quatre années à l'Université d'Abomey-Calavi au Bénin, nul ne parle à leur propos de « migrants », et il en est de même pour des expatriés européens travaillant dans le secteur du développement ou de l'humanitaire au Mali, des cadres de l'industrie pétrolière affectés au Nigeria ou au Gabon, ou des grands commerçants d'Afrique de l'Ouest voyageant régulièrement vers Dubaï ou la Chine. Comme si le terme de « migrant » était réservé aux démunis... Les migrations évoquent aujourd'hui, selon la perspective européenne, la quête d'un travail (ou d'une nouvelle vie) pour des gens qui, dans leur pays, n'en trouvent pas ou n'en ont plus, alors qu'on utilisera plutôt le terme de mobilité pour des séjours professionnels à l'étranger de personnes qualifiées. Mais la frontière est-elle si nette, et est-elle même pertinente ? Le sens commun, en Afrique, ne fait d'ailleurs pas cette distinction, dans la mesure où l'on entend souvent cette remarque : « les Blancs nous rejettent quand nous allons chez eux, alors que ceux d'entre eux qui viennent chez nous sont très bien traités et ont droit à tous les égards ». Cette comparaison met de fait sur le même plan ce qui relève d'un côté d'une « migration » (l'Africain refoulé aux frontières de l'Europe ou logé dans un foyer sordide) et de l'autre d'une « mobilité » (le coopérant technique dans sa villa ou le touriste dans son hôtel). Plus généralement l'analyse des mobilités est un aspect majeur de ce que certains ont appelé la « glocalisation » : la conjonction entre les phénomènes massifs de la globalisation ou de la mondialisation, et le rôle central que gardent néanmoins les contextes locaux.

Intégrer les migrations dans le processus social plus vaste des mobilités permet aussi de sortir des visions misérabilistes, populistes, ou stigmatisantes qui dominent dès lors qu'il est question de migrations. Les mobilités – y inclus les migrations – constituent un phénomène banal, normal, routinier, intégré dans le cours ordinaire de la vie des individus, en Afrique comme ailleurs, mais sans doute plus encore en Afrique qu'ailleurs, pour des raisons historiques : rappelons-nous entre autres l'importance des déplacements précoloniaux ; la valse des affectations sous la domination coloniale (AOF et AEF) ; la transnationalité des politiques de développement, des interventions des bailleurs de fonds, des ONGs, et des « modèles voyageurs » exportés dans tout le continent. La sociologie et l'anthropologie des migrations et des mobilités en Afrique ne constituent sans doute pas une sous-discipline spécifique (alors qu'elles le sont devenues en Europe), tant migrations et mobilités sont imbriquées dans les formes quotidiennes de la vie sociale. Les mobilités sont en Afrique une composante majeure des biographies individuelles, des interactions routinières et des sociabilités. Tout sociologue ou tout anthropologue africain est confronté aux mobilités, quel que soit son objet d'étude, et il est obligé inversement de ne pas s'y cantonner.

C'est un troisième mérite de cet ouvrage que d'être écrit par de jeunes chercheurs africains, dont aucun n'est un spécialiste attitré des migrations, mais qui utilisent celles-ci comme une porte d'entrée. Une des sources de renouvellement des sciences sociales dans les prochaines décennies viendra très probablement de chercheurs africains, produisant à partir de leurs terrains spécifiques des analyses à valeur générale sur les sociétés contemporaines.

Enfin, on peut penser que les migrations et mobilités intra-africaines se situent dans un registre très particulier, qui, aujourd'hui, est sans doute un des derniers signes qui subsistent des rêves panafricanistes du XXe siècle : tout Africain est quelque part un « frère » ou un « cousin » où qu'il se trouve en Afrique. Simplement, il ne faut pas oublier que la famille est un lieu de rivalités tout autant que de solidarités.

Comme il ne faut pas oublier la spécificité des migrations et des mobilités africaines et ce qu'elles peuvent nous apprendre sur les migrations et les mobilités au Nord.

Jean-Pierre OLIVIER DE SARDAN, Directeur de recherche émérite au CNRS, Directeur d'études à l'EHESS (France), Chercheur au LASDEL (Niger)

Preface

JEAN-PIERRE OLIVIER DE SARDAN

Nowadays, in Europe, and consequently in the international media, the "migration issue" is entirely focused on the recent waves of South-North migration, whether originating from wars in Africa or the Middle East, the lack of respect for human rights, misery and underdevelopment, the quest for a better future or climate change. The fears generated by this migratory "influx" are not only at the root of the rise of far-right political parties, but also at the heart of a significant reorientation of international aid to Africa. This international aid is increasingly prioritizing demographic issues, because the "demographic bomb" could threaten Europe through migration, and security issues, because of the interweaving of jihadism, drug trafficking, and smuggling of migrants in the Sahel.

This reorientation also impacts scientific research and consultancy engineering, and hence knowledge production, with a flurry of tenders for work and surveys on demographic issues (especially family planning and security issues), which includes the control of migratory flows. But migrations seen from Africa, like security seen from Africa, produce very different knowledge from those from a European-centered perspective. For example, in the Sahel, migrants support thousands of villages and are likely to be more effective in fighting food insecurity than the massive Western aid. Moreover, most of these migrants go to other African countries. Still in the Sahel, the security concerns of local people are real, but they are more about cattle theft, road ransoming and delinquency of proximity than on the terrorism, in a context of incapacity of the states to deliver satisfactorily the security as public good.[1]

It is therefore beneficial to change focus and perspective, and to be interested also, or even at last, in intra-African migration. This book is a valuable contribution in this regard. In fact, intra-African migrations are much more important, quantitatively, but also economically and historically, than migration from Africa to Europe. They are much quieter and infinitely less studied than South – North migrations. They most often have a different relation to time

---

1. Nevertheless, Africa is increasingly affected by wars and terrorism: some areas of chronic insecurity have thus become sites of refugee production as other areas, bordering, have become host sites for refugee. These extreme situations are part of another type of analysis.

(seasonal or cyclical, for example), to space (boundaries play only a minor role), to competence (they are often linked to professional niches or specializations), culture (the "cultural shock" of migration to Europe gives way to a family atmosphere between the point of departure and the point of arrival), law (immigration is much more informal than clandestine) or to the nation (ethnic networks are more important than national affiliations).

These migrations are vital, both for the countries of departure and the countries of arrival. From Mali, Burkina Faso, Niger, Chad, and since the French colonization, millions of young migrants have left each year for the countries of the coast: Benin, Togo, Nigeria, Ivory Coast or Ghana. They lower the number of mouths to feed during the dry season, but also their remittances help support their families and deal with seasonal shortage and famines. The patronage of the "*ressortissants*" –those members of the diaspora who have succeeded, such as the rich Nigerien merchants of Lomé or Lagos– often makes it possible to equip their villages of origin with infrastructures (schools, dispensaries, pumps, etc.). For young people, going on a migration is almost a rite of passage, it is to reach maturity, to accumulate enough income in order to pay a dowry and to marry; it is to shine in the eyes of the girls when one returns to the home country. In the host countries, intra-African migrations are precious, and do not give rise to the same resistance, fantasies and fears as in Europe. They are most often inscribed in the social landscape as a normal phenomenon, where migrants have a fixed place: Senegalese jewelers, Hawsa butchers, Fulani stockbreeders; Togolese "Nana Benz" are, across West Africa and sometimes far from their country of origin, familiar and indispensable figures of transactions and daily interactions.

It should not be thought, however, that intra-African migrations are proceeding smoothly and without problems, as in an ideal world. Racism or stigmatization are not absent: we see it particularly in the Arab countries with regard to black Africans, but it is also a sub-Saharan reality, especially in the episodic form of violent xenophobic outbreaks, which occurred even in the country of Nelson Mandela. The insecurity linked to the status of a foreigner often comes out –let us remember the excesses of "*Ivoirité*" in Ivory Coast– and police or customs rackets against Africans from elsewhere are more targeted, more intensive and more violent than on the nationals, because the former are more vulnerable.

But the tensions are not only linked to migration from one country to another, but also to the internal mobility (mobility within one country). Transhumant stockbreeders are far from being always welcome in their own country when they are in agricultural areas. Rural people who flock to the city are often despised by middle-class urban dwellers. The cleavages between northern populations and coastal populations of the same country are stiffened by the arrival of one another and vice versa and amplified by stereotypes and linguistic differences.

It is another asset of this book to integrate migrations in the broader perspective of mobility. Permanent displacement from one country to another (migration) cannot be completely dissociated from the more episodic displacements of citizens within their own country (mobility). What about the assignment of a Dakar teacher to Casamance, a magistrate from

Bamako to Kidal, or an Ibo nurse to Kano? Are not these internal mobilities sometimes as problematic as many external migratory trajectories? There are also many gray areas between "migration" and "mobility": when Burkinabe students come to spend four years at the University of Abomey-Calavi in Benin, no one speaks about them as "migrants," and the same applies to European expatriates working in the development or humanitarian sector in Mali, oil industry executives assigned to Nigeria or Gabon, or major West African traders traveling regularly to Dubai or China. As if the term "migrant" was devoted to the poor... Migration today evokes, from a European perspective, the quest for a job (or a new life) for people who, in their own country, cannot find it or do not have it any more, while, rather, the term mobility will be used for professional trips abroad by qualified persons. But is the border so clear, and is it even relevant? Common sense, in Africa, does not make this distinction, as we often hear this remark: "White people reject us when we go to their countries, while those of them who come to us are treated very well and are entitled in all respects." This comparison puts in fact on the same level what is on one side a "migration" (the African pushed back to the borders of Europe or housed in a sordid home) and on the other a "mobility" (the technical aid worker in his villa or the tourist in his hotel). More generally, the analysis of mobility is a major aspect of what some have called "glocalization": the conjunction between the massive phenomena of globalization, and the central role that local contexts nonetheless retain.

Integrating migration into the broader social mobility process also allows to move out of miserabilist, populist, or stigmatizing visions that dominate when it comes to deal with migration. Mobility – including migrations – is a commonplace phenomenon, a normal routine, integrated into the ordinary course of life of individuals, in Africa as elsewhere, but probably more so in Africa than elsewhere, for historical reasons: recall among other things, the importance of pre-colonial displacements; the twists of assignments under colonial rule (AOF and AEF); the transnationality of development policies, interventions by donors, NGOs, and "travelling models" exported throughout the continent. The sociology and anthropology of migration and mobility in Africa are probably not a specific sub-discipline (as they have become in Europe), because migration and mobility are embedded in everyday forms of social life. In Africa, mobility is a major component of individual biographies, routine interactions and sociability. Every African sociologist or anthropologist is confronted with mobility, whatever their object of study, and is obliged conversely not to confine themselves to it.

It is a third merit of this book to be written by young African researchers, none of whom is an official migrations specialist, but who use them as a gateway. One of the sources of social science renewal in the coming decades will most likely come from African researchers, producing from their specific fields analyzes of general value on contemporary societies.

Finally, it can be thought that intra-African migrations and mobilities are located in a very particular register, which today is probably one of the last remaining signs of pan-Africanist dreams of the twentieth century: every African is somewhere a "brother" or a "cousin" wherever they are in Africa. Simply, one must not forget that the family is a place of rivalries as well as solidarities. And one must not forget the specificity of intra-African migration and mobility and what they can teach us about migration and mobility in the North.

Jean-Pierre OLIVIER DE SARDAN, Emeritus Director of Research at CNRS, Director of Studies at l'EHESS (France), and Researcher at LASDEL (Niger) (Translated from French by **Romain DAMPI SOMOKO**)

INTRODUCTION

Introduction : Examiner les liens entre migrations, mobilités et développement en Afrique

ELIETH P. EYEBIYI ET ANGÈLE FLORA MENDY

Penser les migrations et les mobilités en Afrique

Les migrations et les mobilités suscitent aujourd'hui des débats et des inquiétudes très fortes en raison notamment de leurs contours plus diversifiés que par le passé et du nombre croissant de pays impliqués (Castles, de Haas & Miller 2014), mais aussi et surtout de l'intérêt prépondérant accordé à la migration irrégulière (Malakooti 2015) par les états, notamment ceux de l'Occident. Elles sont devenues l'objet de controverses politiques, économiques, sociales, culturelles voire religieuses, à forte valeur émotionnelle (Mendy 2016), en dépit de leur caractère ancien dans le peuplement des territoires. Les actualités récentes en témoignent. Les annonces faites par les extrêmes droites européennes sur la fermeture des frontières de l'Europe se multiplient, au moment même où plusieurs fronts anti-migrants, jusque-là marginalisés, prennent de l'ampleur.

Cette atmosphère a été renforcée par les positions du candidat devenu président, Donald Trump, qui promettait d'édifier un mur entre le Mexique et les États-Unis et a pris, après son élection, des décrets contre la migration, ciblant les ressortissants de certains pays On notera les attitudes contrastées des dirigeants politiques européens face aux flux de réfugiés syriens et l'exigence manifestée par certains pays qui demandent de répartir à parts égales l'accueil de réfugiés dans l'espace communautaire européen, afin de soulager notamment l'Italie, principal passage lieu d'arrivée en Europe. Presque chaque semaine est marquée par des drames en Méditerranée, relayés abondamment par les médias et récupérés à des fins politiques, par divers partis, xénophobes ou non. Plus récemment, l'actualité a connu un nouvel épisode, avec la diffusion par la chaîne d'informations américaine CNN d'un reportage sur les marchés de vente de migrants noirs, sous forme d'esclaves, en Libye. Si les circuits de la migration illégale, avec les drames qui leur sont liés, sont anciens, il convient de souligner que la fermeture des frontières européennes et le renforcement des barrières face à la mobilité semblent plutôt renforcer la mise en place de réseaux de passeurs et de trafiquants divers qui promettent d'assurer le passage vers l'Europe aux candidats à la migration.

Non moins dramatiques et révélateurs des crispations et tensions sociales, sont les votes qui traduisent de plus en plus nettement l'opposition à l'immigration dans les sociétés occidentales. On se souviendra longtemps de ce vendredi 13 novembre 2016, marquant le « oui » britannique pour le « Brexit », dont l'un des enjeux majeurs était la question du contrôle de l'immigration. En France, le président Emmanuel Macron propose l'ouverture de *hotspots* en Libye pour permettre un contrôle des migrants hors des frontières de l'espace communautaire européen, et plus précisément un filtrage entre ceux qui seraient admissibles pour rentrer sur le territoire européen et les autres, mais aussi plus récemment de renforcer la surveillance et la traque des réseaux de passeurs et de trafics de migrants. Il ne s'agit là encore que d'un épisode qui s'inscrit dans la suite d'une longue liste de mesures européennes sécuritaires, qui, *in fine*, se révèlent inefficaces, même si elles continuent de focaliser l'attention des politiques et d'absorber leurs ressources. Cela entérine une certaine négation des potentialités que revêtent les migrations et les mobilités en termes d'apports au développement, que ce soit sur le plan financier, sur celui de la circulation des savoirs et des pratiques, ou même d'intégration entre les populations de divers espaces. En d'autres termes, l'approche sécuritaire développée par l'Union européenne depuis quelques décennies fait des migrations, et plus largement des mobilités, un "mal" à résorber à "tout prix", en particulier en édifiant des dispositifs contraignants visant à réduire la mobilité des citoyens non européens, et plus particulièrement africains.

Toutefois, même si le fort impact des médias occidentaux peut en donner le sentiment (Withol de Wenden 2002), l'Europe ne serait pas le seul continent sujet à une certaine intensification des dynamiques migratoires. Bien au contraire ! En effet, les données 2015 fournies par l'Organisation internationale des migrations (OIM) révèlent une forte croissance globale des migrations. Le nombre de migrants dans le monde s'élevait à 244 millions en 2015 contre 232 millions en 2013, tandis que les flux Sud-Sud ont continué à croître : 90,2 millions de personnes originaires des pays en développement vivaient dans d'autres pays des Suds. En réalité, les flux Sud-Sud dépassent de fait ceux Sud-Nord, estimés à quelque 85,3 millions de personnes nées dans les Suds et vivant dans des pays du Nord (site OIM 2017, mars 2017).

En termes de proportion dans la population du pays d'accueil, le nombre de migrants internationaux continue d'être le plus élevé dans les pays du Conseil de coopération du Golfe. Dans ces pays, la population née à l'étranger représente respectivement 88,4 % de la population totale aux émirats arabes unis, 75,7 % au Qatar et 73,6 % au Koweït. En 2015, le déplacement forcé a connu son plus haut niveau depuis la Deuxième Guerre mondiale, avec une hausse considérable du nombre de réfugiés, de demandeurs d'asile et de déplacés internes. Les régions du monde les plus concernées par ces phénomènes sont l'Afrique, le Moyen-Orient et l'Asie du Sud. En juillet 2015, on recensait 15,1 millions de réfugiés, soit une hausse de 45 % par rapport à 2012, principalement en raison du conflit en Syrie.

L'Allemagne a certes occupé les premières loges de la scène en devenant, pour la première fois, le principal pays d'accueil du monde pour les personnes demandant l'asile, avec 442 000 demandes sollicitées dans le pays à la fin de 2015. Il n'en demeure pas moins que la grande majorité des réfugiés continue d'être accueillis par les pays en développement, notamment par les pays frontaliers des pays d'origine des demandeurs d'asile. Ainsi, en décembre 2015, l'essentiel de la population syrienne réfugiée est accueillie par la Turquie (2,2 millions), le Liban (1,2 million) et la Jordanie (près de 630 000) et les déplacements forcés, qui touchent environ 38 millions de personnes, continuent de se produire entre les frontières de pays voisins. C'est le cas de l'Iraq, du Soudan du Sud, de la Syrie, de la République démocratique du Congo et du Nigeria (site OIM 2017). Comme le montrent les diverses statistiques précitées, les dynamiques migratoires sont très importantes aussi bien dans les échanges entre les pays des Suds qu'avec ceux du Nord. Cependant, quelle que soit leur ampleur, celles-ci ne sauraient rendre compte d'un phénomène plus englobant que représentent les mobilités africaines (Mazauric 2012 ; Zongo & Bredeloup 2016) et dont il s'agit de considérer ici la pertinence et les réalités.

Face à une telle complexité, l'apport de la recherche académique est nécessaire pour comprendre à la fois les migrations et les mobilités dans leurs réalités et leurs implications multiples. En effet, s'ils font de plus en plus l'objet d'une déconstruction scientifique, les mythes autour du seul phénomène des migrations et des migrants sont encore légion (de Haas 2003 ; 2007 ; Ozden 2014 ; Clemens 2007) et restent vivaces.

Par exemple, de Haas (2006), revenant sur ces mythes et questionnant la réalité de l'augmentation des flux, montre que l'Europe était passée du statut de *source* à celui de *destination* des migrants. Il n'est pas inutile de rappeler que l'international ne se résume pas au monde occidental (Withol de Wenden 2002) et que l'Italie et l'Espagne, par exemple, étaient encore, il y a quelques décennies à peine, des pays de forte émigration. Les migrations des pays des Suds vers ceux du Nord ne représentent pas la seule forme connue et ne sont pas parmi les plus importantes catégories de déplacement. Plusieurs catégories de migrations existent : professionnelles, forcées, spontanées, familiales, etc. Ces formes diversifiées sont déduites selon le critère d'analyse utilisé. Celui-ci peut être géographique, professionnel, économique, juridique, politique ou autre. D'une part, Coquery-Vidrovitch (2016) rappelle en substance que l'esclavage et la colonisation, sous leurs modes anciens comme contemporains, représentent des formes inédites de migrations forcées ou imposées. D'autre part, les chiffres récents de l'OIM (2017) et diverses recherches (Bakewell 2007b ; de Haas 2005 ; Czaika & de Haas 2011) le confirment. Les premiers pays d'accueil des migrants, ne sont pas en général européens. La première destination des ressortissants africains engagés dans des parcours de mobilités quels qu'ils soient n'est donc pas l'Europe, mais bien l'Afrique. Il en va de même pour les autres pays des Suds comme pour ceux de l'Amérique latine, qui connaissent d'importants flux internes. Contrairement à une croyance très répandue auprès des acteurs internationaux, le développement des pays pauvres ne mettra pas fin aux migrations spécifiques des Suds vers le Nord (Bakewell 2007b ; de Haas 2005). Ainsi que l'ont montré les données statistiques, toutes les personnes en situation de mobilité ne cherchent pas forcément à se rendre en Europe (Withol de Wenden 2002 ; Salazar 2010). Par ailleurs, les restrictions de visa et la création des frontières peuvent ralentir, mais n'arrêteront pas les migrations (Czaika & de Haas 2011), celles-ci pouvant prendre des formes non légales lorsque l'obtention des titres de voyage est rendu plus complexe.

Les migrations internationales (Gemenne & Polet 2015) sont souvent pensées en termes d'intégration, et portent sur la manière dont les cultures locales sont susceptibles de s'articuler sans tensions majeures avec d'autres cultures. Cette question tend en effet à dominer la réflexion dans les pays européens et plus largement occidentaux. Elle ne représente cependant qu'une manière univoque de penser les questions d'immigration/émigration. En se focalisant sur les pays du Nord, elle néglige totalement les réalités des pays des Suds, car les migrations internationales demeurent porteuses d'enjeux multiples, tant à l'échelle internationale qu'au niveau local. Elles doivent être analysées non comme un problème à résoudre, mais comme faisant partie intégrante des processus de transformation mondiale que connaissent les sociétés contemporaines (Castles *et al.* 2014). Une telle posture théorique, dans le contexte africain, suggère une approche d'analyse différente (de Haas 2003).

Celle-ci suggère de rompre avec cette perspective dominante qui séparerait intrinsèquement les migrations des mobilités pour en faire des objets d'étude différents dans un contexte global de circulations internationales. Certes, si une telle démarche peut se justifier pour un certain nombre d'objectifs de recherche donnés – étude *stricto sensu* des migrations –, elle perd sa pertinence dans le contexte intra-africain contemporain. Pour cause, les dynamiques de circulations régionales, sous régionales et internationales s'articulent à la fois autour des migrations et des mobilités sur le continent africain. Cela appelle à considérer dans un même continuum ces deux concepts complémentaires.

Dans sa définition simple, la migration désigne « le déplacement de populations d'une région à l'autre (…), mais aussi d'une société à une autre ». Dans les deux cas, comme le soulignent Boudon *et al.* (2001 : 148), « ce ne sont pas les plus misérables qui se déplacent, mais ceux qui sont les plus susceptibles de prendre conscience du décalage entre leurs aspirations et la possibilité de les réaliser sur place ». Le mythe de l'envahissement des sociétés capitalistes par les plus miséreux de la planète tombe ainsi de lui-même, tout en donnant des personnes en situation de mobilité le profil d'acteurs disposant d'un ensemble de capitaux et de ressources qu'ils sont prêts à investir pour réaliser leurs objectifs. Pour sa part, la perspective géographique se veut plus englobante, en prenant en compte ses dimensions spatiales. Elle donne alors à voir la migration comme le « déplacement d'un individu ou d'un groupe d'individus, suffisamment durable pour nécessiter un changement de résidence principale et d'habitat, et impliquant une modification significative de l'existence sociale quotidienne du (des) migrant(s) » (Levy et

Lussault 2003 : 615). On appellera alors « (…) migration ou mouvement migratoire un ensemble de déplacements ayant pour effet de transférer la résidence des intéressés d'un certain lieu d'origine, ou lieu de départ, à un certain lieu de destination, ou d'arrivée » (George 1990 : 276). Sans sous-estimer les contraintes et les difficultés liées à l'exil, Levy et Lessault (2003 : 616) mettent notamment l'accent sur les interconnexions significatives et positives des migrations et suggèrent d'appréhender les espaces variés de l'ensemble des opportunités qu'elles présentent.

C'est ce qu'entreprend cette publication dont l'une des originalités est de chercher à valoriser ces espaces d'échanges ainsi que les multiples opportunités de développement qu'ils présentent dans un contexte plus englobant de mobilités intra- et extra-africaines. La compréhension des migrations africaines ne peut se faire sans celle, en miroir, des mobilités, dont elles découlent *in fine*. Dans la même approche que Levy et Lussault (2003 : 616), nous préférons le terme générique de « mobilités » qui donne à articuler le champ des migrations et celui des mobilités dans ses différentes déclinaisons. Le concept de mobilité revêt de fait plusieurs définitions qui se complètent. Dans la perspective sociologique, la mobilité sociale désigne notamment les mouvements des individus ou des unités familiales à l'intérieur du système des catégories socioprofessionnelles (Boudon & Bourricaud 1982). Elle correspond donc à l'idée que les sociétés sécrètent des mécanismes institutionnels complexes, par lesquels les individus sont guidés d'une position sociale d'origine à une position sociale d'arrivée. Ces mécanismes résulteraient d'instances d'orientation appelées « *selection agencies* » dont la nature varie avec les époques et les sociétés (Boudon et Bourricaud 1982 : 349-350). Ces mécanismes sociaux peuvent se rendre opérationnels à travers un changement d'échelle spatiale, et donc passer d'un lieu à un autre, d'un continent à un autre.

Ainsi, les mobilités permettent de prendre en compte des formes de déplacement humain pour lesquelles la durée n'est plus l'élément majeur et exclusif, mais cohabite avec divers paramètres sociaux (Bredeloup 2008 et 2014). La contraction du temps à laquelle fait référence le concept de migration est ainsi relativisée par celui de mobilité en permettant de prendre en compte le large spectre des types de déplacement qui peuvent être ceux des êtres humains. En parlant de la mobilité des populations, George (1990 : 280) a montré que les économies les plus dynamiques sont celles qui bénéficient de la plus grande mobilité de la population et de la main-d'œuvre sur le plan strictement géographique (déplacement d'un point à un autre) et sur le plan sectoriel (passage d'une activité professionnelle à une autre), soit directement, soit à travers des processus de recyclage et de réadaptation professionnelle. De ce point de vue, les mobilités sont porteuses d'enjeux multiples, tant à l'échelle internationale que locale. Elles contribuent au développement en agissant sur la circulation de la force de travail tout comme sur celle des capitaux financiers, sociaux, culturels et autres. Traiter donc des mobilités offre une souplesse nécessaire qui permet de prendre en considération la possibilité de reconfiguration des trajectoires des acteurs engagés, tout autant que les modalités qui sont les leurs.

Les migrations et les mobilités, qu'elles aient cours à l'intérieur du continent africain ou au-delà, s'inscrivent dans des processus de transformations à la fois socio-économiques, politiques, sociales et culturelles touchant toutes les sociétés contemporaines. De nombreux enjeux et problématiques se trouvent également posés, comme le confirment plusieurs recherches menées sur le continent.

Selon Ndiaye et Robin (2010 : 48) : « en Afrique de l'ouest, les migrations internationales animent une dynamique de régionalisation aux réticularités multiples qui sans perdre leur ancrage local se rattachent à la mondialisation des circulations migratoires contemporaines ». Ces auteurs mettent en exergue les interconnexions entre le global et le local et soulignent que le phénomène de mondialisation « ne se substitue pas au processus de régionalisation ; au contraire l'un et l'autre s'articulent de plus en plus par des routes, des espaces de vie provisoires, des pratiques et des acteurs nouveaux ». Et cela, alors même que les mobilités dans l'espace régional ouest-africain demeurent centrales dans les dynamiques économiques et sociales à l'œuvre dans cette région.

C'est d'ailleurs dans une perspective similaire à celle de Ndiaye et Robin (2010), que de Haas (2003) montre, dans une analyse portant sur le cas de l'Afrique du Nord, comment la dynamique des migrations régionales fait partie intégrante des transformations politiques et économiques plus générales. Alors que les principaux pays du Maghreb (Maroc, Algérie, Tunisie) semblent solidement intégrés dans le système de migration euro-méditerranéen, l'Égypte est principalement reliée plutôt à celui des pays du Golfe.

En dehors de cette approche plutôt systémique, les travaux de Bakewell (2007a) sur les mobilités sous-régionales entre le Nord-Ouest de la Zambie et l'Angola reviennent sur les politiques de gestion des frontières. Ces politiques produisent paradoxalement différentes significations, notamment « symboliques », en particulier à travers des documents de voyage officiels. L'auteur propose ainsi une réflexion plus large sur la perception du formel *versus* l'informel, ou encore du légal *versus* l'illégal. Si les enjeux sécuritaires liés à la gestion des frontières font débat en Europe et aux États-Unis, l'Afrique ne fait pas exception. Brachet (2010) a ainsi discuté des durcissements des politiques migratoires au Sahara central liés aux instabilités sous-régionales, ainsi que leurs impacts sur les mobilités des personnes entre le Niger, l'Algérie et la Libye.

En effet, l'instabilité systémique induite au Maghreb par la guerre de Libye et l'assassinat de Mouammar Kadhafi ont favorisé le renforcement des réseaux de passeurs et une recrudescence du trafic d'êtres humains, ainsi que le durcissement des conditions de voyage pour les candidats à la migration passant par la Libye. Les routes migratoires sont ainsi devenues de moins en moins sûres. Par ailleurs, cette instabilité favorise la prise en otages de plusieurs milliers de ressortissants subsahariens en Libye et ne semble pas freiner leur désir de rejoindre l'Europe pour échapper à la violence et à l'insécurité. Au-delà de la Lybie, des pays comme le Nigeria, le Mali ou encore le Niger connaissent de fortes instabilités liées d'une part à la pauvreté et d'autre part à la recrudescence de l'insécurité attribuée au terrorisme islamiste.

La secte d'obédience salafiste Boko Haram en est une figure de proue dans la région. Les travaux d'Olivier de Sardan (2017) sur le Niger ou encore ceux de Bayart (2017) sur la situation au Sahel en proposent une analyse globale, dans un contexte armé que décrit fort à propos Debos (2013), notamment en ce qui concerne le Tchad, nouvel émirat pétrolier et en même temps sous-traitant de la lutte contre l'insécurité dans la région. Ainsi, dans le bassin du lac Tchad, et plus précisément dans le Nord-Est du Nigeria et l'extrême nord du Cameroun, les instabilités ont suscité la multiplication du nombre des déplacés, que Bayart (2017) estime à plus de 2 millions depuis le début du conflit en 2009-2010 et la répression engagée par le Nigeria, le Cameroun et plus largement une coalition de pays de la région soutenue par la France et les États-Unis.

Au Niger, l'insécurité dans le nord du pays, en l'occurrence dans les régions déshéritées du lac Tchad, ne cesse de gonfler les rangs des déplacés. Les attentats de Ouagadougou (Burkina Faso) et de Grand-Bassam (Côte d'Ivoire), les multiples attaques devenues quasi-quotidiennes contre la Mission des Nations Unies au Mali (MINUSMA), prolongements de la déstabilisation de la Libye, confirment le contexte sécuritaire résolument fragile sur cette partie du continent, avec en toile de fond les effets induits sur la mobilité des populations. La liste est loin d'être exaustive si l'on considère aussi les conflits au Soudan du Sud ou encore dans la Corne de l'Afrique. Ces multiples instabilités et leurs conséquences sociales nourrissent des enjeux sécuritaires dont ne saurait faire l'économie une réflexion critique sur les migrations et les mobilités en Afrique. Il faut cependant se garder de tomber dans le piège du tout sécuritaire, ainsi qu'il est pensé et mis en œuvre par certains politiques.

Si ces analyses restent globales et parfois assez régionalisées, elles ne permettent pas d'apprécier de manière à la fois globale et spécifique les possibles contributions des migrations et des mobilités au développement.

Questionner les liens avec le développement

La question des migrations et des mobilités est inséparable de celle du développement et, par conséquent, de celles des transformations socio-économiques, politiques et culturelles à l'échelle internationale (Keely & Nga Tran 1989 : 501), mais aussi dans les contextes nationaux, sans s'y résumer. L'histoire des peuples et des états en témoigne largement. Les États-Unis, première puissance mondiale, ont su compter sur les flux migratoires venus de l'Europe et d'ailleurs (Simon 2008 ; Duffy 2002, Richard 1996) pour amorcer un ensemble de transformations économiques et industrielles. La main-d'œuvre italienne et polonaise a permis à la France de reconstruire son industrie après la Deuxième Guerre mondiale. La Suisse a fait appel à la main-d'œuvre des Italiens, des Espagnols et des Portugais pour bâtir des infrastructures modernes (Piguet 2005). Depuis plusieurs décennies, l'économie du développement ne peut se penser sans la contribution des migrants et des diasporas (Castles *et al.* 2014 ; Zongo 2003 ; Vertovec & Cohen 1999 ; Keely & Nga Tran 1989 ; Cohen 1996; Skinner 1993), mais aussi des personnes en situation de mobilités, que ces dernières soient pendulaires, circulaires (Kress 2006) ou davantage pérennes. Les apports financiers de ces personnes à la croissance de leurs pays dépassent désormais l'aide publique au développement (APD).

Selon la Banque mondiale, les envois de fonds destinés aux familles dans les pays en développement représentent un volume trois fois supérieur à l'aide au développement. Il s'agirait ainsi de 429 milliards de dollars en 2016, soit un recul de 2,4 % par rapport à 2015. Les envois de fonds vers l'Afrique subsaharienne sont estimés pour leur part à 33 milliards de dollars, avec une prévision de 34 milliards de dollars pour 2017 (Site de la Banque mondiale, juillet 2017). De ce point de vue, il est incontestable que les migrants africains font partie des acteurs de développement prenant une part de plus en plus grande à la vie politique, économique et sociale de leurs pays respectifs (Assogba 2002 ; Bazonzi 2015). Leurs voix deviennent progressivement incontournables dans les instances décisionnelles et la mise en œuvre des politiques publiques et plus largement celles du développement. Par ailleurs, les appels aux investissements financiers des gouvernements africains se multiplient depuis deux décennies auprès de leurs diasporas pour capitaliser le volume financier jusqu'alors transféré directement dans les familles ou servant à la construction d'infrastructures sociosanitaires de base au profit des populations locales.

L'économie capverdienne s'est consolidée pour sa part grâce aux contributions de sa diaspora notamment celle résidant en Europe du Sud et aux États-Unis. Cependant, le développement ne se résume pas seulement aux aspects économiques et financiers relatifs aux diasporas.

En 2017, le Sénégal a ainsi promulgué une loi qui octroie à ses ressortissants vivant à l'extérieur quinze postes de député à l'Assemblée nationale sur 165, tandis que d'autres pays de la région attendent de trancher la question pour accorder ou non une circonscription électorale à des représentants de leurs diasporas. En ce qui concerne l'action politique, la diaspora gambienne a par exemple joué un rôle majeur dans la défaite et le départ du président Yahya Jammeh, qui refusait de quitter le pouvoir après avoir perdu les élections en décembre 2016. Les récents mouvements populaires au Togo semblent également tributaires d'une forte implication de la diaspora de ce pays dans la sous-région. C'est dire que l'implication politique des diasporas africaines dans leurs pays d'origine se renforce progressivement, y compris au plan politique.

Au plan social, l'apport des diasporas locales et nationales cible généralement le développement local, en essayant de travailler au niveau des communautés de base. Ainsi, que ce soit à travers des associations de ressortissants ou même à titre individuel, de nombreuses contributions sont enregistrées en termes de dons ou de mise en valeur de relations. Elles assurent un complément de revenus aux familles restées dans le pays de départ ou une prise en charge directe de leurs besoins. Dans plusieurs communes et localités, les migrants prennent ainsi en charge la construction d'infrastructures sociocommunautaires, le financement de l'édification d'églises, mosquées et autres lieux de culte, l'aménagement des pistes rurales, le soutien aux initiatives d'électrification ou d'adduction d'eau potable, sans oublier le financement des cérémonies coutumières. En somme, la protection sociale inexistante pour les populations à la base est fournie quelque peu par les diasporas locales, ou avec leur soutien, compensant la faiblesse des états africains à répondre intégralement aux besoins sociaux des citoyens. C'est cette rente de la migration que cherchent à capter les états en appelant à la mobilisation des ressources de la diaspora. Les migrations intra-africaines et sous-régionales entretiennent également des dynamiques de développement, vitales pour l'ensemble du continent, au moment même où certains acteurs du développement continuent de penser qu'il faut « résoudre » la problématique de la migration pour permettre à l'Afrique de se développer. Il est manifeste que l'Afrique se développe en partie à travers ses réalités migratoires – qu'elles soient internes ou internationales. Ces dynamiques ne sauraient s'opposer à la notion de développement : bien au contraire, elles en constituent un élément fondamental.

Les enjeux liés aux diverses formes de mobilités sont également nombreux et complexes. On peut distinguer des enjeux « classiques » souvent persistants et typiques des mobilités en Afrique. Il s'agit notamment de la porosité des frontières héritées de la colonisation et les difficultés à gérer les circulations des populations et communautés vivant à cheval de part et d'autre des frontières coloniales (Wesseling 2014). La prégnance de « l'informel » », et au-delà d'un ensemble de « normes pratiques » (Olivier de Sardan 2008), ainsi que les contraintes dans l'application du cadre légal et législatif font partie des réalités à prendre en compte : elles s'inscrivent plus largement dans le cadre des réflexions sur l'informalité dans les espaces frontaliers (Eyebiyi 2016). D'ailleurs, « l'analyse des migrations est liée à celle des processus d'"informalisation" qui affectent toute l'organisation de la production » (Corrado 2004 : 97). Il est alors nécessaire de relativiser la tendance à associer la migration au déplacement de la force de travail, et plutôt de prendre en compte les formes de valorisation alternatives (notamment non salariale) empruntées par divers acteurs économiques, tout autant que des stratégies développées sur la base de la mobilisation de réseaux relationnels à utiliser dans la sphère productive. Cette approche qui met en lumière les migrations de travail ne doit pas cependant occulter les dimensions non économiques pour les pays d'arrivée, par exemple en termes d'intégration culturelle (Ba 2008), de vie communautaire ou encore de citoyenneté et d'affirmation de soi (Timera 2001).

Au-delà des enjeux classiques, on mentionnera la nouvelle importance des enjeux sécuritaires apparus depuis une dizaine d'années. Pour cause, le terrorisme transfrontalier et international réoriente et complexifie les dynamiques migratoires, tout en changeant la donne. En tant que réalités, mais aussi et surtout éléments de langages, ces nouvelles considérations sont associées par défaut à la figure du migrant, dans le cadre de la production de nouvelles formes d'altérité. En raison des règles de sécurité, les mobilités sont, davantage que par le passé, de plus en plus contraintes, affectant par la même occasion la question du développement. Au-delà des contraintes sécuritaires, les migrants africains font face aux multiples abus, notamment ceux exercés par les passeurs et divers trafiquants en Libye, mais aussi sur les autres routes migratoires. Le secteur informel dans lequel la plupart évoluent dans les pays d'accueil – notamment sur le continent africain –, mais aussi de transit, renforce davantage cette vulnérabilité multiforme que décrivent parfaitement différentes analyses contenues dans le présent ouvrage. L'analyse des mobilités humaines permet également d'éclairer un corpus de trajectoires, d'expériences ou encore, de pratiques et de stratégies mises en œuvre par leurs acteurs. Elles peuvent donner lieu à la création d'une sorte de culture de la migration, renvoyant toutefois à la normalité des circulations humaines, ou dévoiler des options répondant à des choix de mobilités très personnels. *In fine*, les stratégies empruntées dans le cadre des projets migratoires ou plus précisément des processus de mobilité humaine se déclinent sous plusieurs formes selon les spécificités des éléments qui les composent et se caractérisent par leur complexité.

L'objectif du programme de recherche « Migrations, développement et intégration régionale » (MIGDEVRI) à l'origine de cet ouvrage est précisément de contribuer à une nouvelle lecture des liens entre *migrations, mobilités et développement* dans le contexte africain, à travers des recherches empiriques inédites. Celles-ci permettent de saisir par ailleurs différentes dimensions des migrations contemporaines intra-africaines, ainsi que les interconnexions qui se sont produites et consolidées au cours de l'histoire. Afin d'examiner à la fois globalement et spécifiquement ces liens, la présente publication propose et articule des sous-thèmes suffisamment interdépendants et en même temps cohérents pour mettre en lumière la complexité des interconnexions entre migrations, mobilités et développement. Ainsi, elle propose une réflexion plurielle, située aux croisements de plusieurs disciplines (sociologie, géographie, psychologie, histoire, économie, etc.) et mobilisant diverses méthodologies (approches qualitatives et quantitatives, économétrie, analyse biographique, analyse relationnelle, etc.).

Une analyse plurielle des migrations et des mobilités

Cet ouvrage comporte deux tomes. Ce choix s'inscrit dans la dynamique plurithématique du Programme MIGDEVRI, qui a consisté à approcher de manière critique et sans parti pris les liens entre migrations, mobilités et développement, et cela d'un point de vue à la fois global et spécifique.

Le présent tome comprend deux articulations complémentaires : d'une part les mobilités, les droits et l'éducation ; d'autre part les circulations et les frontières.

Ainsi, la première partie, intitulée « Mobilités, droits et éducation » rassemble des contributions qui interrogent les enjeux sociaux, économiques des migrations et des mobilités dans le contexte africain, tout en prenant en compte le respect des droits de l'homme et la protection sociale des travailleurs migrants, ainsi que les mobilités étudiantes.

Sylvester Kohol s'intéresse autant aux antécédents historiques qu'aux conséquences des mobilités sous-régionales et aux défis auxquels font face les migrants ouest-africains ayant le statut de travailleur non qualifié à Lagos. Il aborde la dimension transfrontalière et montre comment l'héritage du passé devient un facteur de facilitation de la mobilité, sans pour autant gommer les défis qui lui sont liés.

Mutiat Titilope Oladejo questionne pour sa part les mobilités de femmes togolaises travaillant dans les entreprises d'Ibadan au Nigeria. Malgré leur contribution majeure dans l'essor de l'économie informelle locale depuis les années 1990, leur travail est longtemps resté méconnu dans le processus d'intégration régionale. L'auteure analyse le lien entre une certaine culture de la migration et les moyens de subsistance durables sous l'angle de la participation au développement, ainsi que la pérennisation des activités informelles. Or, le projet migratoire reste incertain lorsque les travailleurs migrants ne disposent pas de papiers ou n'arrivent pas à se faire régulariser une fois arrivés dans le pays d'accueil. Contraints au harcèlement et au travail au noir, les migrants sont exposés aux arrestations arbitraires et à des rapatriements sans préavis, les obligeant à laisser derrière eux les biens acquis dans le pays d'accueil.

Dans une même perspective, Irissa Zidnaba et Barkissa Nyalo étudient les conditions de séjour des migrants burkinabè dans deux pays d'Afrique centrale : le Gabon et la Guinée équatoriale. À travers leur étude de cas, ils mettent en exergue les violations des droits des travailleurs migrants, malgré l'adhésion des pays concernés aux conventions internationales sur les droits de l'homme. Les migrants, qui généralement acceptent des emplois peu qualifiés et peu rémunérés, deviennent ainsi vulnérables, faute de protection juridique adéquate dans les pays de destination.

L'ouvrage aborde ensuite les mobilités étudiantes, qui ont fait l'objet de divers travaux (de Saint Martin, Scarfo Ghellab & Mellakh 2015 ; Eyebiyi & Mazzella 2014) et ont pris une importance majeure dans l'étude des flux de mobilités Sud-Nord et Sud-Sud au cours des dernières années. Les liens historiques et les affinités linguistiques justifient de manière générale les choix de destination des étudiants africains, même si les pays du Maghreb et du Moyen Orient tendent à devenir à la fois des pays de transit et d'accueil (Eyebiyi 2015 ; Eyebiyi 2018 ; Bava 2009 ; Mazzella 2009 : 347), plutôt que de transit seulement. Par ailleurs, avec la mondialisation des savoirs (Garcia & Muñoz 2009 ; Eyebiyi & Mazzella 2014) et la privatisation de l'éducation dans les années 1990, l'enseignement supérieur en Afrique subit d'importantes transformations et doit s'adapter aux normes et exigences internationales, au moment même où l'internationalisation (Hazoumé 2011) est souvent présentée comme un gage de qualité des établissements d'enseignement supérieur.

Lawrence Rafaih Okello questionne ce postulat à partir d'une analyse comparative entre l'université Makerere en Ouganda et l'université de Lagos au Nigeria. L'auteur arrive à la conclusion que l'internationalisation peut potentiellement façonner la qualité de l'enseignement supérieur en Afrique, à condition qu'il existe une synergie de travail plus forte entre les établissements d'enseignement supérieur, les agences nationales, régionales et africaines d'assurance de la qualité. L'intervention de normes externes, mais aussi de ressources humaines provenant de l'international, peut en effet contribuer, dans le cadre de divers processus de mobilités académiques, à renforcer les infrastructures universitaires existant sur le continent. L'auteur note enfin que ces mobilités ne concernent pas uniquement les étudiants, mais incluent aussi les formateurs et valorisent la circulation des savoirs.

Dans une perspective plus large, Zakaria Soré étudie les mobilités étudiantes au sein de l'espace ouest africain en lien avec cette internationalisation du savoir. La Communauté des états de l'Afrique de l'Ouest, malgré les avancées dans le domaine de l'intégration politique, peine à attirer les étudiants pour diverses raisons, notamment la quasi-absence de stratégies et programmes de recherches incitant à la mobilité. Prenant l'exemple de l'université Ouaga I Professeur Joseph Ki-Zerbo, au Burkina Faso, l'auteur tente de comprendre les causes de cette faible mobilité étudiante. D'après ses analyses, la coopération insuffisante entre les universités et l'absence de conditions offertes aux étudiants en sont des causes. De plus, l'instabilité de ces universités et la forte valorisation des diplômes occidentaux demeurent des paramètres d'analyse importants.

La deuxième partie de ce tome s'intéresse aux enjeux des circulations et des frontières africaines héritées de la colonisation, et pose la question de leur porosité, dans le cadre des dynamiques régionales, notamment celles d'une mobilité transfrontalière accrue. Celles-ci se vivifient en particulier dans l'optique de la libre circulation que promeuvent les regroupements régionaux tels que la Communauté économique des états d'Afrique de l'Ouest (CEDEAO) créée dès 1975, la Communauté économique des états d'Afrique centrale (CEMAC), et autres.

Naluwembe Binaisa propose un angle spécifique et original d'analyse des mobilités : celui de la diffusion de la téléphonie mobile dans la mégalopole africaine de Lagos. Connue pour la performance et le dynamisme de son secteur commercial, cette grande ville est l'un des principaux centres économiques en Afrique et un pôle d'attraction de migrations continues, aussi bien au Nigeria qu'au-delà. À l'instar de nombreuses métropoles du monde, Lagos est un lieu de confluences, caractérisé par plusieurs contrastes, à la fois ethniques, sociaux, religieux, mais aussi relatifs à l'âge et au sexe. La téléphonie mobile, dont la diffusion et l'omniprésence peuvent être considérées comme un accélérateur pour un développement équitable, facilite en même temps la circulation de l'information et la mobilité des acteurs. Son utilisation consolide les normes de convivialité urbaine et rompt les limites de la différence sociale, même si d'importantes fluctuations et de nettes inégalités subsistent dans ce paysage urbain contrasté.

Sur un autre registre, Astadjam Yaouba interroge les trajectoires migratoires et les expériences de migrants ouest africains au Cameroun. Engendrée par des difficultés politiques, environnementales, économiques et des traditions culturelles, l'immigration ouest-africaine trouve au Cameroun une terre d'accueil favorable, du fait que le secteur informel occupe une part importante de l'économie. L'auteure dresse leur profil démographique, socioculturel et économique. Elle retrace leurs expériences en migration, tout en s'intéressant aux différentes compétences acquises et à l'impact de celles-ci sur leur intégration socioprofessionnelle à Yaoundé.

S'intéressant aux mobilités, Loppa Ngassou étudie les pratiques locales de contournement des normes officielles par les « cascadeurs de motos » dans l'espace CEMAC. La mobilité des biens et des personnes y est régie par des normes officielles, à la fois juridiques, professionnelles et sociales. Cependant, les acteurs économiques que sont les cascadeurs de motos suivent des normes de pratiques propres à leurs activités de transport de marchandises. En prenant pour objet le trajet Nigeria – Cameroun – Tchad / République centrafricaine, l'auteure identifie les moyens de contournement des normes officielles et révèle une multiplicité des stratégies locales : la constitution de réseaux, l'usage des routes secondaires, la mise en valeur de la double nationalité et de la filiation, la maîtrise et la pratique des langues locales et, enfin, le soutien de la population.

Dans une perspective similaire, Aziz Mossi questionne la mobilité quotidienne et les pratiques locales dans un contexte d'implantation d'un Poste de contrôle juxtaposé (PCJ) entre le Bénin et le Niger. À l'instar des conclusions de Loppa Ngassou pour un autre espace, il montre que la gouvernance de la mobilité quotidienne dans l'espace frontalier ouest-africain obéit non pas à des règles officielles définies au sein des organisations communautaires (UEMOA, CEDEAO), mais plutôt à des « normes pratiques » flexibles. L'auteur arrive à la conclusion que les politiques publiques, les conventions et accords officiels, définis à l'échelle supranationale, sont inopérants sur le terrain. En revanche, ils font l'objet de réappropriations diverses, souvent imprévues et produisant des effets concrets assez différents des intérêts et attentes des décideurs.

Enfin, à partir d'une enquête à la fois historique et ethnographique, Alimou Diallo propose une étude de cas dans un pays du Maghreb, le Maroc, et invite à dépasser la catégorie du « transit » dans l'analyse des mouvements de population, en retenant une approche internaliste qui prend en compte les dynamiques historiques de gouvernement des différentes figures de la mobilité. Son travail éclaire la complexité de la figure de l'étranger et les formes historiques de sa production par l'état colonial, ainsi que les instruments bureaucratiques de contrôle et de surveillance (carte d'immatriculation, contrat de travail, passeport sanitaire, centres de détention) mis en œuvre par l'administration coloniale. Après l'indépendance, l'état postcolonial marocain devient le garant à la fois de la *constance* et de la *rupture* avec les pratiques coloniales au niveau local, en déclenchant un mouvement de marocanisation et de nationalisation des pratiques de contrôle de la mobilité des étrangers.

Les contributions ici réunies contribuent à éclairer les liens entre les migrations, les mobilités et le développement. Pour ce faire, elles lèvent d'une part le voile sur les formes ainsi que les enjeux liés à ce triptyque, en montrant comment les problématiques qui sont connues dans le contexte international se trouvent résolument présentes dans le contexte africain et comment elles s'articulent avec l'ensemble des secteurs de la vie sociale, économique et politique. D'autre part, si les migrations et les mobilités africaines interrogent divers enjeux, notamment socio-anthropologiques, historiques, économiques et politiques, l'épineuse question du respect des droits de l'homme se situe au cœur de cette réflexion devenant de plus en plus complexe. Celle-ci se décline en particulier à travers la question du travail et de la protection sociale, mais aussi plus largement de la perspective du droit à la mobilité, autant des personnes que des biens. La plupart des contributions de ce tome soulèvent d'ailleurs de manière explicite ou implicite ces divers questionnements qu'ils tentent d'aborder sous plusieurs aspects. Par exemple, les conditions des mobilités transfrontalières avec les exemples des femmes togolaises et des migrants burkinabé révèlent au grand jour les difficultés et la vulnérabilité du statut de migrant à l'intérieur même des espaces africains – et cela en guise de miroir avec les réalités du monde occidental. La récente actualité relative à la vente aux enchères des migrants sur des marchés d'esclaves en Libye rappelle, au-delà du caractère profondément inhumain de ce trafic dénoncé par diverses organisations non gouvernementales et de défense des droits de l'homme, outre les références à la traite négrière (Hugh 1986 ; Pétré-Grenouilleau 2014) qu'elle ait été arabe ou transatlantique, la nécessité de penser les migrations africaines non pas à la marge des réflexions contemporaines, mais comme une des problématiques intrinsèques des mobilités. Il en va de même pour les mobilités étudiantes à l'intérieur du continent africain : celles-ci sont largement occultées par celles Sud/Nord, en dépit de leur antériorité et de leur dynamisme. La consolidation des espaces sous régionaux et leur importance dans l'intégration africaine mettent en lumière les dynamiques de ce type de mobilités jusque-là peu visibles, alors même qu'elles sont assez anciennes. Comme l'ont montré les études de L.R. Okello en Afrique de l'Est, de manière plus large, celle de Z. Soré dans l'espace ouest africain, les pays africains participent à la modernisation de leur enseignement supérieur grâce à l'uniformisation des offres de formations et à l'amélioration des possibilités de mobilité.

Enfin, les enjeux économiques ainsi que la question de la porosité des frontières constituent le cœur de la réflexion sur les dynamiques régionales et transfrontalières auxquelles donnent lieu les mobilités africaines. Elles témoignent non seulement de la dimension normale des circulations autant à l'intérieur d'un même pays qu'à travers divers espaces frontaliers, mais aussi des dynamiques très vivaces du commerce et des stratégies économiques mises en œuvre par divers acteurs pour assurer leur survie, nonobstant les barrières légales ou informelles qui existent.

Les contributions représentent des études de cas inédites. À l'aide d'analyses empiriques issues de divers terrains africains et de diverses disciplines, elles questionnent, au final, les migrations et les mobilités intra-africaines dans leurs dynamiques transfrontalières, leurs enjeux sécuritaires et réglementaires, ainsi que le respect des droits des individus.

Le triptyque migrations, mobilités et développement est ainsi examiné de manière globale et spécifique, dans une perspective résolument complémentaire et dynamique, et non contradictoire comme le laisse entendre le paradigme dominant. Les diverses formes d'apport des personnes en situation de mobilité à leurs communautés nationale et locale sont de parfaites illustrations. Un approfondissement de ces questionnements est effectué dans le second tome. Celui-ci présente des réflexions autour des "*outputs*" des mobilités africaines. Il questionne, d'une part, les stratégies familiales qui accompagnent les circulations de personnes, tout en mettant en lumière les nouveaux enjeux liés à la féminisation de la migration et à la construction de la famille à distance. D'autre part, il analyse les contributions des migrants et de la diaspora au développement de leurs pays d'origine, en soulignant les contrastes en termes de défis liés à la situation de l'exil et de la participation politique à l'échelle locale.

Bibliographie

Assogba Yao, 2002, « Diaspora, mondialisation et développement de l'Afrique », *Nouvelles pratiques sociales 15*, 1, pp. 98-110. DOI : 10.7202/008263ar

Ba Awa, 2008, « Les femmes mourides à New York. Une renégociation de l'identité musulmane en migration », *in* Momar-Coumba Diop (dir.), *Le Sénégal des migrations. Mobilités, identités et sociétés*, Dakar-Paris, Crépos-Karthala-ONU Habitat, pp. 389-408

Bakewell Oliver, 2007a, *"Keeping Them In Their Place": The Ambivalent Relationship between Development and Migration in Africa*, Oxford, International Migration Institute, IMI Working Papers n° 8.

—, 2007b, *The Meaning and Use of Identity Papers: Handheld and Heartfelt Nationality in the Borderlands of North-West Zambia*, Oxford, International Migration Institute, IMI Working Papers n° 5.

Bakewell Oliver *et al.*, 2009, *South-South Migration and Human Development Reflections on African Experiences*, Oxford, International Migration Institute, IMI Working Papers n° 15.

Bava Sophie, 2009, « Être étudiant africain à Alger et au Caire au seuil du troisième millénaire », *in* Sylvie Mazzella (éd.), *La mondialisation étudiante. Le Maghreb entre Nord et Sud,* Paris, IRMC- Karthala, pp. 347-359.

Bayart Jean-François, 2017, *De quoi Boko Haram est-il le nom* ?, En ligne : https://blogs.mediapart.fr/jean-francois-bayart/blog/180817/de-quoi-boko-haram-est-il-le-nom.

Bazonzi José Mvuezolo, 2015, « Quelle contribution des diasporas au développement de l'Afrique centrale ? », *in* François Gemenne, François Polet (éds.) *Migrations internationales : un enjeu Nord-Sud ?*, Paris, Cetri-Syllepse, pp. 161-177.

Boudon Raymond, 1992, *Traité de sociologie*, Paris, PUF.

Boudon Raymond, Besnard Philippe, Cherkaoui Mohamed, Lécuyer Bernard Pierre, 2001, *Dictionnaire de sociologie*, Paris, France Loisirs, 2 [Larousse, 1998].

Boudon Raymond, Bourricaud François (dir.), 1982, *Dictionnaire critique de la sociologie*, Paris, PUF.

Brachet Julien, 2010, *Blinded by Security: Reflections on the Hardening of Migratory Policies in Central Sahara*, Oxford, International Migration Institute, IMI Working Papers, n° 26.

Bredeloup Sylvie., 2008, « L'aventurier, une figure de la migration africaine », *Cahiers internationaux de sociologie*, 125, 2, pp. 281-306.

—, 2014, *Migrations d'aventures. Terrains d'Afrique*, Paris, éditions du Comité des travaux historiques et scientifiques.

Bredeloup Sylvie, Zongo Mahamadou (dir.), 2016, *Repenser les mobilités burkinabè*, Paris, L'Harmattan.

Castles Stephen, de Haas Hein, Miller Mark J., 2014, *The Age of Migration. International Population Movements in the Modern World* (Fifth Edition), London, Palgrave Macmillan.

Czaika Mathias, de Haas Hein, 2011, *The Effectiveness of Immigration Policies: A Conceptual Review of Empirical Evidence*, Oxford, International Migration Institute, IMI Working Papers n° 33.

Clemens Michael, 2007, *Do Visas Kill? Health Effects of African Health Professional Emigration*, Washington, Center for Global Development Working Paper n° 114.

Cohen Robin, 1996, "Diasporas and the Nation-State: From Victims to Challenges," *International Affairs*, 72, 3, pp. 507-520.

Coquery-Vidrovitch Catherine, 2016, « Les Africains, de la traite atlantique des esclaves aux migrations contemporaines », Introduction au Colloque international « Les mobilités internationales et le changement au niveau global », Université de Lausanne, 15-16 novembre 2016, https://www.youtube.com/playlist?list=PL6vbThM1chZyPD4WjT8Nfsa49m73X_zQI

Corrado Alessandra, 2004-2005, « Migrations et autovalorisation : Enquête aux marges du système », *Multitudes*, 19, 5, pp. 95-102. doi:10.3917/mult.019.0095, *Multitudes 5*, 19, pp. 95-102.

Debos Marielle, 2013, *Le métier des armes au Tchad : le gouvernement de l'entre-guerres*, Paris, Karthala.

Duffy Sean (dir.), 2002, *Atlas historique de l'Irlande*, Paris, Autrement.

Eyebiyi P. Elieth, 2015, « La formation des cadres béninois dans les pays de l'Est. Expériences biographiques en URSS et en Bulgarie entre 1980 et 1994 », *in* Monique de Saint Martin, Grazia Scarfo Ghellab, Kamel Mellakh (éds.), *étudier à l'Est. Expériences de diplômés africains,* Paris, Karthala.

—, 2018. « Migration et développement durable : une affaire de politique mondiale dans les Suds », in Almanach Politique du développement 2019. Migration et développement : pour des migrations mondiales à visage humain, éd. Caritas, Lucerne, p. 225-233 [translated into German : Migration im Fokus der Weltpolitik]

—, 2016, « Étudier l'État à partir de l'informalité. Répression et résistances autour du commerce informel de carburant », *Lien social et politiques 76*, pp. 77-95.

Eyebiyi P. Elieth, Mazzella Sylvie, 2014, « Introduction : observer les mobilités étudiantes Sud-Sud dans l'internationalisation de l'enseignement supérieur », *Cahiers de la recherche sur l'éducation et les savoirs*, Hors Série, n° 13, *Observer les mobilités étudiantes Sud-Sud*, pp. 7-24.

Flahaux Marie-Laurence, de Haas Hein, 2016, "African Migration: Trends, Patterns, Drivers," *Comparative Migration Studies 4*, 1, pp. 3-25.

Garcia A., Muñoz M.-C. (dir.), 2009, « Mobilité universitaire et circulation internationale des idées. Le Brésil et la mondialisation des savoirs », *Cahiers de la recherche sur l'éducation et les savoirs, hors série n° 2*.

Gemenne François, Polet François (éds.), 2015, *Migrations internationales : un enjeu Nord-Sud*, Paris, Cetri-Syllepse.

George Pierre, 1990. *Dictionnaire de la géographie*, Paris, PUF.

De Haas Hein, 2003, *Migration and Development in Southern Morocco. The Disparate Socio-Economic Impacts of Out-Migration on the Todgha Oasis Valley*, Rotterdam, Grafische Communicatie.

—, 2005, "International Migration, Remittances and Development: Myths and Facts," *Third World Quarterly 26*, 8, pp. 1269-1284.

—, 2006, *"Turning the Tide"? Why 'Development Instead of Migration' Policies Are Bound to Fail*, Oxford, International Migration Institute, IMI Working Papers n° 2.

—, 2007, *North African Migration Systems: Evolution, Transformations and Development Linkages*, Oxford, International Migration Institute, IMI Working Papers n° 6.

—, 2008, *Migration and Development. A Theoretical Perspective*, Oxford, International Migration Institute, IMI Working Papers n° 9.

Hazoumé Claire, 2011, « L'internationalisation du système universitaire indien », *in* M. Leclerc-Olive, G. Scarfó Ghellab et A.-C. Wagner (dir.), *Les mondes universitaires face au marché. Circulation des savoirs et pratiques des acteurs*, pp. 241-253.

Hugh Thomas, 1986, *La Traite des Noirs, 1440-1870*, Paris, R. Laffont.

Keely Charles B., Nga Tran Bao, 1989. "Remittances from Labor Migration : Evaluation, Performance and Implications," *International Migration Review*, XXIII, 3, pp. 500-525.

Kress Brad, 2006. *Burkina Faso: Testing the Tradition of Circular Migration* (Profile). Migration Policy Institute (MPI), en ligne :
http://www.migrationpolicy.org/article/burkina-faso-testingtradition-circular-migration.

Lévy Jacques, Lussault Michel, (éds). 2003. *Dictionnaire de la géographie et de l'espace des sociétés*, Paris, Belin.

Malakooti Arezo, 2015, Migration Trends Across the Mediterranean*: Connecting the Dots*, Prepared by Altai Consulting for IOM MENA Regional Office, Cairo.

Mazauric Catherine, 2012, *Mobilités d'Afrique en Europe. Récits et figures de l'aventure*, Paris, Karthala, 384 p.

Mazzella Sylvie (dir.), 2009, *La mondialisation étudiante. Le Maghreb entre Nord et Sud,* Paris, Karthala/IRMC, 404 p.

Mendy Angèle Flora, 2016, *être médecin africain en Europe.* Paris, Karthala, 275 p.

Ndiaye Mandiogou, Robin Nelly, 2010, « Les migrations internationales en Afrique de l'Ouest », *Hommes et migrations, 1286-1287*, pp. 48-61.

Olivier de Sardan Jean-Pierre, 2008, « À la recherche des normes pratiques de la gouvernance réelle en Afrique », *in* R. Crook, *Discussion paper for APPP n°5*, London, DFID & Irish Aid, pp. 1-25.

—, 2017, "Rivalries of Proximity Beyond the Household in Niger: Political Elites and the Baab-izey Pattern," *Africa, 87*, 1, pp. 120-136.

Özden Çaglar, Philipps David, 2014, What Really is Brain Drain? Location of Birth, Education and Migration Dynamics of African Doctors. Workshop on "The Drivers and Dynamics of High-Skilled Migration," University of Oxford, Oxford Martin School, 42 p.

Pétré-Grenouilleau Olivier, 2014, *Les traites négrières. Essai d'histoire globale*, Paris, Gallimard, 733 p.

Piguet Étienne, 2005, *L'immigration en Suisse depuis 1948, une analyse des flux migratoires*, Zurich, Seismo, 256 p.

—, 2013, *L'immigration en Suisse*, Paris, Payot, 152 p.

Richard Guy (éd.), 1996, *Ailleurs, l'herbe est plus verte. Histoire des migrations dans le monde*, Condé-sur-Noireau, éd. Charles Corlet, Collection Revue Panoramiques.

de Saint Martin Monique, Scarfo Ghellab Grazia, Mellakh Kamel (eds), 2015, *étudier à l'Est. Expériences de diplômés africains*, Paris, Karthala, 300 p.

Salazar Noel B., 2010, *Tanzanian Migration Imaginaries*, Oxford, International Migration Institute, IMI Working Papers n° 20.

Simon Gildas, 2008, *Migrants et migrations du monde*, Paris, La Documentation photographique n° 8063, mai-juin.

Sindjoun Luc (dir.), 2004, *état, individus et réseaux dans les migrations africaines*, Paris, Karthala, 358 p.

Skinner P. Ellioth, 1993, "The Dialectic between Diasporas and Homelands," *in* Joshep E. Harris (ed.), *Global Dimensions of the African Diaspora*, Chapter 1, Washington DC, Howard University Press, pp. 11-40.

Timera Mahamet, 2001, « Les migrations de jeunes Sahéliens : affirmation de soi et émancipation », *in* René Collignon & Mamadou Diouf (dir.) *Les jeunes, hantise de l'espace public dans les sociétés du Sud ? Autrepart, 18*, pp. 37-49.

Vertovec Steven, Cohen Robin (dir.), 1999, *Migration, Diasporas, and Transnationalism*, Cheltenham, Northampton, Edward Elgar Publishing, 663 p.

Wesseling Henri, 2014, *Le partage de l'Afrique 1880-1914*, traduit du neerlandais par Patrick Grilli, Paris, Denoël, coll. Folio Histoire, 840 p. [Titre original : *Verdeel en Heers De Deling van Afrika 1880-1914*, 1991]

Wihtol de Wenden Catherine, 2002, « La dynamique mondiale des flux migratoires », *Esprit*, Dossier « Le monde après le 11 septembre », n° 8-9, août-septembre.

Zongo Mahamadou, 2003, « La diaspora burkinabè en Côte d'Ivoire. Trajectoire historique, recomposition des dynamiques migratoires et rapport avec le pays d'origine ». *Politique africaine*, *90*, pp. 113-126.

Introduction : Examining the Links between migration, mobility and development in Africa

ELIETH P. EYEBIYI & ANGÈLE FLORA MENDY

Thinking migration and mobility in Africa

Migrations and mobilities are now provoking very strong debates and concerns, particularly because of their more diversified contours than in the past and the growing number of countries involved (Castles, de Haas & Miller 2014), but also and especially the overriding interest granted to irregular migration (Malakooti 2015) by States, especially those of the West. They have become the subject of political, economic, social, cultural and even religious controversies with strong emotional value (Mendy 2016) despite their ancient character in the settlement of territories. Recent news shows this. The announcements made by extreme European right wing parties about the closing of Europe's borders are multiplying, just as several previously marginalized anti-migrant fronts are gaining momentum.

This atmosphere was reinforced by the positions of the presidential candidate, Donald Trump, who promised to build a wall between Mexico and the United States and took, after his election, decrees against migration targeting nationals of certain countries. We note the contrasting attitudes of European political leaders to the flow of Syrian refugees and the demand expressed by some countries that ask to distribute equally the reception of refugees in the European Community space, to relieve in particular Italy, main passage place of arrival in Europe. Almost every week is marked by dramas in the Mediterranean, relayed extensively by the media and recovered for political ends, by various parties, whether xenophobic or not. More recently, the news has had a new episode, with the broadcast by the US news channel CNN of a report on the markets for the sale of black migrants, in the form of slaves in Libya. If the circuits of illegal migration, with the tragedies linked to them, are old, it should be emphasized that the closing of European borders and the reinforcement of the barriers to mobility seem rather to reinforce the setting up of smuggling networks and various traffickers who promise to ensure the transition to Europe for the candidates for migration.

The votes that translate more and more clearly the opposition to immigration in Western societies are no less dramatic and revealing of tensions and social contortion. This will be remembered for a long time on Friday, November 13, 2016, marking the British "yes" for the "Brexit", one of the major issues was the issue of immigration control. In France, President Emmanuel Macron proposes the opening of hotspots in Libya to allow a control of the migrants beyond the borders of the European community space, and more precisely a filtering between those who would be admissible to enter the European territory and the others but also more recently to strengthen the surveillance and tracking human trafficking smugglers and smuggling networks. This is only one episode, which is part of a long list of European security measures, which ultimately prove to be ineffective, even if they continue to focus the attention of politicians and to absorb their resources. This confirms a certain negation of the potentialities of migration and mobility in terms of development inputs, be it financial, knowledge and practice flows, or even integration between population groups. In other words, the security approach developed by the European Union in recent decades has made migration, and more broadly mobilities, an "evil" to be solved at "all costs", in particular by building up restrictive devices to reduce the mobility of non-European citizens, especially Africans.

However, even if the strong impact of Western media can give the feeling (Withol de Wenden 2002), it is thought that Europe is not the only continent subject to a certain intensification of migration dynamics. On the contrary! In fact, the 2015 data provided by the International Organization for Migration (IOM) show a strong overall growth in migration. The number of migrants in the world was 244 million in 2015 against 232 million in 2013, while South-South flows continued to grow: 90.2 million people from developing countries lived in other South countries. In fact, South-South flows actually exceed those South-North, estimated at some 85.3 million people born in the South and living in northern countries (IOM 2017, March 2017).

In terms of the proportion of the host population, the number of international migrants continues to be the highest in the Gulf Cooperation Council countries. In these countries, the foreign-born population represents respectively 88.4% of the total population in the United Arab Emirates, 75.7% in Qatar and 73.6% in Kuwait. In 2015, forced displacement reached its highest level since the Second World War, with a significant increase in the number of refugees, asylum seekers and internally displaced persons. The regions of the world most affected by these phenomena are Africa, the Middle East and South Asia. In July 2015, there were 15.1 million refugees, an increase of 45 % over 2012, mainly due to the conflict in Syria.

Germany has been on the front lines of the scene, becoming for the first time the main host country in the world for asylum seekers, with 442,000 applications being sought in the country by the end of 2015. The fact remains, however, that the vast majority of refugees continue to be hosted by developing countries, including countries bordering countries of origin of asylum seekers. Thus, in December 2015, most of the Syrian refugee population is hosted by

Turkey (2.2 million), Lebanon (1.2 million) and Jordan (nearly 630,000) and forced displacement, which affects about 38 million people, continue to occur between the borders of neighboring countries. This is the case of Iraq, South Sudan, Syria, the Democratic Republic of Congo and Nigeria (IOM 2017 site). As the various statistics mentioned above show, migratory dynamics are very important both in the exchanges between the South and the North. However, whatever their size, they cannot account for a more all-encompassing phenomenon represented by African mobility (Mazauric 2012; Zongo & Bredeloup 2016), whose relevance and realities are to be considered here.

Faced with such complexity, the contribution of academic research is necessary to understand both migration and mobility in their realities and their multiple implications. Indeed, if they are more and more the object of a scientific deconstruction, the myths around the only phenomenon of migrations and migrants are legion (de Haas 2003, 2007: Ozden 2014; Clemens 2007) and remain perennial.

For example, de Haas (2006), dealing with these myths and questioning the reality of increased flows, shows that Europe had moved from being a source to being a destination for migrants. It is worth remembering that the international is not limited to the Western world (withol de wenden 2002) and that Italy and Spain, for example, were still a few decades ago, countries of high emigration. Migration from the South to the North is not the only known form and is not among the most important categories of displacement. Several categories of migration exist: professional, forced, spontaneous, family, etc. These diversified forms are deduced according to the analysis criterion used. It can be geographical, professional, economic, legal, political or other. On the one hand, Coquery-Vidrovitch (2016) recalls in essence that slavery and colonization, in their old and contemporary ways, represent new forms of forced or imposed migration. On the other hand, recent figures from IOM (2017) and various research (Bakewell 2007b; de Haas 2005; Czaika & de Haas 2011) confirm this. The first host countries for migrants are not usually European. The first destination for African nationals engaged in mobility routes, whoever they may be, is not Europe, but Africa. The same goes for the other countries of the South as for those of Latin America, which are experiencing significant internal flows. Contrary to widespread belief among international actors, the development of poor countries will not end specific migration from the South to the North (Bakewell 2007b; de Haas 2005). As the statistical data have shown, all the people in mobility situation do not necessarily seek to travel to Europe (Withol de Wenden 2002, Salazar 2010). In addition, visa restrictions and border creation may slow down, but will not stop migration (Czaika & de Haas 2011), which may take non-legal forms when obtaining travel documents is made more complex.

International migration (Gemenne & Polet 2015) are often thought of in terms of integration, and relate to how local cultures are likely to articulate without major tensions with other cultures. This question tends to dominate thinking in European and more Western countries. However, it represents only a univocal way of thinking about immigration / emigration issues.

Focusing on the countries of the North, it totally neglects the realities of the countries of the Global South, because international migration continues to pose multiple challenges, both internationally and locally. They must be analyzed not as a problem to be solved, but as an integral part of the processes of global transformation in contemporary societies (Castles *et al.* 2014). Such a theoretical stance, in the African context, suggests a different analytical approach (de Haas 2003).

This suggests breaking with this dominant perspective that inherently separates migrations from mobilities to make them different objects of study in a global context of international circulations. Admittedly, if such an approach can be justified for a certain number of research objectives given – strictly speaking study of migration – it loses its relevance in the contemporary intra-African context. For good reason, the dynamics of regional, sub regional and international circulation revolve around migration and mobility on the African continent. This calls to consider in the same continuum these two complementary concepts.

In its simple definition, migration refers to "the movement of populations from one region to another (…), but also from one society to another". In both cases, as highlighted by Boudon *et al.* (2001: 148), "it is not the most miserable who move, but those who are most likely to be aware of the gap between their aspirations and the opportunity to achieve them on the spot." The myth of the invasion of capitalist societies by the most destitute on the planet thus falls on its own, while giving people with a mobility profile of actors with a set of capital and resources that they are willing to invest to achieve their goals. As for the geographical perspective, it is more inclusive, taking into account its spatial dimensions. It then shows migration as "the displacement of an individual or a group of individuals, sufficiently sustainable to require a change in principal residence and housing, and involving a significant change in the daily social existence of the individual migrant (s)" (Levy & Lussault 2003: 615). In this case, "(…) migration or migratory movement shall be understood as a set of journeys which transfer the residence of the concerned persons from a certain place of origin, or place of departure, to a certain place of destination or arrival" (George 1990: 276). Without underestimating the constraints and difficulties associated with exile, Levy & Lessault (2003: 616) lay an emphasis especially on the significant and positive interconnections of migration and suggest understanding the varied spaces of all opportunities that they present.

This is what this publication is all about, one of the originalities of which is to seek to promote these spaces of exchange as well as the multiple opportunities of development that they present in a more inclusive context of intra- and extra-African mobility. The understanding of African migrations cannot be done without the mirroring of mobilities, from which they ultimately flow. In the same approach as Levy & Lussault (2003: 616), we prefer the generic term "mobilities" from which can be articulated the field of the migrations and that of the mobilities in its various declensions. The concept of mobility actually has several definitions that complement each other. In the sociological perspective, social mobility refers in particular to the movements of individuals or family units within the system of socio-professional categories

(Boudon & Bourricaud 1982). It thus corresponds to the idea that societies secrete complex institutional mechanisms through which individuals are guided from a social position of origin to a social position of arrival. These mechanisms are the result of guidance bodies called "selection agencies" whose nature varies with periods and societies (Boudon & Bourricaud 1982: 349-350). These social mechanisms can become operational through a change of spatial scale, and thus move from one place to another, from one continent to another.

Thus, mobility makes it possible to take into account forms of human displacement for which duration is no longer the major and exclusive element, but coexists with various social parameters (Bredeloup 2008 and 2014). The contraction of time to which the concept of migration refers is thus relativized by that of mobility by allowing to take into account the broad spectrum of types of displacement that may be those of human beings. Speaking of population mobility, George (1990: 280) has shown that the most dynamic economies are those that benefit from the greater mobility of the population and the labor force on both strictly geographical level (moving from one point to another) and also sectoral one (moving from one professional activity to another), either directly or through recycling and vocational rehabilitation processes. From this point of view, mobility brings many challenges, both internationally and locally. They contribute to development by acting on the circulation of the labor force as well as that of financial, social, cultural and other capital. Therefore, dealing with mobility offers the necessary flexibility that makes it possible to take into consideration the possibility of reconfiguring the trajectories of the actors involved, just as much as the modalities that are theirs.

Migrations and mobilities, whether they occur within the African continent or beyond, are part of processes of socio-economic, political, social and cultural transformations affecting all contemporary societies. A number of issues and problems are also raised as confirmed by several research carried out on the continent.

According to Ndiaye & Robin (2010: 48): "in West Africa, international migration is driving a dynamic of regionalization with multiple reticularities that, without losing their local roots, are linked to the globalization of contemporary migratory movements". These authors highlight the interconnections between the global and the local and emphasize that the phenomenon of globalization "does not replace the process of regionalization; on the contrary, the two are increasingly articulated by roads, temporary living spaces, new practices and actors ". And this, even as the mobilities in the West African regional space remain central in the economic and social dynamics at work in this region.

It is also in a perspective similar to that of Ndiaye & Robin (2010) that de Haas (2003) shows, in an analysis of the case of North Africa, how the dynamics of regional migration is part of integral to broader political and economic transformations. While the main countries of the Maghreb (Morocco, Algeria, Tunisia) seem to be firmly integrated in the Euro-Mediterranean migration system, Egypt is mainly connected rather to that of the Gulf countries.

Apart from this rather systemic approach, Bakewell's (2007a) work on sub-regional mobilities between North West Zambia and Angola revises border management policies. These policies paradoxically produce different meanings, especially "symbolic", particularly through official travel documents. The author proposes a broader reflection on the perception of the formal versus the informal, or the legal versus the illegal. While security issues related to border management are debated in Europe and the United States, Africa is no exception. Brachet (2010) thus discussed the tightening of migration policies in the central Sahara linked to sub regional instabilities, as well as their impacts on the mobility of people between Niger, Algeria and Libya.

Indeed, the systemic instability induced in the Maghreb by the Libyan war and the assassination of Muammar Gaddafi have encouraged the strengthening of smuggling networks and an upsurge in human trafficking, as well as the tightening of travel conditions for migrants through Libya. Migratory routes have become less and less secure. Moreover, this instability favors the taking hostage of several thousand Sub-Saharan nationals in Libya and does not seem to slow down their desire to reach Europe to escape violence and insecurity. Beyond Libya, countries such as Nigeria, Mali or Niger are experiencing strong instabilities related on the one hand to poverty and on the other hand to the upsurge of insecurity attributed to Islamist terrorism. The Salafist Boko Haram sect is a figurehead in the region. The works of Olivier de Sardan (2017) on Niger and those of Bayart (2017) on the situation in the Sahel offer a global analysis, in an armed context that is very much described by Debos (2013), particularly with regard to Chad as a new oil emirate and at the same time subcontractor of the fight against insecurity in the region. Thus, in the Lake Chad Basin, and more precisely in North-East Nigeria and the Far North of Cameroon, instabilities have led to an increase in the number of displaced people, which Bayart (2017) estimates to more than 2 million since the beginning of the conflict in 2009-2010 and the repression committed by Nigeria, Cameroon and more broadly a coalition of countries of the region supported by France and the United States.

In Niger, insecurity in the north of the country, in the case of the deprived areas of Lake Chad, continues to swell the ranks of the displaced. The attacks in Ouagadougou (Burkina Faso) and Grand-Bassam (Ivory Coast), the multiple attacks that have become almost daily against the United Nations Mission in Mali (MINUSMA), extensions of the destabilization of Libya, confirm the very fragile security context on this part of the continent, with the backdrop of the effects on people's mobility. The list is far from being exhaustive if we also consider the conflicts in South Sudan or in the Horn of Africa. These multiple instabilities and their social consequences nourish security issues that a critical reflection on migration and mobility in Africa cannot dispense with. However, we must be careful not to fall into the trap of all security, as it is thought and implemented by some politicians.

While these analyzes remain global and sometimes regionalized, they do not allow to assess in a comprehensive and specific way the possible contributions of migration and mobility to development.

Questioning the links with development

The issue of migration and mobility is inseparable from that of development and, consequently, of international socio-economic, political and cultural transformations (Keely & Nga Tran: 1989: 501), but also in national contexts without being limited to it. The history of peoples and states bears witness to this. The United States, the world's leading power, has been able to count on migratory flows from Europe and elsewhere (Simon 2008; Duffy 2002; Richard 1996) to initiate a series of economic and industrial transformations. The Italian and Polish labor force enabled France to rebuild its industry after the Second World War. Switzerland has used the labor of Italians, Spaniards and Portuguese to build modern infrastructure (Piguet 2005). For several decades, the development economy cannot be thought of without the contribution of migrants and diasporas (Castles *et al.* 2014; Zongo 2003; Vertovec & Cohen 1999; Keely & Nga Tran 1989; Cohen 1996; Skinner 1993),but also people in situations of mobility, whether they are pendular, circular (Kress 2006) or more perennial. The financial contributions of these people to the growth of their countries now exceed official development assistance (ODA). According to the World Bank, remittances to families in developing countries are three times larger than development aid.

This would be $ 429 billion in 2016, down 2.4% from 2015. Remittances to sub-Saharan Africa are estimated at $ 33 billion, with $ 34 billion for 2017 (World Bank website, July 2017). From this point of view, it is indisputable that African migrants are part of the development actors taking an increasingly large part in the political, economic and social life of their respective countries (Assogba 2002; Bazonzi 2015). Their voices are gradually becoming essential in decision-making bodies and the implementation of public policies and more broadly those of development. In addition, for the last two decades, African governments have been increasing their call for financial investments for their diasporas to capitalize the financial volume hitherto transferred directly to families or used to build basic health and social infrastructure for the benefit of the local population.

The Cape Verdean economy has consolidated thanks to the contributions of its diaspora especially that residing in Southern Europe and the United States. However, development is not just about the economic and financial aspects of diasporas.

In 2017, Senegal has enacted a law that grants its citizens living abroad fifteen seats in the National Assembly out of 165, while other countries in the region are waiting to decide the issue to grant or not an electoral district to representatives of their diasporas. As far as political action is concerned, the Gambian diaspora, for example, played a major role in the defeat and departure of President Yahya Jammeh, who refused to leave power after losing the elections in December 2016. Recent popular movements in Togo also seem to depend on a strong involvement of the diaspora of this country in the sub-region. This means that the political involvement of African diasporas in their countries of origin is gradually increasing, including at the political level.

At the social level, the contribution of local and national diasporas usually targets local development, trying to work at grassroots level. Thus, whether through associations of nationals or even individually, many contributions are recorded in terms of donations or relationship enhancement. They provide additional income for families left in the country of departure or direct support for their needs. In several towns and localities, migrants thus take charge of the construction of socio-community infrastructures, the financing of the building of churches, mosques and other places of worship, the development of rural roads, the support of electrification initiatives or supply of drinking water, not to mention the financing of customary ceremonies. In short, social protection for grassroots populations is provided somewhat by local diasporas, or with their support, compensating for the weakness of African states to fully meet the social needs of citizens. It is this income from migration that states seek to capture by calling for the mobilization of resources from the diaspora. Intra-African and sub-regional migration also foster vital development dynamics for the whole continent at a time when some development actors continue to believe that the problem of migration needs to be "solved" to enable the Africa to develop. It is clear that Africa is developing partly through its migratory realities –whether internal or international. These dynamics cannot oppose the concept of development: on the contrary, they constitute a fundamental element.

Issues related to various forms of mobility are also numerous and complex. We can distinguish "classic" issues that are often persistent and typical of mobility in Africa. These include the porosity of borders inherited from colonization and the difficulties in managing the circulation of populations and communities living on both sides of colonial borderlines (Wesseling 2014). The importance of "the informal", and beyond a set of "practical standards" (Olivier de Sardan 2008), as well as the constraints in the application of the legal and legislative framework are among the realities to be taken into account: they are more in line with the reflections on informality in border areas (Eyebiyi 2016). Moreover, "the analysis of migration is linked to that of processes of "informalisation" that affect the entire organization of production" (Corrado 2004: 97). It is then necessary to relativize the tendency to associate migration with the displacement of the workforce, and rather to take into account the alternative forms of valuation (especially non-salary) borrowed by various economic actors, as well as the strategies developed on the basis of the mobilization of relational networks to use in the productive sphere. This approach, which highlights labor migration, should not overshadow the non-economic dimensions for the countries of arrival, for example in terms of cultural integration (Ba 2008), community life or citizenship and affirmation of oneself (Timera 2001).

Beyond the classic issues, we will mention the new importance of security issues that have emerged over the past ten years. For good reason, cross-border and international terrorism is reorienting and complicating migratory dynamics, while changing the situation. As realities, but also and above all elements of language, these new considerations are associated by default with the figure of the migrant, within the framework of the production of new forms of otherness. Due to the security rules, mobility is, more than in the past, more and more constrained, thus affecting the development issue. Beyond security constraints, African migrants face multiple abuses, including those carried out by smugglers and various traffickers in Libya, but also on other migratory routes. The informal sector, in which most of them evolve in the host countries –particularly on the African continent– but also in transit, further reinforces this multiform vulnerability, which is perfectly described in the various analyzes contained in this book. The analysis of human mobility also helps to shed light on a body of trajectories, experiences or practices and strategies implemented by their actors. They can give rise to the creation of a kind of culture of migration, referring however to the normality of human circulation, or revealing options responding to very personal mobility choices. Ultimately, the strategies adopted in the context of migration projects, or more precisely the processes of human mobility, come in several forms depending on the specificities of the elements that compose them and are characterized by their complexity.

The objective of the research program "Migration, development and regional integration" (MIGDEVRI) at the origin of this book is precisely to contribute to a new reading of the links between migration, mobility and development in the African context, through unpublished empirical research. These also make it possible to grasp different dimensions of contemporary intra-African migrations, as well as the interconnections that have occurred and consolidated over the course of history. In order to examine both these links globally and specifically, this publication proposes and articulates sufficiently interdependent and at the same time coherent sub-themes to highlight the complexity of the interconnections between migration, mobility and development. Thus, it proposes a plural reflection, located at the crossroads of several disciplines (sociology, geography, psychology, history, economy, etc.) and mobilizing various methodologies (qualitative and quantitative approaches, econometrics, biographical analysis, relational analysis, etc.).

A plural analysis of migration and mobility

This book has two volumes. This choice is part of the multi-thematic dynamic of the MIGDEVRI Program, which consisted in approaching the links between migration, mobility and development in a critical and unbiased way, from both a global and a specific point of view.

This volume includes two complementary articulations: on the one hand mobility, rights and education; on the other hand circulations and borders.

Thus, the first part, entitled "Mobilities, Rights and Education" brings together contributions that question the social, economic issues of migration and mobility in the African context, while taking into account respect for human rights and social protection of migrant workers, as well as student mobility.

Sylvester Kohol is as interested in the historical background as in the consequences of sub regional mobility and the challenges faced by West African migrants with unskilled workers status in Lagos. It addresses the cross-border dimension and shows how the legacy of the past becomes a facilitator of mobility, without erasing the challenges associated with it.

Mutiat Titilope Oladejo questions the mobility of Togolese women working in companies in Ibadan, Nigeria. Despite their major contribution to the growth of the local informal economy since the 1990s, their work has long been ignored in the process of regional integration. The author analyzes the link between a certain culture of migration and sustainable livelihoods from the perspective of participation in development, as well as the sustainability of informal activities. However, the migration project remains uncertain when migrant workers do not have documents or cannot be regularized once they get into the host country. Forced to harassment and illegal work, migrants are exposed to arbitrary arrest and repatriation without notice, forcing them to leave behind goods they have acquired in the host country.

In the same perspective, Irissa Zidnaba and Barkissa Nyalo are studying the living conditions of Burkinabe migrants in two Central African countries: Gabon and Equatorial Guinea. Through their case study, they highlight the violations of the rights of migrant workers, despite the accession of the countries concerned to the international conventions on human rights. Migrants, who generally accept low-skilled and low-paid jobs, become vulnerable to the lack of adequate legal protection in destination countries.

The book then deals with student mobility, which has been the subject of various works (from Saint Martin, Scarfo Ghellab & Mellakh 2015; Eyebiyi & Mazzella 2014) and have taken a major importance in the study of South-North and South-South mobility flows in recent years. Historical ties and linguistic affinities generally justify the choice of destination for African students, even though the countries of the Maghreb and the Middle East tend to become both transit and host countries (Eyebiyi 2015; Eyebiyi 2018; Bava 2009; Mazzella 2009: 347), rather than transit only. Moreover, with the globalization of knowledge (Garcia & Muñoz 2009; Eyebiyi & Mazzella 2014) and the privatization of education in the 1990s, higher education in Africa is undergoing major transformations and must adapt to the norms and international requirements, at a time when internationalization (Hazoume 2011) is often presented as a guarantee of the quality of higher education institutions.

Lawrence Rafaih Okello questions this postulate from a comparative analysis between Makerere University in Uganda and the University of Lagos in Nigeria. The author concludes that internationalization can potentially shape the quality of higher education in Africa, provided that there is a stronger synergy of work between higher education institutions, national, regional and African agencies that guarantee quality. The intervention of external standards, but also of human resources coming from the international, can indeed contribute, within the framework of various processes of academic mobilities, to reinforce the university infrastructures existing on the continent. The author finally notes that these mobilities do not only concern students, but also include trainers and value the circulation of knowledge.

In a broader perspective, Zakaria Sore studies student mobility within the West African space in relation to this internationalization of knowledge. The Community of West African States, despite advances in the field of political integration, is struggling to attract students for a variety of reasons, including the virtual absence of research strategies and programs that encourage mobility. Taking the example of Ouagadougou University 1 – Professor Joseph Ki-Zerbo, in Burkina Faso, the author tries to understand the causes of this low student mobility. According to his analyzes, insufficient cooperation between universities and the lack of conditions offered to students are some of the causes. In addition, the instability of these universities and the high appreciation of Western diplomas remain important analytical settings.

The second part of this volume focuses on the issues of circulations and African borders inherited from colonization, and raises the question of their porosity, in the context of regional dynamics, including those of increased cross-border mobility. These are revived in particular in the perspective of free movement promoted by regional groupings such as the Economic Community of West African States (ECOWAS) created in 1975, the Economic Community of Central African States (CEMAC) and others.

Naluwembe Binaisa proposes a specific and original angle of analysis of mobilities: that of the diffusion of the mobile telephony in the African megalopolis of Lagos. Known for the performance and dynamism of its commercial sector, this big city is one of the main economic centers in Africa and a pole of attraction of continuous migrations, both in Nigeria and beyond. Like many cities in the world, Lagos is a place of confluence, characterized by many combined contrasts such as ethnic, social, religious, but also relative to age and sex. Mobile telephony, whose diffusion and omnipresence can be seen as an accelerator for equitable development, at the same time facilitates the circulation of information and the mobility of actors. Its use consolidates the norms of urban conviviality and breaks the limits of social difference, even if significant fluctuations and clear inequalities persist in this contrasting urban landscape.

On another note, Astadjam Yaouba questions the migratory trajectories and experiences of West African migrants in Cameroon. Faced with political, environmental, economic and cultural traditions, West African immigration finds Cameroon a welcome land, as the informal sector is an important part of the economy. The author draws up their demographic, socio-cultural and economic profile. It traces their experiences in migration, while focusing on the different skills acquired and the impact of these on their socio-professional integration in Yaoundé.

Focusing on mobility, Loppa Ngassou examines the local practices of circumventing official standards by "motorcycle stuntmen" in the CEMAC space. The mobility of goods and people is governed by official standards, both legal, professional and social. However, the economic actors that are the stuntmen of motorcycles follow standards of practices peculiar to their activities of transport of goods. Focusing on the Nigeria – Cameroon – Chad / Central African Republic route, the author identifies ways of circumventing official standards and reveals a multiplicity of local strategies: networking, use of secondary roads, development of dual nationality and parentage, mastery and practice of local languages and, finally, support from the population.

In a similar perspective, Aziz Mossi questions daily mobility and local practices in the context of setting up a juxtaposed checkpoint (PCJ) between Benin and Niger. Like the conclusions of Loppa Ngassou for another space, it shows that the governance of daily mobility in the West African border area obeys not official rules defined within community organizations (UEMOA, ECOWAS) but rather flexible "practical standards". The author concludes that public policies, conventions and formal agreements, defined at the supranational level, are ineffective on the ground. On the other hand, they are the object of various re appropriations, often unforeseen and producing concrete effects quite different from the interests and expectations of the decision-makers.

Finally, based on a survey that is both historical and ethnographic, Alimou Diallo proposes a case study in a country of the Maghreb, Morocco, and invites to go beyond the category of "transit" in the analysis of population movements, retaining an internalist approach that takes into account the historical dynamics of government of the different figures of mobility. His work illuminates the complexity of the figure of the foreigner and the historical forms of its production by the colonial state, as well as the bureaucratic instruments of control and supervision (registration card, employment contract, health passport, detention centers) implemented by the colonial administration. After independence, the postcolonial Moroccan state becomes the guarantor of both the *constancy* and the *break* of the colonial practices at the local level, triggering a movement of Moroccanization and nationalization of the practices of control of the mobility of foreigners.

The contributions gathered here help to illuminate the links between migration, mobility and development. To do this, they unveil on the one hand the veil on the forms as well as the stakes linked to this triptych, by showing how the problems that are posed in the international context are really present in the African context and how they are articulated with all sectors of social, economic and political life. On the other hand, while African migration and mobility question various issues, including socio-anthropological, historical, economic and political, the thorny issue of respect for human rights lies at the heart of this reflection becoming more and more complex. This is particularly evident in the issue of work and social protection, but also more broadly in the perspective of the right to mobility, both for people and goods. Most of the contributions in this volume also explicitly or implicitly raise these various questions, which they try to tackle in several ways. For example, the conditions of cross-border mobility with the examples of Togolese women and Burkinabe migrants reveal the difficulties and the vulnerability of migrant status within African spaces – and this as a mirror to the realities of Western world. The recent news about the auction of migrants on slave markets in Libya reminds, beyond the deeply inhuman nature of this trafficking denounced by various non-governmental organizations and human rights, in addition to references to the slave trade

(Hugh 1986; Pétré-Grenouilleau 2014) whether it was Arab or transatlantic, the need to think of African migrations not on the fringes of contemporary reflections, but as one of the intrinsic issues of mobility. The same is true for student mobility within the African continent: these are largely overshadowed by those South / North, despite their anteriority and dynamism. The consolidation of sub regional spaces and their importance in African integration highlight the dynamics of this type of mobilities that until then have been little visible even though they are quite old. As LR Okello's studies in East Africa have shown, more broadly Z. Soré's in the West African region, African countries are participating in the modernization of their higher education through standardization of training offers and the improvement of mobility opportunities.

Finally, the economic stakes and the question of the porosity of the borders constitute the heart of the reflection on the regional and cross-border dynamics to which the African mobilities give rise. They testify not only to the normal size of circulations both within the same country and across various border areas, but also to the very dynamic dynamics of trade and the economic strategies implemented by various actors to ensure their survival notwithstanding the legal or informal barriers that exist.

The contributions represent unpublished case studies. Using empirical analyzes from various African terrains, and from various disciplines, they question, in the end, intra-African migrations and mobilities in their cross-border dynamics, their security and regulatory issues as well as the respect of human rights.

The triptych migrations, mobilities and development is thus examined in a global and specific way, in a resolutely complementary and dynamic perspective, and not contradictory as the dominant paradigm suggests. The various forms of contribution of people with mobility to their national and local communities are perfect illustrations. A deepening of these questions is carried out in the second volume. This one presents reflections around the *"outputs"* of African mobilities. It questions, on the one hand, the family strategies that accompany the circulation of people while highlighting new issues related to the feminization of migration and the construction of the family at a distance. On the other hand, it analyzes the contributions of migrants and the diaspora to the development of their countries of origin, highlighting the contrasts in terms of challenges related to the situation of exile and political participation at the local level.

English translation by **Romain Dampi Somoko.**

Bibliographie

Assogba Yao, 2002, « Diaspora, mondialisation et développement de l'Afrique », *Nouvelles pratiques sociales 15*, 1, pp. 98-110. DOI : 10.7202/008263ar

Ba Awa, 2008, « Les femmes mourides à New York. Une renégociation de l'identité musulmane en migration », *in* Momar-Coumba Diop (dir.), *Le Sénégal des migrations. Mobilités, identités et sociétés*, Dakar-Paris, Crépos-Karthala-ONU Habitat, pp. 389-408

Bakewell Oliver, 2007a, *"Keeping Them In Their Place": The Ambivalent Relationship between Development and Migration in Africa*, Oxford, International Migration Institute, IMI Working Papers n° 8.

—, 2007b, *The Meaning and Use of Identity Papers: Handheld and Heartfelt Nationality in the Borderlands of North-West Zambia*, Oxford, International Migration Institute, IMI Working Papers n° 5.

Bakewell Oliver *et al.*, 2009, *South-South Migration and Human Development Reflections on African Experiences*, Oxford, International Migration Institute, IMI Working Papers n° 15.

Bava Sophie, 2009, « Être étudiant africain à Alger et au Caire au seuil du troisième millénaire », *in* Sylvie Mazzella (éd.), *La mondialisation étudiante. Le Maghreb entre Nord et Sud,* Paris, IRMC- Karthala, pp. 347-359.

Bayart Jean-François, 2017, *De quoi Boko Haram est-il le nom ?*, En ligne : https://blogs.mediapart.fr/jean-francois-bayart/blog/180817/de-quoi-boko-haram-est-il-le-nom.

Bazonzi José Mvuezolo, 2015, « Quelle contribution des diasporas au développement de l'Afrique centrale ? », *in* François Gemenne, François Polet (éds.) *Migrations internationales : un enjeu Nord-Sud ?*, Paris, Cetri-Syllepse, pp. 161-177.

Boudon Raymond, 1992, *Traité de sociologie*, Paris, PUF.

Boudon Raymond, Besnard Philippe, Cherkaoui Mohamed, Lécuyer Bernard Pierre, 2001, *Dictionnaire de sociologie*, Paris, France Loisirs, 2 [Larousse, 1998].

Boudon Raymond, Bourricaud François (dir.), 1982, *Dictionnaire critique de la sociologie*, Paris, PUF.

Brachet Julien, 2010, *Blinded by Security: Reflections on the Hardening of Migratory Policies in Central Sahara*, Oxford, International Migration Institute, IMI Working Papers, n° 26.

Bredeloup Sylvie., 2008, « L'aventurier, une figure de la migration africaine », *Cahiers internationaux de sociologie*, 125, 2, pp. 281-306.

—, 2014, *Migrations d'aventures. Terrains d'Afrique*, Paris, éditions du Comité des travaux historiques et scientifiques.

Bredeloup Sylvie, Zongo Mahamadou (dir.), 2016, *Repenser les mobilités burkinabè*, Paris, L'Harmattan.

Castles Stephen, de Haas Hein, Miller Mark J., 2014, *The Age of Migration. International Population Movements in the Modern World* (Fifth Edition), London, Palgrave Macmillan.

Czaika Mathias, de Haas Hein, 2011, *The Effectiveness of Immigration Policies: A Conceptual Review of Empirical Evidence*, Oxford, International Migration Institute, IMI Working Papers n° 33.

Clemens Michael, 2007, *Do Visas Kill? Health Effects of African Health Professional Emigration*, Washington, Center for Global Development Working Paper n° 114.

Cohen Robin, 1996, "Diasporas and the Nation-State: From Victims to Challenges," *International Affairs*, 72, 3, pp. 507-520.

Coquery-Vidrovitch Catherine, 2016, « Les Africains, de la traite atlantique des esclaves aux migrations contemporaines », Introduction au Colloque international « Les mobilités internationales et le changement au niveau global », Université de Lausanne, 15-16 novembre 2016, https://www.youtube.com/playlist?list=PL6vbThM1chZyPD4WjT8Nfsa49m73X_zQI

Corrado Alessandra, 2004-2005, « Migrations et autovalorisation : Enquête aux marges du système », *Multitudes*, 19, 5, pp. 95-102. doi:10.3917/mult.019.0095, *Multitudes 5*, 19, pp. 95-102.

Debos Marielle, 2013, *Le métier des armes au Tchad : le gouvernement de l'entre-guerres*, Paris, Karthala.

Duffy Sean (dir.), 2002, *Atlas historique de l'Irlande*, Paris, Autrement.

Eyebiyi P. Elieth, 2015, « La formation des cadres béninois dans les pays de l'Est. Expériences biographiques en URSS et en Bulgarie entre 1980 et 1994 », *in* Monique de Saint Martin, Grazia Scarfo Ghellab, Kamel Mellakh (éds.), *étudier à l'Est. Expériences de diplômés africains,* Paris, Karthala.

—, 2016, « Étudier l'État à partir de l'informalité. Répression et résistances autour du commerce informel de carburant », *Lien social et politiques 76*, pp. 77-95.

Eyebiyi P. Elieth, Mazzella Sylvie, 2014, « Introduction : observer les mobilités _étudiantes Sud-Sud dans l'internationalisation de l'enseignement supérieur », *Cahiers de la recherche sur l'éducation et les savoirs*, Hors Série, n° 13, *Observer les mobilités étudiantes Sud-Sud*, pp. 7-24.

Flahaux Marie-Laurence, de Haas Hein, 2016, "African Migration: Trends, Patterns, Drivers," *Comparative Migration Studies 4*, 1, pp. 3-25.

Garcia A., Muñoz M.-C. (dir.), 2009, « Mobilité universitaire et circulation internationale des idées. Le Brésil et la mondialisation des savoirs », *Cahiers de la recherche sur l'éducation et les savoirs, hors série n° 2*.

Gemenne François, Polet François (éds.), 2015, *Migrations internationales : un enjeu Nord-Sud*, Paris, Cetri-Syllepse.

George Pierre, 1990. *Dictionnaire de la géographie*, Paris, PUF.

De Haas Hein, 2003, *Migration and Development in Southern Morocco. The Disparate Socio-Economic Impacts of Out-Migration on the Todgha Oasis Valley*, Rotterdam, Grafische Communicatie.

—, 2005, "International Migration, Remittances and Development: Myths and Facts," *Third World Quarterly 26*, 8, pp. 1269-1284.

—, 2006, *"Turning the Tide"? Why 'Development Instead of Migration' Policies Are Bound to Fail*, Oxford, International Migration Institute, IMI Working Papers n° 2.

—, 2007, *North African Migration Systems: Evolution, Transformations and Development Linkages*, Oxford, International Migration Institute, IMI Working Papers n° 6.

—, 2008, *Migration and Development. A Theoretical Perspective*, Oxford, International Migration Institute, IMI Working Papers n° 9.

Hazoumé Claire, 2011, « L'internationalisation du système universitaire indien », in M. Leclerc-Olive, G. Scarfó Ghellab et A.-C. Wagner (dir.), *Les mondes universitaires face au marché. Circulation des savoirs et pratiques des acteurs*, pp. 241-253.

Hugh Thomas, 1986, *La Traite des Noirs, 1440-1870*, Paris, R. Laffont.

Keely Charles B., Nga Tran Bao, 1989. "Remittances from Labor Migration : Evaluation, Performance and Implications," *International Migration Review, XXIII*, 3, pp. 500-525.

Kress Brad, 2006. *Burkina Faso: Testing the Tradition of Circular Migration* (Profile). Migration Policy Institute (MPI), en ligne :

http://www.migrationpolicy.org/article/burkina-faso-testingtradition-circular-migration.

Lévy Jacques, Lussault Michel, (éds). 2003. *Dictionnaire de la géographie et de l'espace des sociétés*, Paris, Belin.

Malakooti Arezo, 2015, Migration Trends Across the Mediterranean: *Connecting the Dots*, Prepared by Altai Consulting for IOM MENA Regional Office, Cairo.

Mazauric Catherine, 2012, *Mobilités d'Afrique en Europe. Récits et figures de l'aventure*, Paris, Karthala, 384 p.

Mazzella Sylvie (dir.), 2009, *La mondialisation étudiante. Le Maghreb entre Nord et Sud*, Paris, Karthala/IRMC, 404 p.

Mendy Angèle Flora, 2016, *être médecin africain en Europe*. Paris, Karthala, 275 p.

Ndiaye Mandiogou, Robin Nelly, 2010, « Les migrations internationales en Afrique de l'Ouest », *Hommes et migrations, 1286-1287*, pp. 48-61.

Olivier de Sardan Jean-Pierre, 2008, « À la recherche des normes pratiques de la gouvernance réelle en Afrique », in R. Crook, *Discussion paper for APPP n°5*, London, DFID & Irish Aid, pp. 1-25.

—, 2017, "Rivalries of Proximity Beyond the Household in Niger: Political Elites and the Baab-izey Pattern," *Africa, 87*, 1, pp. 120-136.

Özden çaglar, Philipps David, 2014, What Really is Brain Drain? Location of Birth, Education and Migration Dynamics of African Doctors. Workshop on "The Drivers and Dynamics of High-Skilled Migration," University of Oxford, Oxford Martin School, 42 p.

Pétré-Grenouilleau Olivier, 2014, *Les traites négrières. Essai d'histoire globale*, Paris, Gallimard, 733 p.

Piguet Étienne, 2005, *L'immigration en Suisse depuis 1948, une analyse des flux migratoires*, Zurich, Seismo, 256 p.

—, 2013, *L'immigration en Suisse*, Paris, Payot, 152 p.

Richard Guy (éd.), 1996, *Ailleurs, l'herbe est plus verte. Histoire des migrations dans le monde*, Condé-sur-Noireau, éd. Charles Corlet, Collection Revue Panoramiques.

de Saint Martin Monique, Scarfo Ghellab Grazia, Mellakh Kamel (eds), 2015, *étudier à l'Est. Expériences de diplômés africains*, Paris, Karthala, 300 p.

Salazar Noel B., 2010, *Tanzanian Migration Imaginaries*, Oxford, International Migration Institute, IMI Working Papers n° 20.

Simon Gildas, 2008, *Migrants et migrations du monde*, Paris, La Documentation photographique n° 8063, mai-juin.

Sindjoun Luc (dir.), 2004, *état, individus et réseaux dans les migrations africaines*, Paris, Karthala, 358 p.

Skinner P. Ellioth, 1993, "The Dialectic between Diasporas and Homelands," *in* Joshep E. Harris (ed.), *Global Dimensions of the African Diaspora*, Chapter 1, Washington DC, Howard University Press, pp. 11-40.

Timera Mahamet, 2001, « Les migrations de jeunes Sahéliens : affirmation de soi et émancipation », *in* René Collignon & Mamadou Diouf (dir*.) Les jeunes, hantise de l'espace public dans les sociétés du Sud ? Autrepart*, 18, pp. 37-49.

Vertovec Steven, Cohen Robin (dir.), 1999, *Migration, Diasporas, and Transnationalism*, Cheltenham, Northampton, Edward Elgar Publishing, 663 p.

Wesseling Henri, 2014, *Le partage de l'Afrique 1880-1914*, traduit du neerlandais par Patrick Grilli, Paris, Denoël, coll. Folio Histoire, 840 p. [Titre original : *Verdeel en Heers De Deling van Afrika 1880-1914*, 1991]

Wihtol de Wenden Catherine, 2002, « La dynamique mondiale des flux migratoires », *Esprit*, Dossier « Le monde après le 11 septembre », n° 8-9, août-septembre.

Zongo Mahamadou, 2003, « La diaspora burkinabè en Côte d'Ivoire. Trajectoire historique, recomposition des dynamiques migratoires et rapport avec le pays d'origine ». *Politique africaine*, 90, pp. 113-126.

MOBILITÉS, DROITS ET ENSEIGNEMENT SUPÉRIEUR / MOBILITIES, RIGHTS AND HIGHER EDUCATION

1. A historical trajectory of cross-border migration between Nigeria and her West African neighbours

SYLVESTER KOHOL

The last two decades of the twentieth century, as well as the first decade of the twenty first century have witnessed increasing interest of scholars in the field of cross-border mobility and migration study. Indeed, cross-border migration among the West African countries has remained central in its historical development. As stated by Labo (2000), "its centrality has been attributed to its role in influencing the characteristics, distribution and size of the population of the sub-region" (Labo 2000: 1). Available records have also indicated that the migration trend in the sub-region has been grossly influenced by the changes in the environment; political, religious, socio-cultural and above all economic factors have also affected this trend (Adepoju 2005; Bakewell *et al.* 2009).

At present there are no accurate documentations of cross-border migration among the various countries in the West African sub-region; however, the available records show an increasing rate of cross-border mobility and migration because of the apparent lack of adherence to the rules and regulations aimed at addressing this trend. Indeed, as argued by Adepoju (2005), the inability of the government to provide suitable employment for its growing population has aggravated the situation resulting in young labour force seeking for greener pasture beyond their geographical shores. As indicated earlier, the increasing rate of cross-border migrations, particularly within the sub-region has continued to attract the attention of scholars not only from this region, but even beyond. Indeed, this has created a conducive atmosphere for the blossoming of indentured servitude, in spite of the various advocacies, as well as campaigns against this global trajectory. Several scholars have written exhaustively on this fundamental phenomenon; however, the complexity of this issue of conventional 'voluntary slavery' has continued to threaten the equitable development of the human society unabated. The 'voluntary slavery' as used in this context is likened to indentured servitude whereby most of the unskilled migrants willingly indulge in menial and derogatory jobs to sustain their livelihood. It has created a paradigm cleavage between the privileged few and the less-privileged masses.

Integral to this study, is the persistent cross-border immigration of the semi-skilled labour force of young male and female into Nigeria from her surrounding West African neighbours, especially from Togo, Benin, Ghana, Niger, Liberia and Mali. The records are replete with evidences indicating that these immigrants are usually within the active labour force of 18-35 years of age. Most of them are uneducated; and only a few of them have managed to complete their secondary education. The male ones among them are usually engaged in unskilled labour such as itinerary petty traders, shoe cobblers and tailors, local masons, traditional well-diggers, cart pushers/human porterage, security guards etc. On the other hand, the girls and women are involved in majorly domestic house maids and shop attendants at local restaurants and canteens; and in some cases, commercial sex workers. However, there are few instances of some female, as well as male immigrants who had become established traders in Nigeria, and have contributed significantly to the development of the host country.

In addition, in 2006, an estimated 1 million (999,273) international migrants were recorded to be residing in Nigeria. This figure indicates that the percentage of foreign immigrants continues to increase compared with the previous records. For instance, in 1963, there were 101,450 foreign migrants in the country, and by almost three decade later, in 1991, the number had increased to about 477,135 (International Organisation for Migration, 2016: 1). By 2010, the number had increased again to about 1.1 million people. Interestingly, 51.4 % of this estimate are nationals from the Economic Community of West African States (ECOWAS). And according to the Nigeria Immigration Service (NIS), a Nigerian regulatory body responsible for the monitoring of migration in the country, there are about 1,497 illegal migration routes into the country as at 2012 (cited in International Organisation for Migration, 2016: 1). It is argued that these routes played a fundamental role in the percentage of the migrants from ECOWAS nationals in the country (Adeniran 2014).

The existence of these immigrants raises some fundamental question which must be addressed: why do these immigrants prefer to pass through these illegal borders? Equally integral are the reasons for their cross-border movement. Indeed, have they really contributed to the development of their host country and what are their challenges? Are there any cross-cultural impacts? To answer the above questions, the conventional, historical qualitative narrative, as well as analytical method was adopted in this study. Data collected was based on semi-structured and one-on-one in-depth interviews (IDI) with unskilled immigrants with West African origins in Nigeria; popular culture, newspaper commentaries and opinions and other relevant secondary literature were gathered through a multidisciplinary approach. Fundamentally, this research attempts to examine the historical antecedents of unskilled West African immigrants in Nigeria, with particular focus on the challenges encountered by these migrants. However, the scope of this research is limited to Lagos, which is the commercial capital of Nigeria, with a high flow of West African migrants. It is the largest urban centre in the country with an estimated population of about 21 million people (World Population Review, 2016).

Historical antecedents of West African immigrants in Nigeria

The West African sub-region as a whole has a rich history of different trends of migration caused by 'population pressure, poverty, poor economic performances and endemic conflicts' (Adepoju 2005: 1). The countries in the region share similar features with small economy and population density, excluding Cote d'Ivoire and Nigeria. There is the unwritten assumption by migrants, particularly the unskilled labour force that the sub-region has a single economy which allows for the free flow of movement, as well as goods and services (Adepoju 2005: 1; Okome et al. 2012). Thus, examining the historical antecedents of the migration and mobility patterns in West Africa, with a focus on Nigeria will give a better understanding of the context of this research.

The historical development of migration in the West African sub-region, and Nigeria in particular will not be complete without having a glimpse into its pre-colonial developments. However, in a paper of this nature it will be impossible to treat exhaustively the comprehensive spectrum of population movement in pre-colonial West Africa (Ikime 1985: 6). There is no gainsaying that an economic intergroup relation was a major factor that unified most of the peoples in this region. Indeed, the wave of migration for commercial, as well as social reasons led to bilingualism and linguistic borrowings by the various migrant traders (Ikime 1985: 6). Thus, it is not surprising that economic interactions among the migrants in the pre-colonial era which blossomed around the sixteenth and nineteenth century tend to receive more attention among scholars of pre-colonial migratory studies in the sub-region.

To corroborate the above assertion, during the pre-colonial period, "migration occurred largely in search of security, new land safe for settlement and fertile for farming" (Adepoju 2005). Examples abound of the influence of migrants in the development of the political systems in pre-colonial Nigeria. The early beginnings of dynasties among the various groups in Nigeria indicate amazing evidences of the role of migrants in its emergence. According to Hunwick (1966):

> Within the area of North-western Hausaland [in Nigeria] were large groups of Fulani who had migrated over the centuries from the Futa Toro areas of Senegal. Many had settled in towns and villages and intermarried with the Hausa population; others were semi-nomadic. Both of these groups were mainly Muslims. There were also purely nomadic

pastoral Fulani who in the main were not Muslims. The two main concentrations of Fulani were one to the east of Birnin Kebbi- politically dependent on Kebbi and the second grouped round Birnin Konni. Between these two groups lay two other Fulani speaking groups who were considered 'cousins' to the Fulani- the Toronkawa, claiming some Arab blood and the Sullebawa who had some admixture of Mandingo blood (Hunwick 1966: 293-294).

In fact, Uthman Dan Fodio, the famous Islamic scholar who led the Sokoto Jihad in 1804, belonged to the Toronkawa group; and according to oral traditions, were descendants of a Musa Jokolo, a distinguished itinerary preacher, 'who had migrated from Fouta Toro in perhaps the fifteenth century' (Hunwick 1966: 294; Anene & Brown, 1966). Originally, the ancestors of Dan Fodio had earlier settled around the Konni area; however, by the early decades of the eighteenth century, available documentary records indicate that they migrated to Maratta, and perhaps after the birth of Dan Fodio in 1754 shifted their base to Degel, which is strategically located north of the 'present Wurno and on the other side of the river' (Hunwick 1966: 294).

It is against the above backdrop that Ricca (1989) argued that during the pre-colonial era, spanning over 20,000 years, the geographical region known as West Africa at present, recorded unfavourable climatic conditions, which affected in no small measure its environmental stability. The attendant effect of this environmental imbalance had witnessed the persistent southward movement of the Sahara desert; it had also affected the vegetation of the zone, as well as its inhabitants. Therefore, the above period saw the gradual migration of people in this region as a result of the environmental challenges. As already mentioned elsewhere in this paper, this naturally induced migration was not the only factor necessitating the mass population movement in the region. There were other salient factors such as the slave trade, political conquest and expansion, and above all, trade, which created an impressive commercial intercourse among the people.

It is instructive to mention that during the pre-colonial period, there were no clearly defined political boundaries (Mabogunje 1972; Adepoju 1974; Asiwaju 1992; Adeniran 2014); however, there is historical evidence of cross-border migration and mobility, particularly of "profile associations with the commercial exchanges of forest-savannah products" (Afolayan 1988: 6). Indeed, international spatial mobility had long been in existence in the West African sub-region prior to the advent of colonialism (Afolayan 1988; Zachariah & Conde 1981; Amin 1974; Mabogunje 1972; 1966; Skiner 1965; Wallenstein 1965). Similarly, Adeniran (2014) also stated that "in West Africa, numerous groups of mobile traders and migrant occupational groups of common and intertwined ethnicities have been institutionalized before the advent of colonialism in the sub-region" (Adeniran 2014: 3).

The second half of the nineteenth and early twentieth centuries witnessed the imposition of colonial rule in the West African sub-region by the various European imperialists. Thus, the colonial administrators, expectedly, introduced a new system of administration, thereby heralding a new dimension of cross-border migration in West Africa (Labo 2000). As asserted by Afolayan:

> The colonial era brought with it the introduction of boundaries between the territories of the European powers. Many traditional movements, which were continual, became international in the strict sense. Emphasis was on the north-south moves, a pattern that can be explained by the strategy of development that was adopted by the colonial government in terms of its export oriented economy and the development of more centers in the coastal belt than in the interior parts of the countries. These centers served as attractive centers for labor absorption (Afolayan 1988: 6).

There are many examples in the West African region of dimensional changes in migration catalyzed by the European imperialism. In Nigeria, the advent of the British colonialists witnessed massive population movements to areas where there are urgent need for labour force for plantations, mines, as well as British public services. Lagos, Kaduna, Ibadan, Enugu etc. became the major port of call for immigrants in search of better living. Equally integral was the cross-border migration of people from her neighbouring countries into Nigeria. For instance, between 1903 and 1922, Tuaregs from neighbouring Niger, numbering about 10,000 to 30,000 had moved into the ancient city of Kano, which was known for its favourable 'grazing facilities, wells for pastoralists and their flocks, veterinary services, lower taxes' (Mberu & Pongou, 2010). In some cases, spatial mobility during this period was encouraged by the various agreements entered by the colonialists. The Anglo-Franco Agreement of 1905, between Britain and France created a conducive atmosphere for easy migration 'between neighbouring countries under different colonial powers' (Labo 2000). In addition, within a space of about 21 years, 1931-1952, an estimated 250,000 immigrants were recorded in the northwestern region of Nigeria; they were predominantly people with French West African origin, namely, Chad, Niger, Senegal, etc. Some scholars have argued that the mass movement of people during the colonial era from French administered territories to British territories must have been as a result of the latter's 'less oppressive administrative system' (Labo 2000; Adeniran 2014).

As opined by Afolayan:

> Both voluntary and forced labor movements characterized spatial mobility during this period. Examples of the latter type abound in the former French territories until it was abolished in 1946, especially in the recruitment of the Mossi people of Upper Volta to help develop the resources of the Ivory Coast. Documented cases of voluntary international migration included the "navetaines" of Senegalese origin in Gambia and the Ivory Coast; the gold miners from various West African countries on the Gold Coast (Ghana); the movement of Upper Volta nationals (Burkina Faso) to Ghana; and Mali nationals to Senegal and the Ivory Coast. Such movements were almost inevitable,

arising from the contiguity of the countries, their colonial affiliation and the tendency for migrants always to move where they could better their lot in life (Afolayan 1988: 6).

With the attainment of independence by most of the countries in West Africa in the 1950s and 1960s, there was a gradual departure from the nature and dimension of colonial spatial mobility in the region. With renewed zeal to maintain and define their sovereignty and national territories, the various countries in the region "enacted migration laws and regulations governing conditions of entry, residence and employment of non-nationals..." (Adepoju 2005: 3). However, it should be noted that the rural-urban migratory legacy, which was inherited from the colonialists continued to influence cross-border movement in the post-colonial West Africa. Indeed, apart from some very few instances, migrant labour was easily and cheaply gotten from the rural areas; while the urban centres served as the final destination – 'regardless of whether there is an international border between the point of departure and destination' (Labo 2000). This lopsided situation is as a result of the colonial administrative policies whose focus was directed towards developing the urban centres at the detriment of the rural regions.

People Arriving in Nigeria, by Nationality

Year	Source		Total
	Commonwealth West Africa *	Other Countries West Africa	
1963	16,946	17,985	34,931
1965	46,448	n.d.	46,448
1967	26,061	n.d.	26,071
1968	29,201	n.d.	29,201
1970	37,904	n.d.	37,904
1971	43,337	n.d.	43,337
1972	52,325	n.d.	52,325
1973	47,447	n.d.	47,447
1974	64,122	n.d.	64,122
1975	82,470	n.d.	82,470
1976	89,171	n.d.	89,171
1978	—	—	60,000

* Nigerian, Ghanean, Gambian and Sierra Leonean.
n.d. : non available
Source: Federal Office of Statistics

In spite of the above, the post-colonial period witnessed the overlapping 'consciousness of nationhood' as a factor over other reasons. For instance, Cote d'Ivoire in 1958 and 1964 expelled over 1,000 and 16,000 respectively, of Togo and Benin nationals (Adepoju 2005: 4); the Sierra Leonean government in 1968, in a bid to regulate immigrant population in the country, deported an estimated 8,000 Ghanaians primarily to protect its indigenous labour force. Similarly, and perhaps in response to the Sierra Leone's policy, Ghana in 1969, issued the Alliance Compliance Order. By this policy, over 60,000 immigrants from Dahomey, Niger, Togo and Upper Volta were deported from Ghana. And by 1970, Ghanaian immigrant population had reduced to about 4% from its initial figure of about 10% (Amin 1974). In Nigeria, available records indicate that over 10,000 and 89,000 people of West African origin immigrated into the country during the 1960s up to 1976. Above is a tabular illustration of West African migrants in Nigeria, 1963-1978.

However, it is noteworthy that shortly after independence; several policies were put in place, particularly by the Nigerian government to check some of the excesses of immigration in the country. For example, in 1963, the Federal Government enacted Immigration Act No. 6 to control the entry, residence and employment of aliens. The Act was subsequently amended by Decrees No.33 and 8 of 1969 and 1972 respectively. As stated by Makinwa-Adebusoye (1987):

> The Act stipulates that an alien wishing to enter Nigeria must possess a valid passport or other travel document and a visa or entry permit. Criminals, idiots and paupers cannot be admitted (Section 19). Residence and work permits are required, respectively, to stay or work in Nigeria (Immigration Act of 1963, Section 17) and Section 10 of the Act allows immigration officers to impose other restrictions (on place of residence or duration of stay, for instance) provided they are just and humane (Makinwa-Adebusoye 1987: 1258).

The 1979 ECOWAS Protocol: Spatial mobility and its effects in the 21st Century

The Economic Community of West African States (ECOWAS) was established on 28th May, 1975, in Lagos. Its inaugural Treaty was signed by 16 Heads of State within the West African region. They include: Benin, Burkina Faso, Cape Verde, Côte d'Ivoire, Gambia, Ghana, Guinea, Guinea Bissau, Liberia, Mali, Niger, Nigeria, Senegal, Sierra Leone, and Togo. And its primary aim was to see to the integration, as well as co-operation among member States. However, its full operation took off in 1977, two years after its establishment; and by 1979, it had met to address the fundamental challenge of free movement among the sub-region. It was against this backdrop that the 1979 ECOWAS Protocol was signed. The main term of reference of the Protocol was to grant "all citizens of the community to enter, reside and settle in the territory of member States. A target of 15 years was set for this objective to be achieved and no distinction was made regarding the occupational status of potential migrants" (Labo 2000). It was also clearly stated in the document that its implementation be divided into three phases, comprising five years intervals each.

The first phase (1980-86), granted ECOWAS citizens who had "valid travel documents or international peace certificates" the right to enter member States without visa for a period of 90 days (three months). The second phase (1986-90), accorded the citizens the right to reside and engage in a member country other than theirs. And finally, the third phase (1991-95), guaranteed "all citizens in the community to reside in any country for the purpose of seeking and carrying out income earning employment (article 2) and to be given a permanent (card) acknowledging their right of residence" (Afolayan 2009).

Admittedly, the 1979 ECOWAS protocol created a scenario of free movements of citizens among member States (Fayomi 2013: 4); however, this was to be grossly misinterpreted by citizens of the West African region, who had limited knowledge of some fundamental principles in the Protocol. Again, ECOWAS as a body should take full responsibility for not educating and enlightening its citizens enough on the issue and articles contained in the document. Indeed, anxious migrants already yearning for the opportunity to justify their act took advantage of the development, without much knowledge on some of the restrictions of this seemingly free movement policy. For instance, four articles in the document dealt exhaustively with the deportation of immigrants. They emphasized that with cogent reasons, illegal immigrants could be expelled from countries where they were seen as a threat.

As indicated above, the Protocol resulted in an increase in immigration into countries of members States that seem to be a haven for the immigrants, or was regarded as 'big brothers'. During this period, Nigeria for instance witnessed a massive influx of West African citizens. The oil boom, which Nigeria enjoyed during this period, also added a fillip to attracting immigrants to the country. There was sharp increase of immigrants from neighbouring West African citizens into Nigeria. Available records show that between 1979 and 1980; she recorded 203,258 immigrants as against 76,202 the previous year. In this record, Ghana had the highest number of such alien immigrants (Labo 2000). This influx of immigrants continued unabated in the subsequent years, 1981-1985, with five main countries Benin, Togo, Ghana, Niger and Mali having the highest number of immigrants into Nigeria. They are predominantly of unskilled and unqualified labour migrants. Indeed, this scenario demonstrates that the migration of skilled and professional labour force is now of "less importance even if such mobility have continued unabated.

Several factors were responsible for this mass movement of ECOWAS citizens into Nigeria; environmental socio-cultural, political, religious reasons were accountable for this; but above all was the economic factor, which had an overlapping influence on the others. Occupationally, those from the West of Nigeria were:

> largely unskilled, low income, job seekers who flooded the crafts sector of the Nigerian economy. Most of them were willing to take up jobs which many Nigerians regarded

as mean or too tedious. Moreover, their wages, especially in the private sector were comparatively low. Typically, they worked as carpenters, bricklayers, house-maids, night guards, factory workers, iron-benders and as laborers on the farms. (Afolayan 1988: 13; see also *African Research Bulletin*, 1983).

On the other hand, there was also some part of these immigrants during this period who were semi-skilled, as well as skilled work force; they included doctors, teachers, accountants, pilots, lawyers etc. Inasmuch as the immigrants contributed in no small measure to the development of the Nigerian economy, it also posed some challenges to the government, particularly in the area of unemployment and insecurity. For instance, there is the contentious argument that the historical antecedents of terrorism and all form of socio-political uprisings are also linked to the influx of these aliens. The *African Research Bulletin* of 1983 recorded that the: "Kano, Maiduguri and Kaduna disturbances were traceable to this influx and the whole nation witnessed with dismay the wanton destruction of property and lives" (*African Research Bulletin*, 1983, quoted from Afolayan 1988: 17). Amazingly, there are also recorded cases of immigrants who were involved in unpleasant 'work' such as 'street begging', as well as commercial sex, particularly in major cities and towns. All these factors culminated in 1983 and later 1985 to the mass expulsion by the Nigerian government of illegal immigrants, who were 'constituting' internal problems to its governance. The most affected nationals came from Ghana, Niger, Chad, Togo, Benin and Cameroun. The others were Burkinabe, Sierra Leoneans, Mauritania, Guineans, Senegalese, Liberians, Gambians and Ivorians (Afolayan 1988: 23). The above assertions were also corroborated by Mberu and Pongou:

> Indeed, the protocol on the free movement of persons was widely perceived as causing or exacerbating Nigeria's severe economic, social, and political problems, culminating in the Aliens Expulsion Order of 1983, during which nearly 1.5 million illegal West African migrant workers were expelled. While the precise number of aliens affected may not be known, the massive volume of illegal migration in Nigeria was obvious as it was estimated that at least 700,000 Ghanaians, 180,000 Nigeriens, 150,000 Chadians, 120,000 Cameroonians, 5,000 Togolese, and 5,000 Beninese, among others, were forced to leave (Mberu & Pongou 2010).

Contrary to the above assertion is the other school of thought, which argued that it will be highly fallacious to associate terrorist activities and other form societal disturbances to migration. For instance, Lagos, which has a high percentage of ECOWAS immigrants, had not witnessed any clear case relating to terrorist activities to the migrants. The only instance of such cases is primarily assumptions made the people who have a preconceived notion that terrorism must be a foreign idea (Adeniran 2014: 9). In addition, the nationalistic post-independence zeal was demonstrated in other dimensions, which included the amendment of immigration rules and regulations. According to Adepoju, it 'prescribed specific procedures for entry and employment of non-indigenous workers and later xenophobia against immigrants" (Adepoju 2005: 4; see also Obi 2008). Indeed, the host country's government and its citizenry see the immigrants as the causal factor for its economic and political shortcomings; in situation of crises, the migrants are the primary focus of 'hostility', and are accused of contributing to the political, as well as socio-economic predicaments in the host nation (Adepoju 2005: 4).

However, In spite of the several ratifications of the 1979 ECOWAS Protocol, the 21st century has witnessed a 'fearful' and alarming increase in the number of West African immigrants who are involved in all forms of menial and unskilled labour. In Nigeria, for instance, they are usually young men involved in commercial motorcycling (popularly known as *Okada*), cobblers, and itinerant traders in commodities such as water-melon, carrots, cucumber, grains displayed in wheelbarrows or through street hawking. Some of them, particularly the elderly, are practitioners of traditional herbal medicine; they are mostly found in Ota in Ogun State. (Oral interviews, Pa Yekinni, Ota, 2016; Aishat Yekeen, Ibadan, 2016; Adamu, Jibia, Lagos, 2016; Olaniyi 2007).

Equally integral is the thriving usage of mostly Togolese and Beninese female immigrants as shop attendants and domestic helps or house maids in Nigeria. This development has become even more popular in the 21st century's economic imbalances being experienced by many ECOWAS countries. These female domestic workers, who are usually involved in a contracted indentured servitude, lament on the poor state of employment in their home country (Oral interview, Bello Aminat, Lagos, 2016). They are usually connected with their 'master' through some specialized intermediaries who are 'professionals' in 'human trafficking'. The girls earned between #8,500 – #10,000 (estimated $25-$30 US Dollar) monthly; while in some cases, the amount may be summed up annually, and given to them at the end of each year depending on the agreement (oral interviews, Sajerin (alias Bose), Ibadan, 2016; Grace, Ibadan, 2016).

To corroborate the above assertions, the *Saturday Tribune* reported that "these 'fearful' migrants are Sudanese, Chadians, Nigerians, among other foreigners who daily, crossing [sic] the numerous unmanned Nigerian borders, increasing[sic] the population of the mega city [Lagos] and accentuating the security fears in the State" (*Saturday Tribune*, 2016: 20). Indeed, most of them on their arrival are either homeless or found squatting with their kinsmen and women (Fayomi 2013). For instance, in Lagos, one of their illegal accommodations is located at Radiant Plaza, along Magodo Road of Iseri. At night they (mostly untrained *Okada* riders) pay the sum of #100 (0.3172 US Dollar) to local vigilante employed to secure the environment, just to pass the night. Thus, one of the residents of Bammeke suburb in Shasha area of Lagos State, in a reaction to the futuristic threat of these immigrants commented that "Boko Haram we know, Fulani herdsmen we know, kidnappers we know, but who are these foreigners who troop daily into Lagos under the guise of doing *Okada* business or selling fruits?" (*Saturday Tribune*, 2016: 21).

This brings to the fore a dicey issue of the identity of the migrants and nature of their occupation. While they are accused of several social crimes, a reasonable percentage of the migrants are innocent, but because of their unclear identity and lifestyle, they end up being victims of circumstances (Adeniran 2014; Fayomi 2013). As mentioned above, for the fear of sentiments against non-nationals the migrants tend to hide under the cover of claiming to be indigenes of the host countries. Indeed, this issue of sentimental attacks against non-nationals creates a big challenge to the immigrants who find it difficult to be fully integrated in this kind of environment.

In the light of the above, the migrants are confronted with several challenges, which affect their free movements and integration with the host country. Fundamentally, is the inability of ECOWAS as a region body to effectively foster closer integration and create a borderless sub-region for its member countries. The national interest in most cases overrides the Community goals. For instance, despite the protocol on free movements of persons within the sub-region, Nigeria which was a key signatory to it expelled thousands of ECOWAS nationals, particularly Ghanaians, in 1983 and 1985 respectively (Adepoju 2005: 11). The migrants were seen as contributing negatively to the economic adverse conditions existing in the country. However, the Ghanaian migrants and their country back at home regarded this move as a contravention of their region's rights and retaliation to the 1969 expulsion by the Ghanaian government of West African nationals from the country (Olaniyi 2007).

Conclusion

Human mobility and migration is a global and continuous trend. As indicated in the introduction of this research, several scholars have written on the migration trend, as well as mobility patterns in Africa and Nigeria; however, there is still a gap on a comprehensive historical antecedent of unskilled West African migrants in Nigeria. The available works on this area concentrate more on the general African perspective. It is against this backdrop that this research has given a historical narrative of cross-border migration of unskilled labourers in West Africa, using the case of such migrants in Nigeria. Apart from giving a vivid historical antecedent of these migrants in the country, this research brings to the lime light its chronological dimension and relevance, from pre-colonial down to the postcolonial era.

One primary findings of this research is the increasing rate of female migrants of West African origin in postcolonial Nigeria, which was hitherto male-dominated. In the pre-colonial period it was uncommon to hear of independent female migrants; the situation changed slightly during the colonial era and became more pronounced in the postcolonial period. There are several factors for this trend; however, more prominent is the economic reason. According to Adepoju, the independent female mobility and migration has 'become a major survival strategy in response to deepening poverty in the sub-region' (Adepoju 2005: 2). The feminisation of migration in the postcolonial era is to a large extent a response to the clarion call of contributing their quota to the economic development of the society. On the other hand, this research shows that unskilled migrants of ECOWAS nationals take advantage of the several illegal points of entry into Nigeria. It further indicates that the migrants prefer these points because it is easier for them to gain access into the country, and more importantly, it is cost effective. These routes create more room for them to avoid the bottle-neck scrutiny at the official cross-border check points; it also gives them the opportunity to run away from the challenge of 'settling' (extortion) from the immigration agencies at the borders.

Cross-border mobility and migration is one fundamental issue that has remained unresolved within the West African region and the world at large. Indeed, the support from the member countries determines to a large extent the success of any cross-border mobility and migration policy and programme. With so many illegal entry routes into Nigeria, the problem of undocumented cross-border migration will continue to haunt the management of this sector in the country. Therefore, the issues relating to migration should be diplomatically handled, because it is no doubt an environmental concern resulting from a 'contiguity' of countries with imaginary borders. Inasmuch as the various countries seek to protect their individual sovereignty and national interest, they should equally remember the importance of regional peace and harmony. Thus, to promote regional integration and cooperation among the countries of West Africa, mobility and migration issues should be seen from the perspective that they all share a common historical background.

Finally, cross-border migrations, particularly of unskilled labourers in West Africa indicate some changing features and challenges. The nature and dimension, as well as challenges posed by these migrants need a global reassessment. As indicated above, the prospect of adequately addressing the issue of mobility and migration in West Africa, and Nigeria in particular remains uncertain; this is because, member countries who are signatories to its regional body ECOWAS, often contravene its migration policies and programmes under the cover of individual national interests. Indeed, the role played by these set of migrants towards the development of the host country, as well as the challenges confronting them can be objectively understood from its chronological, as well as historical context.

Bibliography

Adeniran Adebusuyi Isaac, 2014, *Migration and Regional Integration in West Africa,* New York, Palgrave Macmillan.

Adepoju Aderanti, 1974, "Rural-Urban Socio-Economic Links: The Example of Migrants in South-West Nigeria," *in* Samir Amin (ed.), *Modern Migrations in Western Africa*, Oxford, Oxford University Press, pp. 127-137.

—, 2005, *Migration in West Africa*, Geneva, Policy Analysis and Research Programme of the Global Commission on International Migration.

Afolayan Adejumoke A., 1988, "Immigration and Expulsion of ECOWAS Aliens in Nigeria," *International Migration Review, 22*, 1, pp. 4-27.

—, 2009, *Migration in Nigeria: A Country Profile Report*, Geneva, International Organisation for Migration.

African Research Bulletin, 1983, *Political, Social and Cultural Series,* January 1-31; February 1- 14 Issues

Amin Samir (ed.), 1974, *Modern Migrations in Western Africa*, London, Oxford University Press.

Anene Joseph C., Brown Godfrey N., 1966, *Africa in the Nineteenth and Twentieth Century*, Ibadan, Ibadan University Press.

Asiwaju Anthony I., 1992, "Borders and Borderlands as Linchpins for Regional Integration in Africa: Lessons of the European Experience," *Africa Development 27*, 2, pp. 45-63.

Bakewell Oliver, de Haas Hein, Castles Stephen, Vezzoli Simona, Jónsson Gunvor, 2009, *South-South Migration and Human Development Reflections on African Experiences*, Oxford, International Migration Institute, IMI Working Papers No 15.

Fayomi Oyenike Oluyemi, 2013, *The Diaspora and Nigeria-Ghana Relations (1979-2010)*, Department of International Relations, School of Social Science, College of Development Studies, Covenant University, Ota, Nigeria, Ph.D. Thesis.

Hunwick John Owen, 1966, "The Nineteenth-Century Jihads," *in* Joseph C. Anene & Godfrey Brown (eds.) *Africa in the Nineteenth and Twentieth Century,* Ibadan, Ibadan University Press, pp. 291-307.

Ikime Obaro, 1985, *In Search of Nigerians: Changing Patterns of Inter-Group Relations in an Evolving Nation State*, Presidential Inaugural Lecture delivered at the 30th Congress of the Historical Society of Nigeria, at the University of Nigeria, Nsukka, 1st May, Historical Society of Nigeria (HSN).

International Organisation for Migration – IOM, 2016, *Migration in Nigeria: A Country Profile 2014,* Geneva, International Organisation for Migration.

Labo Abdullahi, 2000, *The Motivation and Integration of Immigrants in the Nigeria-Niger Border Area. A Study of Magama-Jibia*, in: *Trans-Border Studies, The Motivation and Integration of Immigrants in the Nigeria-Niger Border Area/Transborder Movement and Trading. A Case Study of a Borderland in Southwestern Nigeria.* Ibadan, French Institute for Research in Africa (IFRA), .ISBN:9791092312119">http://books.openedition.org/ifra/971>.ISBN:9791092312119. DOI:10.4000/bokks.ifra.971. Retrieved on 10th April, 2016.

Mabogunje Akin L., 1972, *Regional Mobility and Resource Development in West Africa*, Toronto, CAN, McGill/ Queen's University Press.

Makinwa-Adebusoye Paulina, 1987, "The Nature and Scope of International Migration Data in Nigeria," *International Migration Review, 21*, 4. Special Issue: *Measuring International Migration: Theory and Practice*, pp. 1258-1264.

Mberu Blessing U., Pongou Roland, 2010, "Nigeria: Multiple Forms of Mobility in Africa's Demographic Giant," *Migration Information Source*, June 30, 2010, www.migrationpolicy.org. Retrieved on 10th April, 2016.

Obi Isaac U., 2008, "Immigrant-Host Relationship: A Review of Anti-Lebanese Attitudes in Twentieth Century West Africa," *in* Ile-Ife, Centre for Psychological Studies, *Xenophobia, 16,* 2, *A Contemporary Issue in Psychology*, pp. 226-241.

Okome Mojubaolu Olufunke, Vaughan Olufemi (eds.), 2012, *West African Migrations Transnational and Global Pathways in a New Century*, New York, Palgrave Macmillan.

Olaniyi Rasheed, 2007, *The 1969 Ghana Exodus: Memory and Reminiscences of Yoruba Migrants*, SEPHIS Postdoctoral Research Grant 'Rethinking Migration and Diaspora Identity in West Africa: A Comparative Study of Yoruba in Northern Nigeria and Ghana, 1900-1970.' Project No. 2849, 31 p. DCO0013857/sephis/res/142/07.

Ricca Sergio, 1989, *International Migration in Africa*, Geneva, International Labour Organisation.

Skinner Elliott P., 1965, "Labour Migration Amongst the Mossi of the Upper Volta," *in* Hilda Kuper (ed.), *Urbanization and Migration in West Africa*, Berkeley, University of California Press, pp. 60-84.

Wallerstein Immanuel, 1965, "Migration in West Africa. The Political Perspective," *in* Hilda Kuper (ed.), *Urbanization and Migration in West Africa*, Berkeley, University of California Press, pp. 148-150.

World Population Review, 2016, "Lagos Population 2016," www.worldpopulationreview.com/world-cities/lagos-population. Retrieved on 19th August.

Zachariah Kunniparampil Curien, Conde Julien, 1981, *Migration in West Africa: Demographic Aspects*, Oxford, Oxford University Press.

2. Togolese-Yoruba Women Relations in Ibadan, 1990-2012

MUTIAT TITILOPE OLADEJO

Africa suffered economic crises during the late 1970s and its very poor people increased in number. The incapacitated, the aged, the unsupported women, and the young were still the bulk of the structural poor. They were supplemented by the new poor of the twentieth century-inhabitants of neglected regions, the unemployed...and by growing numbers, who, although able bodied, were barred from resources by the competition of a growing population or by a more ruthless use of poverty and wealth. Yet, structural poverty remained a cumulative phenomenon. (Illife 1987: 230)

This extract identified structural poverty as the bane of development in Africa. The fact that poverty existed in different forms accounts for the trajectories in the context of Togolese relations with Yoruba women in Ibadan. Poverty encounters in Africa are similar and they are fraught with developmental challenges which made migratory issues fundamental as part of the structural and neglected questions in development planning in the sub-region.

The relationship between Togolese and Yoruba women can be classified into different forms: as a form of mutual relationships in business; as an outcome of long historical connections and; as training platforms. The take on these three categorisation forms the crux of this work. Migration we can explain as one of the oldest feature of man, which is indispensable and basically as a means to an end. The destination and what is made of it is the end. Thus, the focal point is to analyse the activities of Togolese women within the commercial space in Ibadan and the epithets of Togolese women's integration into the entrepreneurial landscape of Ibadan. The work examined the historical connections of trade in West Africa and the factors responsible for the relationships in the era of globalisation that is from the 1990s. This serves as a basis to understand the milieu in which Togolese women integrated in Ibadan society.

A pertinent question here is how have gender features constructed in the trends of migration in West Africa. Migration has always been perceived from the outlook of the family since the 1960s, little cognisance is taken, but interest of men and women do not necessarily coincide. For women, by the historical framework of West Africa, the purpose for movement is trade. While women were not migrants to take their families along, their migration were fuelled by need to make ends meet. Invariably the gendered perspective to women's movement is based on a 'network'.

Network as I take it in this chapter is an agglomeration of participants involved in sending and receiving women and girls between Togo and Nigeria. Inadvertently, network has been vital to the flow of trade in the Trans-Saharan and Trans-Atlantic trade in the pre-colonial era. The agrarian nature of African societies and the production of crafts made physical location for commodity exchange inevitable along the Atlantic circuits and Saharan routes. Though, then, West Africans did not see each other has a nationality, they were of different nations binded by commerce.

From the literature

By West Africa, Togo and Nigeria are inclusive and the mobility within them explains a kind of intra-regional migration. In a study of *Migration of Girls in West Africa: The case Senegal*,[1] the migration of girls is as a result of economic conditions in home countries. Hence, the categories of migrant girl were identified as domestic workers who move in long and short terms; entrusted girls, who move in the company of an acquaintance; young girl vendors who move mainly for business and girls who migrate with their parents. The context of these categories is determined by religion, custom and culture. For girls who migrate with their parent, the possibly are influenced by religion and this occur purposely not for women or girls to work.

From a developmental perspective, Philip Martin (1992) described the relationship between migration and development as an unsettled one which from the tone of this discourse, it implied the problems associated with migration in Europe. Though, he also adduced the push and pull factor theories for migration. The implication for West Africa there in, is that the problems associated with migration is global and not necessarily peculiar to Africa. With much concern on remittance flows, Philip Martin considered the economies of migration, in the case of Europe and for Africa; the purpose of migration has been comprehensive as it entailed remittance, integration and settlement.

The title of Philip Martin's study appeared similar to Bryan Roberts (1989) in *Urbanization, Migration and Development*. The problematic in Robert's observation of migration was the

---

1. .This was a background note ACPOBS/2012/No 5 published by the funds of International Office of Migration (IOM) and European Union.

fact that there were over-urbanisation in developing countries. In what can be described as a 'bombarded development', which developing countries could not manage in the post-colonial era. Based on transformations in the world economy, developing countries have been financially dependent and could hardly operate without 'foreign aid'. This explains the discourse of this chapter as both Togo and Nigeria are developing countries and of course Roberts was faithful to retreat the historical trajectories of development as determining factor in the problems of urbanisation.

In the study of Togolese Yoruba women, it might be plausible to engage the discourse of labour or work. The crux of the relations explains how work was done for Yoruba women and how work was done independently by Togolese women. The down trodden nature of the masses in Africa suffices to explain the plight of Togolese women and girls. Development works out in practice in the form of livelihoods adopted after migration. This consequence amply afforded Aderanti Adepoju to define patterns of migration within West Africa within the era of precolonial, colonial and post-colonial. (Adepoju 2005) The pattern observed, that is independent female migration and commercial migration are interrogated in this chapter. The concept of 'network' as emphasised in the introduction is profound in the fact that there are categories of traffickers who help in moving women and girls from Togo to Nigeria. (UNICEF 2003) And this network has historically assumed a complex dimension where traffickers could not be seen as it were, but they could be regarded as supporters and promoters in Nigeria.

Methodology: The historical path

Migration and mobility are as old as man. The trends and patterns in the movement of people are often geared by various 'push and pull' factors. As such, this chapter is fashioned along the historical path by engaging a discourse and analytics of the narratives in the relationship between Togolese and Yoruba women. By the oral interviews conducted, the idea of micro-entrepreneurship evolved as part of the ways by which Togolese women and girls integrated into Yoruba society of Ibadan. The interviews lend credence to findings on literature on the patterns of migration in West Africa. Specifically, it's an emphatic path to the fact that trade and commercial relations in West Africa takes a paradigm shift, in spite of the crises of modernisation.

For the secondary sources such as books and journals, the analysis offered provided insight into the nature of relations especially as explained by Adepoju (2005) in the study on the patterns of intra-regional migration in West African sub-region. Altogether, the micro-entrepreneurship of Togolese involved both women and girls.

Gender and migration in the context of Togolese women

Within African family, new orientation emerged after the Structure Adjustment Programme (SAP) of 1980s, when women and girls migrated for economic reasons. Against the stereotypical roles commonly performed as wives and daughters within the household, the quest for moving out of the home country is functioned in the bid to search for livelihood. In a study conducted by Boyd and Grieco, it was affirmed that:

> Gender can have a greater effect on experiences of migration than country of origin or destination, age, class or culture. Migration can be empowering for women, providing new economic independence and experience. At the same time, women face more dangers when migrating than men, and are more vulnerable to physical, sexual and verbal abuse. Once in the host country, women may suffer double discrimination as both migrants and women. (Boyd & Grieco 2003: 2-3).

Thus it is pertinent to educate that the economic conditions in Togo of the twentieth century was abysmal and by the economic crisis of resulting from colonialism corruption and governance, migration was inevitable. As at the 1930s, women challenged these problems as reflected in the activities of Ewe women in 1933 when market women mobilised to the home and garden of Mr and Mrs. Jonathan Savi de Tove to express their aggression by scattering his house on the allegation complicity. (Lawrence 2007) For this inequality, which was basically resistance to French colonialism and post-independence governance crisis, women's migration gradually sufficed. Feminisation of migration as the trend since the 1980s in West Africa was independent of men. For instance, Ghanaian migrants accounted for 64, 57 and 56 percent of migration from Cote d'Ivoire, Burkina Faso and Togo, with women taking a larger percentage.

The demographic shift of Togolese women to Nigeria is instructive to associate its causes to the deplorable economic conditions in the former. This ineptitude is given on the context that women are subjugated in the family and community. Lack of legal framework to protect the rights of women challenged the status of women in their home countries.[2] It is based on this challenges that there was advocacy for the inclusion of women in international migration theory. (Boyd & Grieco 2003). Much as it is not the sphere of history to ascribe theory to the realities about the past.

---

2. .In this regard legal frameworks as specified in Convention on the Elimination of all forms of Discrimination Against Women (CEDAW), Beijing Platform for Action and UN Resolution 1325 are peculiarly oriented to help women.

The discourse of African capitalism in the context of migration and mobility

The understanding of African capitalism here is based on capitalist advocacy that emphasizes support for economic enterprise. In this regard, individual initiatives are all important to sustain livelihood in Africa. African entrepreneurship is therefore relevant as it definitely opens markets within the context of global Africa. Then, migration of women to work within African can be described as a capitalism movement, which unveils the synergy of prototype of a globalised African capitalism. Invariably, advocacy for free markets as feature of capitalism exposes the reality of the necessity of migratory movements. Inter-regional migratory movements orders for a definition of African capitalism, which underlies development. Thus, for development in Africa, economic infrastructures ought to be provided by the state to stimulate global regional economic movements. As such, the roads, airports, railways, and telecommunications network are essential to link the economic resource of African nations.

In the precolonial era, various states in West Africa had virile socio-political and economic institutions. And of course, the network of Trans-Saharan and Trans-Atlantic trade connected the Kingdoms and Empires. This trend gave rise to various waves of traders such as the Dyula traders, Wangara merchants among others that existed till the end of the nineteenth century. Based on this, migration in West Africa been under different global changes. Takyiwaa Manuh stressed that mobility in West Africa remains indispensable, thus the need for harmonised policies to facilitate the movement of Africans across national borders. (Manuh 2005) The argument advanced for their migration was basically to fulfill socio-economic demands, which could not be offered in their home country. This view contends with Ravenstein's theory of Migration based on neo-classical economic ideas that the mobility is consequence of human cost-benefit-calculus. Thus, the migration of Africans across borders appears as a form of investment in human capital, where the mobile African works and contributes for remittance.

A pertinent issue was the fact that the Togolese women were the famous Nana Benz who made the business sense of the Togolese nation. Then, at what point did the tide of Togolese socio-economic status lead to the mobility of women for livelihoods in neighbouring African countries. Of course, the problems created by the Structural Adjustment Programme (SAP) added to the problems that declined the business empire of the Nana Benz (successful women textile merchants in Togo) Ethnicity played a major determinant role in the categories of Togolese women that migrated to Nigeria. A study of Togolese political space showed that the south excluded the north from governance and economic decisions; hence the people of the north had impoverished status. Rita Cordonnier affirms that women northern Togo, the Kabre and Kotokoli were less prominent in the networks of trade even before colonial rule. (Cordonnier 1982)

Reconsidering migration models

A conceptual clarification of Togolese – Yoruba women's relations is noted within the context of systems approach theory as analysed by Mabogunje. (Mabogunje 1970) Here, the systems approach is concerned about various institutions and relationships associated with migration. Then, the questions on the decisions for migration are sort out within the purview. Basically, the nature of the political economy and the bid for survival brings into the analysis an explanation of push-pull factors. Economic differentials, political disorders, security challenges among others are repulsive factors that cause emigration to places with better economic opportunities. The migrant is pulled into new public spaces for a better living, thus creating a pull. The push-pull model has been used or suitably explains the patterns of rural-urban migration. (Udo 1993; Afolayan 1998)

An understanding of the political economy of West African States (WAS) in the pre-colonial era provides a background that migration was a phenomenon tracked within the workings of economic demands (Asiwaju 1984). This explains the fact that WAS was borderless in the pre-colonial era and they were only partitioned by passive ethnic or lingual identities which did not hamper commercial relations. The borderless nature of WAS was well explained in *Artificial Boundaries*. (Asiwaju 1984) The link between migration and political economy vividly explains the fact that colonialism only created partitions, but the commercial scope of inter-group relations still exist. The push-pull model, the political economy approaches are interwoven in the explanations of the causes of migration into Nigeria in the last decade of the twentieth century. Basically, the style of British administration was better than that of the French and its economic effects features a long duree of imbalance, which made migration from French West Africa inevitable.

In the twentieth century, West African countries are agglomerations of peoples arbitrarily enforced to live as a nation. The enforcement shaped the configuration of factors that accounted for migratory movements. Ethnic groups had distinct identities in the pre-colonial era and they were not particularly aliens or strange bed fellows, but they had been bonded by a long history of inter-group relations through the Trans Sahara trade network. Then, I argue that the movement of Togolese women to work in Nigeria is an attachment to the trend of inter-group relations that had existed in the past.

Trade relations in West Africa's history

Before the colonial era, ethnic groups existed as separate national groups and identity. Trade remained a constant occupation along the Sahara and the Atlantic. Christopher Fyfe's chapter on 'West African Trade' provides a perspective to understand the mutuality and perspective in commercial inter-group relations among ethnic groups in the sub-region. (Fyfe 1965) Old tendencies of long distance travelling found its roots in the migratory movements of the pre-colonial era. The relationships among West African traders were based on communal understanding and mutual inter-relationships, which involved series of migratory movements. For example, The Dyula of Mali were prominent and also refered to as Wangara merchants. The word Dyula in itself connotes trader. (Levtzion 1973) Wangara merchants control external trade in the commercial history of West Africa. According to Asiwaju, these trends entails "an enormous movement of men and materials across boundaries." (Asiwaju 1985; Asiwaju 1992). In this context, the movement of Togolese women to Ibadan though informal has been a form of mutual economic exchange, which are meant for survival and also a continuum of the historical trends of the pre-colonial era. The nature of trade in pre-colonial times was extensive and actually cuts across without much regard or fear of boundaries.

On May 28, 1975, a treaty was signed in Lagos to create Economic Community of West African States (ECOWAS). Under this, Article 27 of the treaty states that there should be an established community citizenship that could be acquired by all nationals of member states. An addendum to this was the protocol on Free Movement of persons and the Right of Residence and Establishment of May 1979. By implication, these pronouncements guaranteed free movement of labour, which forthwith explains the entrepreneurial capacities in the relations between Togolese and Yoruba women. Various factors accounted for one trend of migrations and the trajectories have been largely theoretised by scholarly works on migration. But as a form of clarification and emphasis, the next section discusses models explaining factors determining or contributing to various patterns of migration.

To foster economic integration and healthy migratory movements, ECOWAS ministers of internal affairs and national security met on May 12, 2000 to standardize issues of free movement by introducing passports and joint border patrols to monitor movement across the borders. (Adepoju 2005) These policies explain and or justify, the economic basis of Togolese interest in Ibadan's commercial space. Then, it is argued that the commercial relations occurred in the forms that already practicalised the objectives of migration policies aimed at regional integration.

Akinyele: A Togolese settlement in Ibadan

A major factor in the migration of Togolese women to work in Ibadan was due to the fact that there had been established Togolese communities in Ibadan and particularly, Akinyele local government area. Before the 1980s, the Togolese had occupied the sub-urban areas in Ibadan. (Odunjo 2012: 23) A particular area referred to as *Gbagadaje* has been a base of early Togolese migrants in Ibadan. To maintain an affordable standard of living, they occupied deserted houses and engaged in farming as a means of livelihoods. Thus, they contributed to Nigeria's agricultural productivity.

An emphasis to feature in the discourse on Togolese women was the fact that they (especially the older ones) moved to Nigeria voluntarily for economic reasons. Based on the fragmented nature of Togolese settlement in Ibadan, field survey showed that different ethnic compositions of the Togolese abound in Ibadan and they are scattered. This explains the ability of Togolese women to engage in business with various categories of Yoruba women in Ibadan.

In the era of globalisation

The Structural Adjustment Programme (SAP) induced economic inconveniences, which made migration for sustainable livelihood indispensable. This trend of migration, was not synonymous with West Africa alone, but it's the usual character of migration systems. With the stable economic profile of Nigeria among West African nations, a large chunk of French West Africans migrated into Nigeria. Of these, the Togolese and especially women and girls found fortune in major Yoruba cities, Ibadan inclusive.

Among Nigerian women traders, restrictive economic policies limited supply of goods in the markets. Hence, movement across the borders to access imported goods was profound and easier. (Madam Adeniji, Gbagi Market, 2007) These movements were geared by the fact that French West African nations operated a laissez faire economy. A network of relationships among Togolese – Yoruba Women is depicted in the illustration below:

Market women within this network depended on the labour offered by Togolese women migrants. The absorption of Togolese women within Ibadan market and on trading spaces meant a reorientation that shaped the lives of these women. In a narrative, a Togolese woman said:

> I came to Ibadan in the 1995s, though to work as a domestic servant at the age of fifteen. My guard usually collected my money on my behalf and promised to remit to my family in Togo. However, he remits a meager and negotiates for another client to employ me

annually. After a while, and at about six years, I did not return to Togo. I visited Togo only to discover that remittances are not given to my family. But with economic hardships, I came back to Nigeria, I went back to my clients (business women) and worked as sales assistants, and learnt the art of selling food till today. (Mama Abbas, Ojoo Market, Ibadan, 23rd March, 2011)

This narrative presents the fact that the search for livelihoods justifies the reasons for migration. Learning the art of business management has been considered paramount and this explains the long history of occupation of women as market traders. The work of Togolese women as business assistants in Ibadan has been a phenomenal change that questions the need to redirect the modes of development and regional integration, which is explained in the next section.

From domesticity to apprenticeship

The African concept of domesticity has been centered on sex-role differentiation, where the girl-child is dedicated to perform domestic roles within the household. Domestic servitude within annals of African history was commonly associated to the roles of women and girls. Case study experiences of domesticity have been well explained by Karen Transberg Hansen in *African Encounters with Domesticity* (1992). Among Yoruba women domesticity takes its natural cause as an everyday life event which, failure to abide had its repercussion on the perception and acceptance of women. Socialisation of women was also understood in this context. A female combines work and domestic responsibilities, although with its own dynamics, there are variants in various ethnic nationalities in pre-colonial Africa. A type of this socialisation was analysed by Niara Sudarkasa (1973). This socialisation explains the lifelong process of a woman's life in the traditional society. (Alanamu 2011)

These forms of socialisation around domestic virtues are a pragmatic factor that underlies the work of Togolese women as domestic workers in Nigeria. While, the demand for domestic service in Nigeria was based on urbanisation, where women work in formal or official spaces, therefore the need for domestic workers to manage household duties in the cities was highly in demand. Ore, a banker explicate that: Togolese grown-up girls are suitable to work for her as house girls and to take care of her children as she must be at work 7 a.m. and closes 6 p.m. She pays at the range of ten to twelve thousand naira per month.

Urbanisation and women's work in the cities added to the cosmopolitan features therein. Togolese girls perform the roles of nanny and domestic service as they are housed fed and integrated into the home of their employer.[3] However, a shifting modus operandi existed in the beginning of this century. There is influx of Togolese young women (not really girls by virtue of early marriage) who prefer to work as sales assistants and apprentices in the trading spaces within Ibadan city. This change assumes that Togolese women re-evaluated their status as migrants and took advantage of their movement for personal development rather than domestic service.[4]

Then, working as sales assistants has been a trend aimed at personal development for future independence. And in some cases has led to some form of integration and development in Yoruba society. In Orogun, Agbowo and Ojoo environs of Ibadan North Local government, a number of Togolese women work as liberated individuals and sell one form of article or the other as a result of experiences gained from commercial relations with Yoruba women.[5] In Gbagi market, the hub of textile trade in Ibadan, Togolese women possess a niche within the trade networks, though they are not independent, but they are actors in the complexities encountered in the workings of textile business. This is evident in the narrative of a textile merchant:

> Rekiya, a Togolese woman said: I understand textile business so much. In fact, I know how to complicate issues to bargain for profit and sales. This is my life, but I am confused if I will have the capital to establish my own textile business in Ibadan, I think, I may have to diversify.

The interest of Togolese women in textile trade can be connected to the novel success of the Nana Benz of Togo in the twentieth century. These women were textile traders, whose economic achievements mattered in the politics and governance of Togo. Thus, Togolese women's work in Gbagi market can be associated with the thriving textile trade in their home country. The Nana Benz depicts women who were textile merchants, and had the affordability to purchase Mercedez Benz as a luxury. These women rose to prominence in the 1970s and they displayed shrewd business trend by deciphering the strategies to manipulate international textile trade for profit motives.

---

3. .Personal observation.
4. .In most cases, some of these women and girls are subjected to torture and ill treatment from their employer, which to them does not justify work that they are not even entitled to possess their income.
5. .Personal observation.

Textile trade in Togo: The interest of Yoruba women

> I am 79, I started working in 1954. My career is now mostly behind me. Back in the day, I was successful: I owned five Mercedes and often travelled to Europe, both for business and leisure. In France, I bought an apartment in Lyon, which I have been able to keep. I love that city – all my children studied there. For the younger generations (who branded themselves as "Nanettes" to differentiate themselves from their predecessors), it's getting increasingly harder. To survive against the competition, they are forced to diversify, to sell other types of product that often come from China.[6]

This trend affirms the economic changes that occurred in the twentieth century. Two periods – the era of boom and doom emerged in the fortunes of textile traders in Togo. Undoubtedly, the shift or the emergence newly industrialized Asian economies and the unstable political and governance systems in Africa, shrewd business acumen of Yoruba and Togolese women still persists even in the era of doom or instability, Yoruba women textile traders still embark on independent business migration to French West Africa, Lome inclusive to cheaply source for textiles, but to be smuggled into Nigeria.

The astute occupation of Togolese women as textile traders attracted Yoruba women, which explain the intra-regional trade relations. The migration of Yoruba women to Togo can be seen as a form of independent female migration which was spurred by import restrictive policies of Nigerian Customs Administration Textiles, being an article restricted for importation challenged the economic status of traders involved. By implication, the ECOWAS protocols on free movements favoured migration for business purposes.

The deepening levels of poverty and deteriorating economic conditions in Togo and the boom reinforced by Nigeria's petrol economy favoured the interchange of migratory patterns of women from both countries. Due to effects the Structural Adjustment Programme (SAP), migrants from Togo in Nigeria were common since the 1980s. (Tabatabai 1988) At this point, it is important to note that the undocumented and neglect of the migration of female traders from Nigeria were considered in the policies of ECOWAS. (Afolayan et al. 2009)

Considerations in this regard were given to visa and financial regulations and conveniences aimed at structural organisation of intra-regional trade. Undoubtedly, the commercial space for textile trade was made by women. And of course in the inter-connection was not limited to Togo but it occurred as a transitory network from Nigeria-Bénin-Togo-Côte d'Ivoire, Dakar-Gambia (CEDEAO-CSAO/OCDE 2006 & ECOWAS-SWAC/OECD 2008).

---

6. .France 24 International - *The Observer*, 22/5/2013.

Neighbourhood micro-economies

Informal occupation of women in Ibadan remains a phenomenon not peculiar to Yoruba women alone. West African migrants and Togolese women inclusive partook in small economies for survival in the neighbourhoods of Ibadan. These women by virtue of being wives engage in these forms of occupation to maintain a balance between domesticity and livelihood. Olaniyi in a study of West Africans in Ibadan had identified the fact that their concentration in Ojoo and its environs was due to trade in gemstones, which had its origin in the historical trade connections of Wangara merchants in the Trans-Saharan trade. (Olaniyi 2014) The concentration of men on gemstone trade implied new socio-economic reasons for migration in Ibadan. Ojoo, being an area for trade was widely taken as an abode for shelter for the stone boys and eventual relocation of their families. Women within these webs as wives of the stone boys negotiated entrepreneurial engagements within the commercial spaces in the neighbourhoods. Small chop businesses were the work of Togolese women preparing typical delicacies such as; koko, (corn drink), fried yam, fried plantain, puff-puff (fried flour dough), akara (bean cake) and so on. In affirmation, a Togolese woman described her work in Ibadan thus:

> I love this neighbourhood (Orogun), it gives me the opportunity to relate with my kinswomen and maintain my identity. I work in front of my house everyday by preparing puffpuff, akara and fried yam sold in the morning, mostly for school children. I get my living from this; I also sell textiles to Yoruba women. In fact, they are particularly interested in the quality of Guinea textile we sell. (Fatimata, Orogun, Ibadan, 2011)

Conclusion

While this chapter hinged Togolese-Yoruba women relations on the concept of 'network' where the historical framework substantially provided a template to understand 'network' from the perspective of intergroup relations in West Africa. Modernity as entailed in western education, colonial economy and so forth created dynamics and complexities that problematised the phenomenon of migration and mobility. Post migration stage is a sub-theory that clarifies women and migration. In this, there is a focus on the integration of women after migration. The study of micro-economies as explained earlier depicts the Post-Migration stage where Togolese women and girls operate as entrepreneurs in Ibadan. By this, Togolese women attain economic independence and autonomy after migration. More so, while Senegalese women mostly migrated with their families and the decision to move were collaborative, Togolese women at the Post-Migration stage are free from patriarchal control because they did not migrate with their families, their lonely decision to move to search for livelihoods reduced the influence of men on how they make and utilise their income.

Commercial spaces organised by itinerant female traders have no doubt emerged and has remained constant while their activities through informal and largely undocumented are germane to economic survival and of course maintains the indices of micro-economies. To corroborate this, Ade-Ajayi argued that trading communities of strangers in different parts of West Africa, especially in the Sudan belt is not in doubt, what needs to be stressed is how they functioned and operated. (Ade-Ajayi 1988) The description of their activities as micro-economies affirms to the level of development of the West African countries. Even though all forms of regional development strategies had been programmed, it is pertinent to note that the migratory movements as it evolved from women are absolutely developmental and it remains a form of response to the problems of development are necessary for female traders within the network of the nation states in West Africa. Here, emphasis on regional integration has been identified in the context of the relationship between Togolese and Yoruba women in Ibadan, but its developmental platform still needs constant consideration. Since migration is as old as human existence, it is an agent of development and change.

Bibliography

Ade-Ajayi J.F., 1988, *Historical Factors in Regional Integration: Population Movement and Exchange in Pre-colonial West Africa*, Department of History, Seminar Series, University of Ibadan.

Adepoju Aderanti, 2005, *Migration in West Africa*, paper prepared for the Policy Analysis and Research Programme of the Global Commission on International Migration, Geneva, Global Commission on International Migration, 24 p.

TextExpander could not restore pasteboard data of type « com.apple.traditional-mac-plain-text »: Excessive time requesting data of this type. « com.apple.traditional-mac-plain-text »2005, "Patterns of Migration in West Africa," *in* Takyiwaa Manuh (ed.), *At Home in the World? International Migration and Development in Contemporary Ghana and West Africa*, Accra, Ghana, Sub-Saharan Publishers, pp. 24-54.

Afolayan A.A., 1998, *Emigration Dynamics in Nigeria: Landlessness, Poverty, Ethnicity and Differential Purposes*, Surrey, Ashgate Publishing.

Afolayan A., Ikwuyatum G., Abejide O., 2009, *Dynamics of International Migration in Nigeria: A Review of Literature*, Ibadan, Ibadan University Press.

Alanamu T., 2011, "Female Childhood Socialisation in Nineteenth Century Yorubaland," *History* [University of Exeter], *5*, pp. 92-114.

Asiwaju A. I., 1984, *Artificial Boundaries* Inaugural Lecture, University of Lagos.

— 1985, "The Conceptual Framework," *in* A.I. Asiwaju (ed.) *Partitioned Africans: Ethnic Relations Across Africa's International Boundaries, 1884-1984*, London – Lagos, Hurst – Lagos University Press, pp. 11-18.

— 1992, *West African History: The Significance for the Consolidation of ECOWAS*, Paper presented at the National Seminar on Research Priorities and Integration in ECOWAS, Nigerian Institute of International Affairs, Lagos, 27-28, February.

Boyd Monica, Grieco Elizabeth M., 2003, "Women and Migration: Incorporating Gender into International Migration Theory," *Migration Policy Institute Newsletter*, March 1, 2003 Feature: http://www.migrationpolicy.org/article/women-and-migration-incorporating-gender-international-migration-theory/

CEDEAO-CSAO/OCDE, 2006, *Atlas de l'intégration régionale en Afrique de l'Ouest*. Secrétariat du Club du Sahel et de l'Afrique de l'Ouest, Abuja, CEDEAO-CSAO/OCDE http://www.oecd.org/fr/regional/atlasregionaldelafriquedelouest.htm.

Cordonnier Rita, 1982, *Femmes africaines et commerce : les revendeuses de tissus de la ville de Lomé, Togo*, Paris, ORSTOM.

ECOWAS-SWAC/OCED, 2008, *Atlas on Regional Integration in West Africa*, Abuja, ECOWAS Executive Secretariat, http://www.oecd.org/regional/atlasonregionalintegrationinwestafrica.htm

France 24 International, *The Observer*, May, 22, 2013.

Fyfe C., 1965, "West African Trade, 1000-1800," *in* J.F. Ade-Ajayi & I. Espie (eds), *A Thousand Years of West African History*, Ibadan, Ibadan University Press, pp. 232-247.

Hansen K.T. 1992. *African Encounters with Domesticity*, Rutgers, Rutgers University Press.

Illife J., 1987. *The African Poor: A History*, Cambridge, Cambridge University Press.

Lawrence B.N., 2007, *Locality, Mobility and "Nation": Periurban Colonialism in Togo's Eweland*, New York, University of Rochester Press.

Levtzion N., 1973, *Ancient Ghana and Mali*, London, Methuen and Co.

Mabogunje A.L. 1970, "System Approach to a Theory of Rural-Urban Migration," *Geographical Analysis*, 2, 1, pp. 1-8.

Manuh Takyiwaa, 2005, *At Home in the World: International Migration and Development in Contemporary Ghana and West Africa*, University of Ghana, Institute of African Studies.

Martin Philip, 1992, "Migration and Development," *International Migration Review*. 26, 3, pp. 1000-1012.

Odunjo A.A., 2012, *Togolese Migrants in Moniya, Ibadan 1980-2010*, University of Ibadan, Department of History, 67 p.

Olaniyi R.O., 2014, "West African 'Stone Boys' in the Ibadan Mining Frontiers since the 1990s'," *Ibadan Journal of Social Sciences 12*, 2, pp. 212-226.

Roberts Bryan R., 1989, "Urbanization, Migration and Development," *Sociological Forum*, 4, 4. pp. 665-691.

Sudarkasa N., 1973, *Where Women Work: A Study of Yoruba Women in the Market and Home*. Ann Arbor, University of Michigan, Ph.D. Thesis.

Tabatabai H., 1988, « Le déclin agricole et l'approvissionement en vivres au Ghana », *Revue Internationale du Travail 127*, 6, pp. 793-828.

Udo R.K., 1993, *Migration, Urbanization and Development*, Lagos, National Population Commission.

UNICEF, 2003, *Trafficking in Human Beings, Especially Women and Children in Africa*, Florence, UNICEF. Innocenti Research Centre.

West Africa Insight, "Feminization of Migration in West Africa," *Centre for Democracy and Development, 1*, 9, September, 2010. p. 8.

3. Protection des droits des travailleurs migrants burkinabè en Afrique centrale

IRISSA ZIDNABA ET NYALO BARKISSA DRABO

En Afrique de l'Ouest, les migrations internationales s'effectuent essentiellement à l'intérieur de la région, et non vers l'extérieur. En 2010, 70 % des mouvements migratoires sont en effet effectués au sein de la région, contre 66 % en Afrique australe et 52 % en Afrique orientale (OIM 2011a ; 2011b). L'importance de ces migrations intra-régionales ouest africaines est liée à l'existence de cadres légaux : ceux de la Communauté économique des États de l'Afrique de l'Ouest (CEDEAO) et de l'Union économique et monétaire ouest africaine (UEMOA), qui favorisent la libre circulation des personnes (Ouédraogo 2002 ; Pacéré 2004 ; Sall 2005).

Cette migration intra-régionale est dominée par les mouvements burkinabè en direction de la Côte d'Ivoire. Les enquêtes du Réseau Migration et Urbanisation en Afrique de l'Ouest effectuées en 1993 ont montré que 40 % des échanges migratoires au sein de cet espace sont constitués des flux entre le Burkina Faso et la Côte d'Ivoire (Traoré & Bocquier 1998). Les immigrants burkinabè y constituent ainsi la plus importante communauté étrangère, 56 % des étrangers au recensement de 1998, suivi de loin des Maliens (19,8 %).

Mais les effets de la crise socio-économique des années 1980 et de la politique d'ivoirisation[1] des emplois ont obligé de nombreux Burkinabé, à l'instar des autres immigrés, à retourner chez eux ou à redéfinir leur projet migratoire. Des nouveaux courants migratoires vers les pays du Nord (France, Italie, Allemagne, États-Unis) et de l'Afrique centrale (Gabon, Guinée Bissau) se sont alors développés (Blion & Bredeloup 1997 ; INSD 2009).

L'immigration burkinabè en Afrique centrale a comporté plusieurs vagues migratoires, dont les premières, officielles, ont été enregistrées dans les années 1970, même si la question

---

1. .Il s'agit d'une politique de restriction de l'accès des étrangers à l'emploi de cadres de la fonction publique et du secteur privé, qui remonte aux années 1970, mais a connu un durcissement sous le régime de Henri Konan Bédié.

migratoire des Burkinabè dans la région remonte à la période coloniale (République de Haute-Volta 1974 ; MASHT 1958). En effet, le gouvernement gabonais a signé, le 13 août 1973, une convention relative à la coopération technique en matière de main-d'œuvre[2], pour la construction de ses grands chantiers et le développement agricole. De nombreux travailleurs voltaïques ont, à cet effet, émigré au Gabon, mais leur nombre reste toujours peu connu. Parallèlement à ce courant migratoire, un autre s'est mis en place à partir de la Côte d'Ivoire en 1973 et a permis la migration clandestine de plus de 2 000 Burkinabè au Gabon (Schwartz 1976). La deuxième vague migratoire est due aux effets de la crise socio-économique des années 1980-1990 en Côte d'Ivoire, qui a provoqué d'importants flux de travailleurs migrants burkinabè, non seulement à partir de la Côte d'Ivoire, mais également du Burkina Faso. La troisième vague migratoire date des années 2000.

Par ailleurs, le durcissement des politiques migratoires de l'espace Schengen dans cette décennie, associé aux effets de la crise libyenne, a engendré des nouvelles vagues migratoires ouest-africaines vers l'Afrique centrale, notamment le Gabon, la Guinée équatoriale. En effet, le nombre des Burkinabè immatriculés au Gabon est passé de 5 800 à 23 000 personnes entre 2003 et 2014. Cet accroissement de la communauté burkinabè a conduit le gouvernement à ouvrir un consulat général au Gabon afin de répondre aux besoins croissants de ses ressortissants (Lompo 2015).

Toutefois, ces différentes vagues d'immigration ouest-africaine sont mal perçues par certains pays de l'Afrique centrale, notamment le Gabon et la Guinée équatoriale. Ces pays ont des préjugés subjectifs selon lesquels l'installation des migrants ouest-africains constitue une menace d' "invasion démographique", de spoliation économique, de perversion sociale et de délinquance d'origine étrangère (Loungou 2010). Au Gabon, le journal *L'Union*, du 2 février 1995 (p. 3), soutenait « qu'il y a mille fois plus d'étrangers qui [entrent] au Gabon que de Gabonais qui émigrent vers l'étranger ». Ces deux pays ont renforcé, au cours de ces dernières années, leurs politiques d'expulsion des migrants irréguliers, en majorité originaires d'Afrique de l'Ouest. L'effectif des travailleurs burkinabè rapatriés du Gabon et celui de la Guinée équatoriale ont été évalués respectivement à 222 et 274 personnes entre 2011 et 2015 (SP/CONASUR 2015). Il s'agit, dans la plupart des cas, d'expulsions forcées, suite à des arrestations, des emprisonnements, des maltraitances et des spoliations contraignant à l'abandon de l'épargne et des biens acquis, voire de la famille, dans les pays d'accueil, ce qui constitue de graves atteintes aux droits des travailleurs burkinabè.

Si le phénomène migratoire burkinabè n'est pas nouveau dans le champ des recherches en sciences sociales, l'analyse des conditions sociales et sécuritaires des travailleurs migrants

---

2. .Convention du 13 août 1973, relative à la coopération technique en matière de main-d'œuvre entre la République de Haute Volta [actuel Burkina Faso] et la République du Gabon, dont la ratification par le gouvernement a été autorisée par l'Ordonnance présidentielle n° 74-37/PRES, du 30 mai 1974.

burkinabè dans les pays d'accueil et la protection de leurs droits reste encore peu investie, notamment celle des migrants rapatriés du Gabon et de la Guinée équatoriale en 2015.

Ainsi, cette contribution traite particulièrement des défis de la protection des droits des travailleurs migrants burkinabè en Afrique centrale. Elle vise à répondre aux questions suivantes : Quelles ont été les conditions de séjour des travailleurs migrants burkinabè rapatriés de l'Afrique centrale ? Dans quels contextes sociopolitiques et sécuritaires les travailleurs migrants burkinabè du Gabon et de la Guinée équatoriale ont-ils été rapatriés au Burkina Faso ? Quels droits ont été violés à leur détriment ?

L'objectif général de ce chapitre est à la fois d'améliorer les connaissances sur les migrations burkinabè en Afrique centrale et sur les conditions sociopolitiques et juridiques dans lesquelles les travailleurs migrants burkinabè y ont été expulsés

L'étude est subdivisée en quatre parties. La première présente les données et la méthode d'analyse utilisée. La deuxième traite des conditions de vie et de séjour des travailleurs burkinabè migrants en Afrique centrale, notamment au Gabon et en Guinée équatoriale. La troisième propose une analyse des conditions sociopolitiques, sécuritaires et juridiques dans lesquelles les migrants ont été expulsés de ces pays. La quatrième identifie les violations des droits auxquelles ces migrants ont été confrontés en Afrique centrale.

1. Les sources des données et la méthode d'analyse

L'analyse est fondée sur des données qualitatives d'une étude portant sur les migrations des Burkinabè en Afrique centrale et sur une revue documentaire. Une vingtaine de migrants rapatriés en 2015 du Gabon et de la Guinée équatoriale, dont l'âge est compris entre 18 et 35 ans, ont été interviewés à Ouagadougou sur leur projet et leur parcours migratoire, leurs séjours et les conditions sociales et sécuritaires dans lesquelles ils ont été rapatriés au Burkina Faso. Des entretiens ont également été faits avec des responsables d'associations en charge de la migration ou de structures techniques de l'État basées à Ouagadougou, comme le Secrétariat permanent du Conseil supérieur des Burkinabè de l'étranger (SP/CSBE), le Secrétariat permanent du Conseil national de secours d'urgence (SP/CONASUR), la Direction générale du travail et de l'action sociale et l'Organisation internationale pour la migration. Les migrants interrogés résident ou sont de passage à Ouagadougou et sont accompagnés par l'Association "*Alert Migration*", qui est une structure de la société civile ayant pour objectif la sensibilisation des populations contre les migrations à haut risque et la contribution à la réinsertion socioprofessionnelle des migrants rapatriés. Les informations collectées ont été enregistrées à l'aide d'un dictaphone, puis transcrites, pour donner lieu ensuite à une analyse de leur contenu.

2. Séjours des travailleurs migrants burkinabè en Afrique centrale : entre clandestinité et insertion socioprofessionnelle problématique

Cette section s'organise selon deux axes. Le premier est consacré à l'analyse de l'importance de la migration burkinabè en Afrique centrale et le second traite des conditions dans lesquelles se déroulent les séjours migratoires des travailleurs burkinabè au Gabon et en Guinée équatoriale.

2.1. Une migration burkinabè croissante en direction de l'Afrique centrale

L'Afrique centrale constitue une des régions pourvoyeuses et attractives de migrants internationaux.

Les premières vagues d'immigration burkinabè, remontant aux années coloniales, ont été suivies par d'autres, jusqu'à la plus récente, résultant des politiques migratoires restrictives de l'espace Schengen, qui ont engendré des flux migratoires vers cette région. Ainsi, durant les deux dernières décennies, l'Afrique centrale est restée une destination privilégiée des migrants internationaux burkinabè en Afrique. Cependant, l'effectif de ces migrants reste mal connu, car la plupart de leurs migrations y sont irrégulières et les chiffres sont donc sans doute sous-estimés. Le recensement de 2006 au Burkina Faso a enregistré environ 4 000 personnes (tableau 1).

Tableau 1. Effectif d'émigrants burkinabè en Afrique centrale recensés en 2006

Pays de destination	Emigrés anciens	Emigrés récents	Total
Cameroun	173	71	244
Congo	111	39	150
Gabon	3043	872	3915
RD Congo	20	12	32
Tchad	53	26	79
Total	3400	1020	4420

Source : INSD 2009.

Les migrants anciens sont ceux qui ont émigré en Afrique centrale depuis un an avant l'opération de recensement, c'est-à-dire en 2005, et les migrants récents désignent les personnes qui ont émigré au cours des douze derniers mois avant le recensement, entre 2005 et 2006. Le Gabon a été le principal pays de destination des migrants burkinabè dans la région, suivi du Cameroun.

Selon les données collectées auprès du Secrétariat permanent du Conseil des Burkinabè de l'étranger (SP/CSBE), le nombre des Burkinabè recensés dans cette région est estimé à plus de 30 000 personnes, concentrées principalement au Gabon, avec 25 000 personnes en 2013, 4 000 personnes étant en Guinée équatoriale en 2008 et 1 000 personnes en République démocratique du Congo en 2013. Ce sont essentiellement des migrations de travail qui mobilisent des jeunes, dont la plupart proviennent de la région du Centre-Est, comme en témoignent les propos d'un migrant rapatrié, originaire de la commune de Niaogho dans la province du Boulgou :

> Nous voyons des frères qui partent en aventure et reviennent. Ils sont bien. C'est ce qui nous a poussés à l'aventure. Nous avons vendu nos biens pour payer le transport. (Migrant rapatrié de la Guinée équatoriale en 2015).

La commune de Niaogho est en effet une zone d'émigration, en majorité à destination de l'Italie. Les investissements socio-économiques (logements, immobiliers, commerce et biens) de ces « *Italiens*[3] » dans la localité ont suscité un courant migratoire dans toute la région vers ce pays (Bangré 2005 ; Zongo 2009). Mais les effets de la crise économique de 2007-2008 en Europe, en particulier en Italie, conjugués à ceux de la crise libyenne, pays de transit, et surtout la lutte contre les migrations irrégulières dans l'espace Schengen, rendant difficile le voyage migratoire, ont contraint les candidats de la région à consolider le courant migratoire vers l'Afrique centrale.

Si la rente migratoire des « *Italiens* » motive le départ des jeunes de la région, le manque d'emploi constitue le motif de la migration des jeunes de certaines régions du pays vers l'Afrique centrale, ainsi qu'en témoigne ce migrant originaire de la région du Nord et rapatrié en 2015 du Gabon :

> J'étais un peu découragé de mon pays. Je n'avais pas de travail fixe, ça n'allait pas. Les jeunes s'en vont en aventure et reviennent. C'est ce qui m'a motivé à partir aussi en migration. (Migrant rapatrié du Gabon en 2015).

---

3. Ce terme est un sobriquet utilisé en pays *bissa* pour désigner les émigrants en Italie, en raison de leur style vestimentaire et de leurs dépenses ostentatoires, dans la région du Centre-Est du pays.

Notons que la plupart des migrants burkinabè interviewés ont travaillé dans plusieurs pays de la région : Gabon, Congo, Cameroun et Guinée équatoriale. Cela traduit la situation instable et le caractère circulaire des séjours de ces migrants dans la région.

2.2. Les conditions de vie des migrants au Gabon et en Guinée équatoriale : la "débrouille" dans la clandestinité

L'analyse est ici axée essentiellement sur l'insertion socioprofessionnelle des migrants burkinabè et leur statut migratoire dans les deux pays. Au Gabon ou en Guinée équatoriale, la plupart des personnes interviewées ont exercé plusieurs activités informelles, comme la maçonnerie, la peinture, la ferronnerie, le travail domestique ou l'agriculture, comme ce fut le cas de ce migrant rapatrié :

> Je faisais plusieurs activités au Gabon : lavage de véhicules, maçonnerie, restauration, aide charcutier parfois seul ou en groupe, entre amis. À ce moment, la famille était heureuse, puisque souvent j'envoyais 150 000 ou 200 000 F CFA par mois. (Migrant rapatrié du Gabon).

En Guinée équatoriale, les conditions d'insertion socioprofessionnelle des Burkinabè étaient également difficiles, à tel point que certains migrants étaient contraints d'enterrer des morts pour gagner de l'argent :

> La vie est un peu dure. Au début, il nous arrivait d'enterrer des morts, des Guinéens, et de prendre de l'argent. J'ai fait deux fois de la prison pour des problèmes de papiers. En prison, nous étions enfermés avec les voleurs. La ration était d'un pain par jour. (Migrant rapatrié de la Guinée équatoriale).

Par contre, les migrants les plus dynamiques, ceux qui disposaient d'un savoir-faire s'inséraient mieux, comme dans le cas de ce migrant rapatrié de Guinée équatoriale :

> À Bata, j'ai travaillé pendant un an et demi avec un équato-guinéen qui vivait en Espagne. Pendant la Coupe d'Afrique de football en 2013, il m'a amené à Mongomo comme chef d'équipe, pour la construction du stade de cette localité. J'ai supervisé tout le travail, la peinture, les chaises, la construction, sauf la plomberie et l'électricité. Même, les Burkinabè qui y travaillaient, par mon biais, ils ont été recrutés. (Rapatrié de Guinée équatoriale).

Mais en général, les activités exercées par ces migrants n'exigaient pas forcément une compétence et il s'agissait d'emplois non qualifiés. Ainsi, Y.D. Lompo note que « les migrants burkinabè, qu'ils soient nouvellement ou anciennement installés au Gabon, n'ont guère évolué depuis les années 1970. Ils exercent toujours comme employés de maison, ouvriers sur les chantiers, travailleurs agricoles » (Lompo 2015 : 25). L'insertion socioprofessionnelle dépendait également de la capacité des réseaux migratoires et du statut migratoire des travailleurs burkinabè. En effet, certains migrants burkinabè vivaient avec leurs compatriotes, cherchant à mutualiser leurs efforts pour faire face aux conditions de vie difficiles. C'est ce que souligne l'exemple d'un migrant rapatrié du Gabon :

> Arrivé au Gabon, tu ne peux pas vivre seul, tu es obligé de cohabiter avec d'autres personnes, car la vie est chère. Au début, je vivais avec des Sénégalais, car la solidarité entre Burkinabè en migration est très difficile. Il est un peu difficile que les gens t'acceptent. (Migrant rapatrié du Gabon).

Il ressort de ce témoignage qu'il y avait des migrants burkinabè qui n'arrivaient pas à s'insérer avec leurs frères. Ces derniers ont recours à leurs réseaux migratoires, notamment sénégalais, en comptant sur la solidarité entre migrants.

Les activités sont souvent exercées dans la clandestinité, car la plupart des migrants interviewés sont entrés de façon irrégulière pour la première fois au Gabon ou en Guinée équatoriale, à l'aide d'un réseau de passeurs à partir du Burkina Faso, comme le décrit cette personne qui a émigré en 2013 en Guinée équatoriale :

> Avant d'y aller je ne connaissais personne. J'avais le contact d'un ressortissant de Wemtenga. Celui-ci m'a mis en contact avec un monsieur au Bénin. Je suis passé par le Nigeria, puis le Cameroun, pour entrer clandestinement en Guinée équatoriale avec une pirogue. Nous avons séjourné pendant deux jours dans l'eau au niveau de la frontière Cameroun-Guinée équatoriale. La police nous a arrêtés, fouillés et a confisqué notre argent et nos biens. Ce sont les passeurs qui sont complices. Ils traitent avec la police, alors que j'ai payé 300 000 FCFA pour le transport. Je suis resté pendant trois mois au Cameroun. Je faisais de la couture. J'ai négocié avec un Camerounais qui m'a amené en Guinée équatoriale. (Migrant rapatrié en 2015 de la Guinée équatoriale).

Cette entrée illégale contraint les migrants burkinabè à vivre dans la clandestinité. Certains ont développé au Gabon une stratégie de mobilité résidentielle en privilégiant les campagnes, où l'obtention d'un travail dans le secteur agricole est plus facile, et surtout où le contrôle policier est relativement plus souple qu'en ville (Lompo 2015). La migration vers les grandes villes comme Libreville ou Malabo survient lorsque les migrants ont pu obtenir leur visa ou une carte de séjour, comme l'illustre ce témoignage d'un migrant rapatrié :

> Je suis rentrée clandestinement au Gabon. Mais lorsque je suis arrivé à Oyem, j'ai pris le visa de tourisme pour aller à Libreville. (Migrant rapatrié du Gabon en 2015).

En plus, les migrants burkinabè entretiennent des rapports conflictuels et emprunts de méfiance avec leurs autoritaires consulaires qui ont en charge la protection des intérêts de l'État burkinabè et de ses ressortissants, ainsi que la promotion des relations commerciales, économiques, culturelles et scientifiques entre le pays hôte et le pays d'origine. La plupart des migrants rapatriés enquêtés fustigent et dénoncent l'absence d'assistance de l'ambassade ou du consul dans ces deux pays d'accueil et leurs difficultés pour obtenir des papiers. Au Gabon, certains migrants assurent que les problèmes d'obtention de papiers sont aussi liés à l'indisponibilité des autorités consulaires, de sorte que l'établissement de certains papiers, tels les passeports ordinaires, n'est pas possible sur place, mais s'effectue à Ouagadougou, au Burkina Faso, ce qui contribue ainsi à prolonger leur situation de clandestinité et leurs difficultés d'accès à l'emploi :

> Pendant six mois, j'ai cherché à établir ma carte consulaire burkinabè en vain. J'ai déposé les dossiers au consulat du Burkina sans suite, alors que j'avais ma carte d'identité, mon passeport, mon visa. J'étais donc obligé de me faire passer pour un Ivoirien et de demander une carte consulaire ivoirienne afin de pouvoir vivre durant les deux ans. Sinon ce n'est pas facile. Je l'ai établie à 5 000 FCFA. (Migrant rapatrié du Gabon).

Il en résulte que les problèmes d'établissement des papiers conduisent certains migrants burkinabè en Afrique à changer de nationalité, alors que les représentations diplomatiques ont pour missions principales d'assister leurs ressortissants. Ces situations démotivent les migrants à fréquenter les missions diplomatiques, car leurs difficultés ne sont pas prises en considération. Cependant les fonctionnaires de ces missions soutiennent que les migrants du Burkina ne se font pas immatriculer aux ambassades :

> (…) c'est le problème des Burkinabè. Lorsque vous êtes à l'étranger, la première des choses à faire, c'est de vous présenter à l'ambassade ou au consulat le plus proche et de vous immatriculer. À ce moment l'ambassadeur est informé de votre présence sur le territoire et peut intervenir lorsque vous êtes en difficulté. (Fonctionnaire d'une mission diplomatique).

Ce problème d'immatriculation des migrants est en partie lié aux comportements de certains fonctionnaires. Au lieu de sensibiliser les migrants en situation irrégulière sur les stratégies de régularisation de leur situation, ils les réprimandent d'être entrés de façon clandestine dans le pays. En Guinée équatoriale, les migrants rapatriés reprochent au consul du Burkina un manque d'assistance ou même le refus de leur rendre une simple visite s'ils sont emprisonnés :

> Durant mon séjour de deux ans et demi, c'est une fois que j'ai vu le représentant de notre consulat honoraire à Bata. C'était à l'occasion du départ d'un ami en Italie. J'ai accompagné mon ami à l'ambassade d'Italie pour l'établissement des papiers. C'est là-bas que je l'ai vu (…) Mais il s'en fout de nous puisqu'il est migrant comme nous. Il traite avec les Guinéens. (Migrant rapatrié de la Guinée équatoriale).

En plus, dans les ambassades ou les consulats, il n'y a pas de services techniques, encore moins une inspection du travail pour conseiller et négocier les contrats de travail des ressortissants burkinabè. Pour certains migrants, le dialogue entre les émigrés et les autorités consulaires n'est établi que lorsqu'il y a une visite des hautes autorités du Burkina Faso dans le pays d'accueil. Les migrants burkinabè sont également confrontés à un régime de contrôle obligatoire, aussi bien au Gabon qu'en Guinée équatoriale. L'entrée, le séjour et la sortie du territoire national gabonais ou équato-guinéen sont soumis à un contrôle strict.

3. "Les expulsions des migrants irréguliers d'accord, mais des conditions de traitement humain d'abord"

L'analyse de cette partie porte sur les politiques nationales migratoires en Afrique centrale et sur le cadre juridique relatif à la protection des droits des travailleurs migrants étrangers au Gabon et en Guinée équatoriale.

3.1. Des politiques nationales migratoires plus restrictives au Gabon et en Guinée équatoriale que dans les autres pays de la région

Chacun des pays membres de la Communauté économique des États de l'Afrique centrale (CEEAC) dispose de sa propre législation relative à la migration, en dépit de l'adoption de protocoles et traités communautaires [4]. Le Gabon et la Guinée équatoriale, principaux pays d'immigration de la région en raison de leurs ressources naturelles importantes et de leur faible démographie, ont adopté un régime juridique de contrôle d'entrée, de sortie et d'établissement des étrangers sur leur territoire. Le Congo Brazzaville, le Cameroun, l'Angola exigent la présentation d'un visa d'entrée. Le Tchad et la République centrafricaine, qui n'ont pas d'ouverture maritime, acceptent davantage la libre circulation des personnes (Messe Mbega 2015). La carte 1 ci-dessous présente ainsi les pays de la CEEAC selon les conditions qu'ils imposent pour l'entrée et le séjour des migrants.

---

4. .En janvier 1990, une décision a été adoptée en vue d'accorder la liberté de circulation à une certaine catégorie de personnes : touristes, professionnels, élèves, étudiants, stagiaires, chercheurs et enseignants et frontaliers (Ngoie Tshibambé 2014). L'article premier de cette décision stipule que : « à compter du 1er janvier 1991, la circulation est libre à l'intérieur de la CEEAC ».

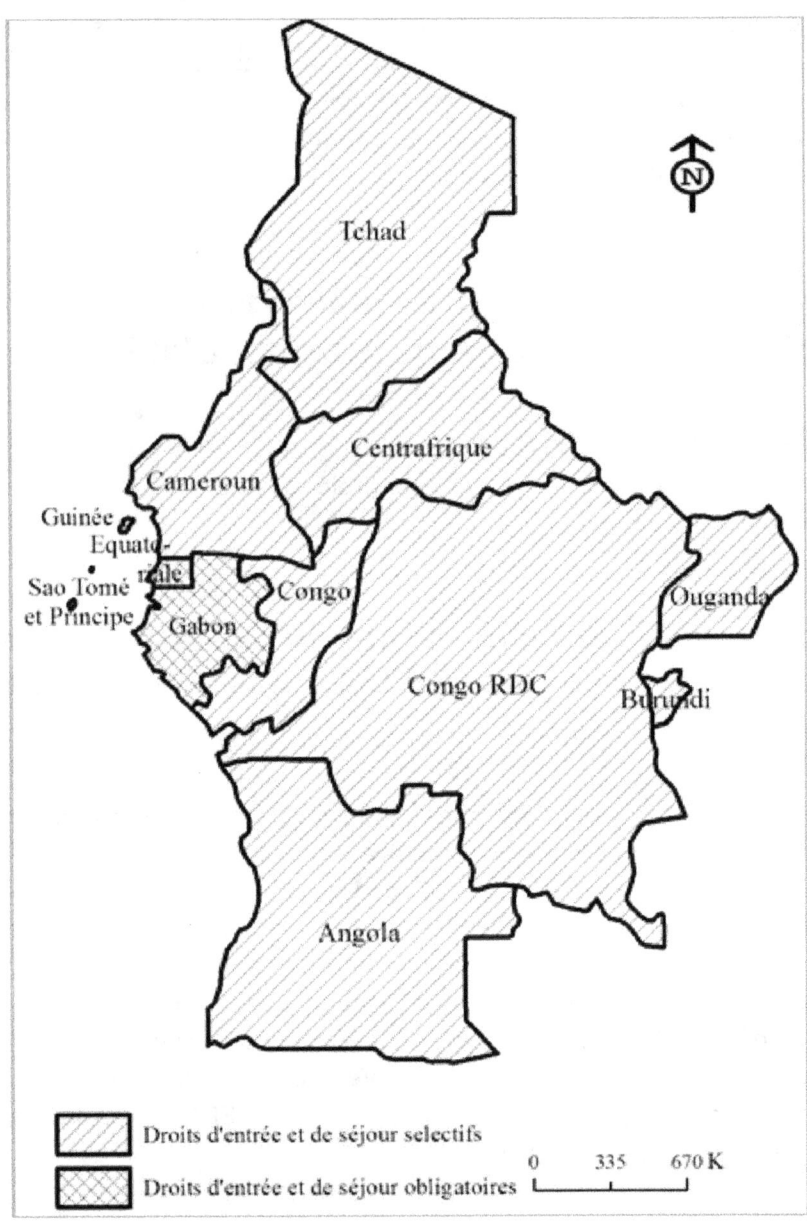

Pays de la CEEAC : conditions d'entrée et de séjour des migrants. Fonds : Loungou (2010) – Carte par I. Zidnaba (2016)

Au-delà des mesures juridiques et administratives qui régissent l'entrée, la circulation et la sortie des étrangers, le Gabon, la Guinée équatoriale, le Congo ont souvent recours à des rapatriements forcés d'étrangers vivant sur leur territoire. Ces contrôles migratoires constituent un enjeu financier pour les États, car ils permettent de renflouer les caisses de l'État. En effet, au Cameroun, les frais de visa exigés pour les voyageurs gabonais par le consulat du Cameroun à Libreville sont passés de 12 000 à 50 000 F CFA depuis 2005. En janvier 2013, la CEEAC a adopté un document d'orientation régionale en matière de migration et de développement, qui recommande aux États d'harmoniser et de renforcer les mécanismes institutionnels et politiques pour l'intégration des questions de migration dans les plans de développement nationaux et régionaux et de veiller à l'application effective de toutes les décisions communautaires, notamment celles relatives à la libre circulation des personnes dans l'espace CEEAC (*ibid.*).

Le Gabon et la Guinée équatoriale, au regard de leurs politiques nationales migratoires, ont le plein droit d'expulser tout travailleur migrant qui parviendrait à entrer de façon irrégulière sur leur territoire. Ainsi, selon le délégué du Conseil supérieur des Burkinabè de l'étranger pour le Gabon, près de 500 migrants ouest-africains (Sénégalais, Maliens, Nigériens) ont été rapatriés du Gabon [5] en juin 2015, dont plus de 150 étaient de nationalité burkinabè.

Toutefois, les opérations de rapatriement des migrants doivent en principe obéir aux dispositifs juridiques nationaux en vigueur et aux conventions internationales en matière de respect des droits de l'homme, en particulier du droit des travailleurs migrants.

3.2. Un cadre juridique propice pour le respect des droits des travailleurs migrants, mais pas de volonté politique

En effet, plusieurs instruments relatifs à la protection et au respect des droits de l'homme et des migrants sont reconnus par les pays membres de la CEEAC (*cf.* tableaux 3 et 4). L'un des instruments cardinaux en matière de droit de l'homme est la Déclaration universelle des droits de l'homme (DUDH). Celle-ci reconnaît, dans l'article 13 de son préambule, le droit à toute personne de quitter son pays et d'y revenir. Ainsi, les visas autorisant de quitter un territoire ont été éliminés dans presque tous les pays. Mais le droit d'entrée sur un territoire donné reste toujours régi par l'obtention d'un visa d'entrée. De même, tous les pays de l'Afrique centrale, à l'exception de São-Tomé et Principe, ont ratifié le pacte relatif aux droits civils et politiques. L'article 2 du pacte stipule que « Les États parties au présent Pacte s'engagent à respecter et à garantir à tous les individus se trouvant sur leur territoire et relevant de leur compétence les

---

5. .Selon le journal fasonet, http://lefaso.net/spip.php?article65394.

droits reconnus dans le présent Pacte, sans distinction aucune, notamment de race, de couleur, de sexe, de langue, de religion, d'opinion politique ou de toute autre opinion, d'origine nationale ou sociale, de fortune, de naissance ou de toute autre situation ». Ainsi, l'article 17 du Pacte civil et politique reconnaît la liberté de circuler et impose la protection contre toute forme de traitement dégradant : « Nul ne sera soumis à la torture, ni à des peines ou traitements cruels, inhumains ou dégradants » (article 7).

La Convention relative à la lutte contre la torture et autres peines ou traitements cruels, inhumains et dégradants a également été ratifiée et mise en vigueur par tous les pays de l'Afrique centrale. Dans l'article 1er de celle-ci, le terme "torture" est défini comme étant :

> « tout acte par lequel une douleur ou des souffrances aiguës, physiques ou mentales, sont intentionnellement infligées à une personne aux fins notamment d'obtenir d'elle ou d'une tierce personne des renseignements ou des aveux, de la punir d'un acte qu'elle ou une tierce personne a commis ou est soupçonnée d'avoir commis, de l'intimider ou de faire pression sur elle ou d'intimider ou de faire pression sur une tierce personne, ou pour tout autre motif fondé sur une forme de discrimination, quelle qu'elle soit, lorsqu'une telle douleur ou de telles souffrances sont infligées par un agent de la fonction publique ou toute autre personne agissant à titre officiel ou à son instigation ou avec son consentement exprès ou tacite ».

Mais aucun État de l'Afrique centrale n'a ratifié la Convention internationale sur la protection de toutes les personnes contre les disparitions forcées. La complexité de cette Convention ou le manque de volonté politique peuvent justifier sa non-reconnaissance. La ratification de celle-ci devait en principe permettre aux États de la CEEAC d'être en conformité avec les normes internationales en matière de droits de l'homme.

Concernant les droits spécifiques garantis aux migrants, plusieurs Conventions ont été ratifiées par les pays de l'Afrique centrale (tableau 3). Celles-ci créent le cadre juridique nécessaire non seulement pour la protection et le respect des droits de l'homme des migrants, y compris les droits des travailleurs, mais recommandent aussi aux États qui l'ont ratifiée de prendre des mesures législatives pour promouvoir la migration internationale. Tous les pays de l'Afrique centrale [6], excepté le Gabon, ont ratifié les Conventions n° 97 et n° 143 sur les travailleurs migrants de l'Organisation internationale du Travail. La Convention n° 97 recommande aux États de faciliter les migrations internationales et de fournir un traitement égal entre les migrants réguliers et les nationaux en matière de procédure de recrutement, de conditions de vie et de travail. Dans son article 9, elle demande aux États de prendre des mesures législatives favorables aux transferts des fonds des migrants. Le travailleur migrant est ici défini comme « une personne qui émigre d'un pays vers un autre pays en vue d'occuper un

---

6. .http://www.ilo.org/dyn/normlex/fr/f?p=NORMLEXPUB:11310:0::NO:11310: P11310_INSTRUMENT_ID:312242:NO

emploi autrement que pour son propre compte ; il inclut toute personne admise régulièrement en qualité de travailleur migrant » (art. 11). Cette définition spécifie que la Convention ne s'applique pas aux travailleurs frontaliers, aux gens de mer et aux personnes exerçant une profession libérale, ni aux artistes qui entrent pour une courte durée.

La Convention n° 143 recommande aux États de prendre des mesures nécessaires en vue de lutter contre les migrations irrégulières et l'emploi illégal des travailleurs migrants et de faciliter l'intégration des migrants dans les sociétés d'accueil (art. 3). Elle a été renforcée par la Convention relative à la protection de tous les travailleurs migrants et des membres de leur famille, qui a été adoptée en 1990 par les Nations Unies. Cet instrument jette une base juridique plus complète en vue de l'élaboration de politiques nationales en phase avec les normes internationales. En effet, la plupart des articles portent essentiellement sur la garantie et le respect des droits des travailleurs migrants et des membres de leur famille tout au long de leur séjour migratoire dans les pays d'accueil et de transit. L'un des objectifs majeurs de cette Convention est d'assurer la protection des droits fondamentaux des travailleurs migrants, quel que soit leur statut juridique. Cependant, celle-ci n'est pas reconnue par les pays de l'Afrique centrale, à l'exception de Saõ-Tomé et Principe qui l'a ratifiée en novembre 2004.

En dépit de cet ensemble d'instruments relatifs aux droits de l'homme ou aux droits des migrants reconnus, force est de constater que les personnes venues des pays voisins rencontrent d'importantes difficultés pour jouir de leurs droits les plus élémentaires et vivre dignement. Elles font en particulier l'objet d'arrestations arbitraires, de détentions ou de refoulements collectifs.

4. Les atteintes à la propriété, le traitement dégradant, et les violations récurrentes des droits des travailleurs migrants

Si les pays d'accueil ont le droit de rapatrier les migrants irréguliers de leur territoire, ils doivent savoir concilier les conditions des rapatriements avec le devoir qui leur incombe de respecter les droits inhérents à la personne humaine. Les conditions d'arrestation des Burkinabè venus au Gabon et en Guinée équatoriale, à l'instar de ceux de l'Afrique de l'ouest, qui ont connu le même sort, n'ont aucunement respecté les droits humains. Ces personnes ont été arbitrairement arrêtées dans les lieux de travail et à domicile et conduites dans des prisons, où certains ont vécu pendant deux mois avec une miche de pain comme ration journalière.

Dans la prison, les policiers ont retiré nos biens, argent, téléphones. Ils nous frappaient car il y avait des gens qui se battaient. Nous étions enfermés avec les prisonniers, les voleurs. Les policiers avaient un appareil. Lorsqu'ils te touchent avec cet outil, tu deviens faible et ils te frappent. Moi, j'avais une petite boutique où je vendais des articles de peinture et d'autres produits. Il y a d'autres qui sont même venus sans chaussures. Tout est resté là-bas, comme explique ce rapatrié de la Guinée équatoriale.

À travers ce verbatim, au moins deux atteintes graves aux droits de migrants peuvent être déterminées : au droit à la propriété des biens et au droit à un traitement humain, en vertu respectivement de l'article 14 de la Charte africaine de la protection du droit de propriété et de l'article 1 de la Convention contre la torture et autres peines ou traitements cruels, inhumains et dégradants.

Le délit d'atteinte au droit de propriété n'est pas seulement une pratique policière en Guinée équatoriale. Certains employeurs, ne voulant pas honorer leur obligation de rémunérer des employés considérés comme migrants clandestins, s'entretiennent avec la police pour les faire expulser, comme le raconte ce migrant rapatrié :

> Nos employeurs devraient nous payer. Si vous remarquez, l'organisation de la CAN de 2013 a été brusque, deux mois. Pendant les travaux, les patrons payaient à moitié. Lorsque les travaux sont finis, nous avons réclamé notre argent. Ils ne voulaient pas nous payer. Les patrons ont convoqué les ouvriers en réunion et la police est venue pour les arrêter, en majorité les migrants ouest africains. C'était le premier rapatriement. Les patrons nous ont demandé d'établir le certificat de résidence que j'ai évalué à 100 000 FCFA. Un autre beau matin, j'ai entendu la police frapper à ma porte. Je n'ai pas répondu. Les policiers ont cassé la maison. Je voulais prendre mes papiers, passeport, certificat de résidence et ils me disent qu'ils n'en ont pas besoin, mais que je devais venir répondre. (Migrant rapatrié de la Guinée équatoriale).

Au Gabon, les conditions d'expulsion des migrants ont également été difficiles. Les migrants burkinabè rapatriés souffraient de problèmes de santé liés aux conditions inhumaines de détention dans le service de l'immigration et de la documentation, comme l'affirme le responsable [7] du Conseil supérieur des Burkinabè au Gabon :

> Demain mercredi je serai encore là-bas avec de la crème et du savon antiseptique, car ils ont tous la gale, et beaucoup de plaies à cause de l'eau de la mer et aussi à cause des nombreux jours qu'ils ont passé sans se laver. (Fasonet, juin 2015).

De même, l'étude d'E. Ngodi, sur la migration et les droits humains en Afrique centrale, a abouti aux résultats similaires à ceux décrits par les migrants burkinabè rapatriés. Cet auteur note que les droits des migrants ne sont pas respectés dans cette région et identifie plusieurs obstacles qui compromettent la connaissance et le respect des droits des migrants, comme,

---

7. .Selon le journal fasonet, http://lefaso.net/spip.php ?article65394.

entre autres, la pluralité et les contradictions entre les régimes juridiques nationaux, les lacunes dans les législations nationales et les politiques migratoires, la faible prise de conscience des populations et des institutions gouvernementales des réalités inhérentes aux mouvements migratoires, la stigmatisation systématique des migrants face à la criminalité (Ngodi 2014). Ainsi des délits de confiscation des biens, d'expulsions brutales ne permettant pas aux migrants d'emporter leurs patrimoines, de détentions sans motifs, de traitements cruels et inhumains sont régulièrement constatés dans les pays de l'Afrique centrale (*cf.* tableau 4).

Conclusion

Cette étude a mis en lumière les conditions difficiles de séjour et d'expulsion vécues par les travailleurs migrants burkinabè au Gabon et en Guinée équatoriale. Elle interroge sur le traitement socio-sécuritaire des migrants rapatriés, ainsi que sur les violations en matière de droits qu'ils ont subies en Afrique centrale.

L'immigration des travailleurs burkinabè s'est déroulée en plusieurs vagues et en grande partie de façon irrégulière. En milieu rural, les migrants exercent des activités agricoles. En ville, ils sont en majorité des ouvriers de construction. La situation irrégulière ne leur a permis pas un meilleur accès aux conditions de travail et les a contraints à une vie clandestine. Cette situation difficile est également liée aux manques d'assistance de la part des autorités consulaires en matière d'établissement des dossiers et de politiques de coopération efficaces en matière de migrations.

Ainsi, les migrants burkinabè, à l'instar de leurs homologues sénégalais, maliens, ivoiriens et nigériens, sont arrêtés, emprisonnés et expulsés sous escorte, laissant tout leur patrimoine tiré de leurs parcours migratoires. Certains migrants expulsés sont blessés, d'autres sont tombés malades en raison des traitements infligés et parfois d'emprisonnements.

Si l'expulsion des migrants irréguliers est légale, par contre, les traitements inhumains sont des délits et constituent une négation des droits des travailleurs migrants, constatée surtout au Gabon et en Guinée équatoriale qui sont pourtant signataires des conventions de protection des droits des migrants (Ngodi 2014). De même, les migrants burkinabè qui ont légalement migré au Gabon ont vu leurs droits économiques non respectés et leurs conditions de travail se dégrader, en dépit de la signature de diverses conventions de coopération (Pacéré 2004).

En conséquence, dans ce contexte d'expulsion massive des migrants et de non-respect de droit des migrants, le renforcement des politiques de gestion des Burkinabè de l'étranger et de reinsertion des migrants de retour constitue un défi majeur pour le gouvernement en place.

Bibliographie

Bangré E. Basga, 2005, *Les migrations internationales des Bissa en Italie : réseaux, stratégies et parcours migratoires*, Ouagadougou, Université de Ouagadougou, Mémoire de maîtrise en sociologie.

Blion Reynald, Bredeloup Sylvie, 1997, « La Côte d'Ivoire dans les stratégies migratoires des Burkinabè et des Sénégalais », *in* B. Constantin & H. Memel-Fôtè (dir.), *Le modèle ivoirien en question. Crises, ajustements, recompositions*, Paris, Karthala, pp. 707-737.

INSD – Institut national de la statistique et de la démographie, 2009, *Analyse des résultats définitifs* : thème 8 : *Migrations*, Ouagadougou, Burkina Faso, Ministère de l'Économie et des Finances, INSD, 159 p.

Lompo Yienou-Yaba Dimitri, 2015, « Les Burkinabè du Gabon : une migration à l'aune des aléas politiques ? » *Afrique et développement* (Revue du Conseil pour le développement de la recherche en sciences sociales en Afrique), XL, 1, pp. 41-62.

Loungou Serge 2010, « La libre circulation des personnes au sein de l'espace de la CEMAC : entre mythes et réalités », *Belgeo. Revue belge de géographie* [National Committee of Geography of Belgium / Société Royale Belge de Géographie], 3, pp. 315-330.

MASHT, 1958, Projet de convention concernant le recrutement de travailleurs de Haute-Volta pour la Province Espagnole du golfe de Guinée, Ouagadougou, Ministère des Affaires sociales, de l'Habitat et du Travail (MASHT), 14 p.

Messe Mbega Christian-Yann, 2015, « Les régions transfrontalières : un exemple d'intégration sociospatiale de la population en Afrique centrale ? », *Éthique publique*, 17, 1, 14 p., consulté le 9/5/2016, http://ethiquepublique.revues.org/1724

Ngodi Etanislas, 2014, « Migration et droits humains », *in* Babacar Ndione (dir.), *L'Afrique centrale face aux défis migratoires*, Bruxelles, ACPmigration, pp. 59-72. Consulté le 3 janvier 2016, URL : www.acpmigration.org.

Ngoie Tshibambé Germain, 2014, « Libre circulation des personnes et défis d'intégration », *in* Babacar Ndione (dir.), *L'Afrique centrale face aux défis migratoires*, Bruxelles, ACPmigration, pp. 32-42), consulté le 3 janvier 2016, URL : www.acpmigration.org.

OIM, 2011a, *Migration en Afrique de l'Ouest et Centrale : aperçu régional 2009*, Genève, OIM – Organisation internationale pour les migrations, 96 p.

—, 2011b, *État de la migration dans le monde : bien communiquer sur la migration*, Genève, OIM – Organisation internationale pour les migrations, 192 p.

Ouédraogo Dieudonné, 2002, « Migrations circulaires et enjeux identitaires en Afrique de l'Ouest », *Cahiers du Gres*, 3, 1, pp. 7-23.

Paceré Titinga Frédéric, 2004, *Burkina Faso : migration et droits des travailleurs (1897-2003)*, Paris, Karthala-UNESCO, 262 p.

République de Haute-Volta, 1974, Ordonnance présidentielle n° 74-37/PRES, du 30 mai 1974, autorisant la ratification par le gouvernement de la Convention du 13 août 1973, relative à la coopération technique en matière de main-d'œuvre entre la République de Haute Volta [actuel Burkina Faso] et la République du Gabon.

Sall Babacar, 2005, *Migration de travail et protection des droits humains en Afrique (Gabon, le Niger, le Cameroun, le Bénin) Pour une ratification de la Convention Internationale pour la protection des droits de tous les travailleurs migrants et de leur famille*, Paris, UNESCO, 72 p.

Schwartz Alfred, 1976, *La problématique de la main-d'œuvre dans le sud-ouest ivoirien et le projet de pâte à papier. Bilan et perspectives*, Ministère du Plan de la République de Côte d'Ivoire. Office de la Recherche Scientifique et Technique d'Outre-mer, Centre de Petit-Bassam, Sciences sociales, 61 p., consulté le 24 février 2016, http://horizon.documentation.ird.fr/exl-doc/pleins_textes/pleins_textes_7/carton05/01676.pdf.

Traoré Sadio Bocquier Philippe, 1998, *Réseau Migrations et Urbanisation en Afrique de l'Ouest (REMUAO) : synthèse régionale*, Bamako, Études et travaux du CERPOD, n° 15, 149 p.

Zongo Mahamoudou, 2009, « L'*italian dream* : côté cour l'impact des transferts financiers des émigrés bissa en Italie sur les villages de départ dans la province du Boulgou au Burkina Faso », *Annales de l'Université de Ouagadougou*, 8 (A), pp. 387-419.

Annexe

Tableau 2. État des lieux des pays signataires des instruments relatifs aux droits de l'homme en Afrique centrale

1.	2.	3.	4.	5.	6.	7.
Angola	oui	oui	oui	oui	oui	non
Burundi	oui	oui	oui	oui	oui	non
Cameroun	oui	oui	oui	oui	oui	non
Centrafrique	oui	oui	oui	oui	oui	non
Congo	oui	oui	oui	oui	oui	non
R.D. Congo	oui	oui	oui	oui	oui	non
Gabon	oui	oui	oui	oui	oui	non
Guinée équatoriale	oui	oui	oui	oui	oui	non
Saõ-Tomé et Principe	non	non	oui	oui	oui	non
Tchad	oui	oui	oui	oui	oui	non

1. Pays membres de la CEEAC
2. Pacte relatifs aux droits civils et politiques, 1966
3. Pacte relatif aux droits économiques, sociaux et culturels, 1966
4. Convention sur l'élimination de toutes les formes de discrimination à l'égard de la femme, décembre 1979
5. Convention contre la torture et autres peines ou traitements cruels, inhumains et dégradants, décembre 1984
6. Convention relative aux droits de l'enfant
7. Convention internationale sur la protection de toutes les personnes contre les disparitions forcées, 2006

Source : NGODI 2014, p. 61.

Tableau 3. État de lieu des pays signataires des instruments relatifs au droit des migrants

Pays membres de la CEEAC	Convention n°97 sur les travailleurs migrants de 1949	Convention n°143 de l'OIT sur les travailleurs migrants de 1975	Convention des Nations Unies sur la protection de tous les travailleurs migrants et les membres de leur famille de 1990	Protocole additionnel à la convention des Nations Unies contre la criminalité transnationale de 2000
Angola	oui	oui	non	non
Burundi	oui	oui	non	non
Cameroun	oui	oui	non	oui
Centrafrique	oui	oui	non	non
Congo	oui	oui	non	non
R.D. Congo	oui	oui	non	oui
Gabon	non	non	non	non
Guinée équatoriale	oui	oui	non	oui
São-Tomé & Principe	oui	oui	oui	non
Tchad	oui	oui	non	non

Source : NGODI 2014, p. 62.

Tableau 4. Concordance des violations des droits des migrants et règlementation en vigueur (1)

Types des violences des droits des migrants	Droits humains garantis et protégés par la charte africaine des droits de l'homme et des peuples
Arrestation fondée sur des considérations de race, d'ethnie, de nationalité ou d'appartenance religieuse	Principe de non-discrimination (article 2 de la Charte Africaine) Droit à la libre circulation (art. 12 (1) de la Charte Africaine)
Arrestation à la suite de raids, de raids sans support de document légal émanant d'une autorité compétente, ni indication du motif de l'arrestation	Interdiction de toute arrestation et détention arbitraire (article 6 de la Charte Africaine). Cet article 6 prévoit que : Tout individu a droit au respect et à la dignité de sa personne • Nul ne peut être arrêté ou détenu arbitrairement
Placement en détention sans support de document légal émanant d'une autorité compétente, ni indication du motif de la détention	• Nul ne peut être privé de sa liberté sauf pour des motifs et dans des conditions préalablement déterminés par la loi (article 6)
Violences physiques et morales et traitement inhumains et dégradants (insultes raciales, coups et blessures volontaires sur la personne du migrant, privation de nourriture, d'eau, etc.) au moment de l'arrestation, de la détention et de la déportation individuelle ou de l'expulsion collective (usage de la violence physique et morale, coups, usage de gaz, ligotage, insultes et humiliations)	La personne humaine est inviolable. Tout être humain à droit au respect de sa vie et à l'intégrité physique et morale de sa personne (article 4 de la Charte Africaine) Interdiction de toute torture et de tout traitement cruel, inhumain ou dégradant (article 5 de la Charte Africaine). Cet article 5 prévoit que : • Tout individu a droit au respect de la dignité inhérente à la personne humaine • Toute forme d'exploitation et d'avilissement de l'homme, notamment l'esclavage, la torture physique ou morale et les peines ou les traitements cruels et inhumains ou dégradants sont interdits • L'article 16.1 garantit à toute personne le droit de jouir du meilleur état de santé physique et mentale.

Source : NGODI 2014, p. 65.

Tableau 4. Concordance des violations des droits des migrants et règlementation en vigueur (2)

Détention prolongée sans motif. Impossibilité d'accès pour les migrants détenus, aux voies de recours légales ou à un avocat pour se défendre.	Droit à un procès équitable et de saisir les autorités nationales compétentes (article 7 de la Charte Africaine) 1. Toute personne a droit à ce que sa cause soit entendue. Ce droit comprend :
Absence d'interprètes lors de l'arrestation, de la détention et lors des interrogatoires, ne permettant pas aux détenus de comprendre leur situation et les questions, ou ce qui leur est reproché, ni de se défendre.	a) le droit de saisir les juridictions nationales compétentes de tout acte violant les droits fondamentaux qui lui sont reconnus et garantis par les conventions, les lois, règlements et coutumes en vigueur ; b) le droit à la présomption d'innocence, jusqu'à ce que sa culpabilité soit établie par une juridiction compétente ;
Restrictions, sanctions administratives, judiciaires, pécuniaires massives à l'égard des migrants.	c) le droit à la défense, y compris celui de se faire assister par un défenseur de son choix ; d) le droit d'être jugé dans un délai raisonnable par une juridiction impartiale.

Source : NGODI 2014, p. 65.

Tableau 4. Concordance des violations des droits des migrants et règlementation en vigueur (3)

Types des violences des droits des migrants	Droits humains garantis et protégés par la charte africaine des droits de l'homme et des peuples
Expulsions collectives. Par exemple, des centaines de ressortissants Camerounais, Maliens, Guinéens (Conakry), et Nigérians sont déversés chaque mois sur la côte camerounaise de Campo, Kribi et Kyé-Osi.	Principe du respect de la légalité dans la procédure d'expulsion (article 12(4) de la Charte Africaine). Cette disposition prévoit que : « l'étranger légalement admis sur le territoire d'un État partie à la présente Charte ne pourra en être expulsé qu'en vertu d'une décision conforme à la loi ». Interdiction de l'expulsion collective des non-nationaux (article 12-5 de la Charte Africaine).
Refoulement de plus de 150 000 ressortissants de la République Démocratique du Congo des villes congolaises (Brazzaville, Pointe-Noire, Dolisie) entre avril et mai 2014.	• L'expulsion collective est définie comme étant celle qui vise globalement des groupes nationaux, raciaux, ethniques ou religieux.
Expulsion dans les cas de condamnation pour crime et délit ou actes permettant de conclure que l'étranger ne veut pas s'adapter à l'ordre établi.	• Lorsque les expulsions collectives et arbitraires touchent sans discrimination les demandeurs d'asile en attente, elles constituent également des violations du droit d'asile garanti et protégé par l'article 12-3 de la Charte Africaine
Emprisonnement, la détention ou la prison lors de l'entrée dans le territoire national.	
Confiscation des biens des migrants déportés ou expulsés collectivement, conditions brutales des expulsions ne permettant pas aux migrants d'emporter leurs biens ou de les placer en sécurité.	Protection du droit de propriété (article 14 de la Charte Africaine). Le droit de propriété est garanti. Il ne peut y être porté atteinte que par nécessité publique ou dans l'intérêt général de la collectivité, ce, conformément aux dispositions des lois appropriées.
Homicide volontaire de migrants, mauvais traitements entraînant la mort d'un migrant.	Article 4 de la Charte Africaine : « Tout être humain a droit au respect de sa vie et à l'intégrité physique et morale de sa personne ».

Source : NGODI 2014, p. 65.

4. Internationalisation and quality of higher education in Africa : A comparative study of Makerere University and University of Lagos

LAWRENCE RAFAIH OKELLO

Internationalisation in Higher Education (HE) has been debated for several decades. Although several scholars have discussed the benefits of internationalisation to Africa, there is a huge discrepancy of the extent to which internationalisation enhances stakeholder's satisfaction, research and internal competitiveness (Africa Network for International Education – ANIE 2012; Altbach *et al.* 2009). Literature available points to the lack of empirical evidence to support internationalisation. In Uganda and Nigeria, the national governments and stakeholders are increasingly demanding an overhaul of the academic curriculum because academic standards in the higher education institutions do not enrich students to be innovative and creative (Kasozi 2011; Oyewole 2008; ANIE 2012). Because many graduates lack the knowledge, attitude and critical skills needed in the job market, high unemployment rates persists as evidenced in Uganda and Nigeria by 82% and 60% of unemployed graduates respectively (Bunting *et al.* 2012; UBOS 2013; Yinka 2013). If nothing is done urgently, African HEIs may turn into a ground for breeding incompetency. While there could be other factors affecting quality of higher education in Africa; internationalisation seems to be a strong force. However, the International Association of Universities (IAU) argues that internationalisation in any context depends different assumptions which are often not supported by empirical evidence. This study is an attempt to provide empirical evidence on the quality relevance of internationalisation in Africa. African higher education intuitions are a replica of European higher education institutions. The first African higher education institutions (HEIs) were set upon western paradigm of education and up to date, a proportionate numbers of HEIs still continue to collaborate in research, scholarships and teaching with western counterparts. That's why a number of scholars agree that African higher education institutions have been international in nature from its very beginning up to date. The International Association of Universities argues that globalisation pressures have exerted powerful influence to African HEIs to the extent that they have placed greater priority on the international dimensions of education as a means of attaining quality. This, IAU argues, is evidenced in the missions, visions and objective statements of most higher education institutions (International Association of Universities 2005: 2). Internationalisation has become a powerful force, which has punctuated most approaches, visions and mission statements of African universities. That is the reason why since 2000, there have been institutional efforts to link internationalisation to quality in higher education (De Witt 2000) and yet there is no empirical evidence to support the efforts. The current practice for African higher education institutions has been to adopt a set of strategies in visions, missions, program content, program delivery and staff mobility activities (Materu 2007). Although Eurocentric scholars (African Network for International Education, 2012) have discussed the benefits of internationalisation to Africa, debates (Altbach et al. 2009) are still ongoing on the extent to which internationalisation enhances stakeholder's satisfaction, research and internal competitiveness in Africa.

In the past decade, several scholars have reasoned that internationalisation promotes imperialism, erodes gains made by national governments and breeds dominant cultures. In using critical theory, Ogachi & Oanda (2009) argued that internationalisation of higher education may lead to imperialism of higher education institutions; and that it was not automatically apparent that internationalisation benefits higher education in Africa. This argument was also supported by Open Doors (2008) with empirical evidence postulating that internationalisation has a negative impact of eroding gains achieved by national governments. Bellamy (1994) pointed out that internationalisation promotes the reproduction of dominant cultures in academia by encouraging the adaptation of western cultures and standards. The world may view African HEIs as inept because their participation in determining international quality parameters is peripheral in nature. This raises the question of who sets quality parameters, for whose purpose and with what level of influence? (Knight 2007). Other scholars (Altbach 2008) have been concerned that, students from dominant western cultures tend to perform well because educational systems are aligned to their advantage. According to Bourdieu (2005) in concurrence with several other leading organisations like the International Association of Universities (2003) and Association for International Education (2014) there is no clear evidence to support internationalisation in Africa. This study was an attempt to provide empirical evidence for or against the potential quality benefits of internationalisation.

Optimists of internationalisation like McLaren (1991) supported (Knight & de Witt 1995) the notion that internationalisation of education has huge benefits, which are used to extend the interest of those served by the effect of power imbalance. In the African context, this implies that internationalisation may help to serve the interest of African governments and institutions to meet the gaps in research and scientific publications, which are often limited.

On a neutral ground, the post modernist scholars (Altbach 1998) agree that higher education has been international in nature from its very beginning in medieval Europe and the renaissance period when elite scholars travelled abroad to obtain international academic knowledge and experience (Altbach & Teichler 2001) from other regions. In Africa, internationalisation is not a new phenomenon in higher education institutions considering earlier colonial influences. However, suffice it to note that different countries encountered and responded to international dimensions in different ways since their formative years. According to Musisi (2003) and Jibril (2003), internationalisation in British colonies, which included Uganda and Nigeria, took place in three phases. The first phase was during the colonial era, the second phase was during the post-colonial era and the third phase was driven by the World Bank's structural adjustment programs in the 1980s-1990s, which imposed neoliberal reforms. The third phase of reforms took place against the challenges of irrelevant curricula, poor research outputs and inactive governance structure (Jowi 2009). This was a period when Makerere University and University of Lagos benefited from the proposed reforms. Both Universities restructured academic program delivery, content and staff to respond to the market.

Despite the World Bank structural adjustment reforms of 1990s; in past decades, the academic program curricula in most African HEIs have not been competitive enough to guarantee better stakeholders satisfaction, research and international competitiveness. For example, the research uptake in the entire sub-Saharan region stands at 1% of the entire global research publication (Altbach 2008), regional qualification of graduates are being questioned and limited graduates are having employable skills. This alarming situation is happening against the ongoing efforts in Africa HEIs like international collaboration, regional and national quality assurance strengthening whose results are expected to generate a systematic outcome (Open Doors, 2008) in quality performance of African HEIs (Oyewole 2006).

Theoretical framework

This study used Critical Theory and Comparative Theory of Education to frame the inquiry on the extent to which the internationalisation of standards in program content, program delivery and staff mobility relates to the quality of the selected higher education institution in Africa. Critical theory is a neo-Marxist theory that emerged from Germany in the 1960's with intentions to reveal and understand social inequalities in order to respond and make societies equitable. In using this theory in educational adaptation, scholars like Bellamy (1994), Bergquist (1995) and Bourdieu (2005) have argued for and against internationalisation with reference to its potential for promoting imperialism, eroding gains by national governments, promoting global citizenship, stimulating intercultural exchange and encouraging competitiveness in higher education quality. The theory was helpful in the critical analysis of the relationship between internationalisation and the quality of higher education.

On the other hand, the theory of comparative education by Harold (1985) postulates that many important questions on education can be better examined at international level using the comparative perspective. The author noted that comparative education studies are useful in describing educational systems, developing institutional practices, highlighting relationships between education and society for more than one country. Lawal (2004) used comparative theory of education to understand the problems and challenges in education, which were useful for learning in other contexts. Comparative theory of education was used in this study to highlight the similarities and differences in adaptation of international standards in HEIs of Uganda and Nigeria. MAK and UNLIAG were selected for comparison because they were post independence universities set to address human resource needs of Uganda and Nigeria respectively. UNILAG is found in West Africa and MAK is found in East Africa. The World Bank supported both HEIs in 1990s to reform their curriculum and management system in response to the markets. In terms of student's population, UNILAG has 41,000 students and MAK has 39,000 students.

The concept of internationalisation and quality in higher education

The study used internationalisation and quality of higher education as basic concepts. Internationalisation has been defined by Van de Wande (1997) as a systematic effort aimed at making a responsive higher education institution to the requirements and challenges related to globalised societies, economies and labor markets. This definition of internationalisation was remodeled by Knight (2003) as a process of integrating an international, intercultural or global dimension into the purpose, functions or delivery of post-secondary education. By incorporating international, intercultural and global dimensions in the definition, Knight extended the scope of the concept of internationalisation to integrate both local and global concepts, which are infused through the integration of cultures. Internationalisation has often been confused with globalisation. Globalisation (Arum 1992) includes a broad inevitable economic, technological, political, cultural and scientific trend that directly affects a higher education institution while internationalisation includes policies and programs adopted by governments, academic institutions and sub-divisions so as to cope with or exploit globalization (Knight 1997).

According to Scholars like Altbach (2009) and Santiago et al. (2008), adaptation of internationalisation policies and programs in African higher education institutions is practised majorly through the academic program content delivery of particular institutes, through their program content development and through staff mobility. In this study therefore, internationalisation refers to changes in modes of academic delivery, academic program content and staff mobility activities that reflect international practices geared towards making an institution more accessible and relevant. In this study, the elements of academic program delivery are conceptualised as; distance education, branch campus education, online education and cross-border education. The contents of academic programs were conceptualised as internationalised curricula, modularised curricula, professionalised curricula and foreign language curricula. Academic staff mobility is conceptualised as academic staff activities, which involve professional development abroad, technical assistance abroad, sabbatical leave abroad and contribution in international conferences.

Quality of higher education constituted the dependent variable in this study. According to Harvey and Green (1993), the notion of quality in higher education has been conceptualised into five strands, namely; exception, perfection, fitness for purpose, transformation and value for money. The five conceptual strands above are useful in understanding the quality of any internationalisation. This study recognizes that the doctrine of quality in education is linked to societal value and it is subject to change over time. In using a selected strands of transformation concept of quality, Bergquist (1995) pointed out that the values in transformational concept of quality extends a thorough assessment of what education has contributed to the members of the institution and social development.

In this study, quality was conceptualised as the extent to which educational experiences from internationalised academic program content, delivery and mobility of staff transform students in order to satisfy the stakeholders while promoting competitiveness in an institutions research and which students are transformed into products, which are easily employable coupled with intellectual transformation, contribution to regional development, graduate innovations and graduate self-reliance. Research competitiveness referred to students' transformation efforts through program content, delivery and staff mobility which increase the number of research publications, number of grants attracted, and improvement in ranking, number of research consultancies won and the number of citations. Internal competitiveness referred to transformation efforts through program content, delivery and staff mobility as a means of transformation internal challenges faced by students like high number of failures, low completion rates and high attrition rates.

Methodology

The study was carried out in two selected higher education institutions in Uganda and Nigeria. It was conducted at Makerere University Kampala, Uganda, and University of Lagos, Akoka, Nigeria. The study took place between May, 2014 to October, 2015. It was a cross sectional study design, which used a combination of mixed methods of qualitative and quantitative data collection from the three layers of academic administrators, staff and students within the university. Data were collected through interviews and documentary reviews in the areas of quality assurance, self-assessment reports. Quantitative Primary data was entered and analysed using SPSS. To further analyse the predictable relationship between internationalisation dimensions and quality dimensions, a regression analysis was performed.

Sampling

The study used purposive, random and stratified sampling strategies to select academic administrators, academic staff and students. At a measurable scale, both UNILAG and MAK have faculties/College of ICT, Science and Humanities. The study drew from these three colleges who have a total of 3,636 people. The study applied Krejcie and Morgan's (1970) *Table of Sample Size Determination* on a target population of 16 academic administrators, 120 academic staff and 3500 final year undergraduate students in the selected colleges, which generated a total study population of 14, 92 and 346 respectively.

Table 1. Population, Sample and Sampling Techniques

Category of the Respondents	Study Population	Sample Size All	MAK	UNILAG	Sampling Technique
Academic Administrators	16	14	7	7	Purposive
Academic Staff	120	92	46	46	Simple random
Year 3 and 4 Students	3500	346	173	173	Stratified random
Total Size	3,636	452	226	226	

Source: KREJCIE & MORGAN (1970) table, cited and adopted from AMIN (2005).

Data collection and analysis

A total of 173 questionnaires were administered to the third and fourth year students of MAK and another 173 questionnaires were administered to the third and fourth year students of UNILAG. Another additional 90 set of questionnaires were administered equally between MAK and UNILAG. A total of 12 in-depth interviews were carried out with academic administrators in MAK and UNILAG. A number of documents were also reviewed for data and information related to internationalisation and quality in both study settings entailed reviewing the contents of textbooks, journals and newspapers among other sources. It also included reviewing institutional policies on quality assurance, curriculum design, research policy, strategic plans, missions and goals of MAK and UNILAG.

A comparative analysis of Ugandan and Nigerian case study was adopted. Raw quantitative data were entered into the statistical package for social scientist (SPSS) database. Quantitative data from the two sets of questionnaires were entered, coded and analysed to generate descriptive statistics and Pearson product moment correlation. Data collected from structured interviews were also analysed and interpreted by means of percentages and triangulated with quantitative data. Data collected from documentary review were also analysed and interpreted and arranged into their respective sub-themes.

Main findings

The objective of the study was to find out the relationship between different independent and dependent variables. The independent variables included academic program content, academic program delivery and staff mobility while the dependent variables included stakeholders' satisfaction, research competitiveness and internal competitiveness. The study tested three null hypotheses to ascertain the relationship between internationalisation and quality of higher education institutions. This was majorly done by gauging the significance level. To achieve this, the Pearson product moment correlation was computed to assess the relationship among the variables in the study. Computations in Table 2 and 3 below present the findings generated using Pearson (r) correlation coefficient between internationalisation variables and quality variables in the context of MAK and UNILAG. In this study, correlation results were generated on the assumption that the independent variable had no reverse causation and that there was no mediating variable to cause a spurious relationship. The correlation indicates that a number of relationships were significant between 0.01 and 0.05.

In the following tables, each of the study construct have been abbreviated as follows; Program of academic content (A.P.), Program Delivery (P.D), Staff Mobility(SM), Stakeholders Satisfaction (SS), Research Competitiveness (R.C) and Internal Competitiveness (IC).

Academic programs content and quality of higher education institutions

In MAK, the findings in the correlation table 1.2 and 1.3 above show a positive relationship between academic programs and stakeholders satisfaction. The findings from students indicated a positive correlation relationship (r =.143). This finding is further confirmed by the academic staff results which indicates a positive correlation on (r =.343). The finding signifies that both students and academic staff felt that the adaptation of international program content like modular curricula, international curricula, foreign curricula among others satisfies a significant proportion of stakeholder's needs and expectations.

Similarly, in UNILAG, findings from the students show a positive relationship between academic programs content and stakeholder's satisfaction(r =.054). Findings from academic staff confirm that the relationship is much skewed to a negative relationship level of significance relationship(r = -.054). This means that students felt that there were added quality after adaptation of international standards in academic program content and the reverse is true for academic staff. The academic staff felt that the adopted international program contents are inferior to provide stakeholders satisfaction.

In MAK, findings on research competitiveness from students showed that academic program content has a positive relationship (r =. 274,). Findings from academic staff reveal a stronger relationship (r = .538). This result implies that both academic staff and students felt that internationalisation of academic program content made the research function more competitive. Similarly, documentary review from a publication titled; *Makerere : Universities and Economic development in Africa* indicate mixed opinions regarding the academic programs and quality. Research publications ranking was 0.20 per permanent staff – well below the 0.50, which were set as targets. Makerere University performs poorly in a group of African universities due to a weakening academic core and low research funding. This implies that Makerere's quality at an average score, which makes the quality of internationalisation in academic program content less felt in research undertaking.

Table 2. Correlation Results from Students

	Makerere University Kampala						University of Lagos					
	A.P	P.D	SM	S.S	R.C	I.C	A.P	P.D	SM	S.S	R.C	I.C
A.P	1	.321**	.304**	.143	.274**	-.137	1	.338**	.341**	.054	.154*	.011
P.D	.321**	1	.300**	.118	.156*	.079	.338**	1	.210**	-.060	-.091	.032
S.M	.304**	.300**	1	.149	.493**	-.028	.341**	.210**	1	.216**	.464**	.038
S.S	.143	.118	.149	1	.238**	.246**	.054	-.060	.216**	1	.133	.075
R.C	.274**	.156*	.493**	.238**	1	-.120	.154*	-.091	.464**	.133	1	-.167*
I.C	-.137	.079	-.028	.246**	-.120	1	.011	.032	.038	.075	-.167*	1

** Correlation is significant at the 0.01 level (2-tailed)
*** Correlation is significant at the 0.05 level (2-tailed)

Source: Primary data.

Table 3. Correlation Results from Academic Staff

	Makerere University Kampala						*University of Lagos, Akoka*					
	P.C	P.D	S.M	S.S	R.C	I.C	P.C	P.D	S.M	S.S	R.C	I.C
P.C	1	.724**	.599**	.343*	.538**	.130	1	-.109	-.419**	-.051	-.162	-.170
P.D	.724**	1	.535**	.346*	.452**	.142	-.109	1	-.145	-.064	.027	-.095
S.M	.599**	.535**	1	.273	.671**	-.035	-.419**	-.145	1	.098	.500**	.161
S.S	.343*	.346*	.273	1	.341*	.376*	-.051	-.064	.098	1	.297*	.084
R.C	.538**	.452**	.671**	.341*	1	.173	-.162	.027	.500**	.297*	1	.220
I.C	.130	.142	-.035	.376*	.173	1	-.170	-.095	.161	.084	.220	1

** Correlation is significant at the 0.01 level (2-tailed)
** Correlation is significant at the 0.005 level (2-tailed)

Source: Primary data.

Meanwhile in UNILAG, findings on research competitiveness from students indicated that academic program content had a positive correlation (r = .154). Findings from academic staff reveals a negative correlation (r = -.162). Going by findings from staff, this means that the respondents felt that adaptation of new program content at University of Lagos never made the research function to be more competitive. This finding was explained by funding constraints. One key informant explained the constraints thus;

We have only 71 accredited undergraduate degree courses at our University and since we rely heavily on government funding, we are unable seriously develop and integrate new academic research program content because of funding constraints....

In comparison with her peer, Makerere University, which has 366 undergraduate degree programmes using the government and private funds, UNILAG research competitiveness seems less competitive.

In MAK, students findings show a negative significant relationship between academic program content and internal competitiveness (r = -137). Academic staff on the other hand found a weaker positive relationship between program content and *internal competitiveness* (r = .130). Going by the academic staff findings, this means that the relationship is of a positive significance. Qualitative results indicated positive outcomes in between academic program content and internal competitiveness. One of the key informants from science programs thus noted;

All students admitted into science courses do measure up to the required program content, which eventually ensures their self-efficacy by higher pass and completion rates compared to the rest of other faculties

This means academic staff felt a change in internal competitiveness when academic program content was internationalised. This however is not rosy with other courses.

Findings from Bunting and Cloete (2012) indicate that more than 50% of students entering MAK business/management courses were likely to drop from their courses while in science and technology 35% do, and even less in the humanities at 25%. This is alarming because of imbalances in staff capacity development. For example, the College of Natural Sciences has achieved close to 80% of qualified lecturers and yet others in Computing and Information Technology College are struggling with less than 50 % of qualified staff.

Meanwhile in UNILAG, the relationship between academic program content and *internal competitiveness* was found by students to be of a weak positive significance (r = .032). Academic staff on the other hand found a negative relationship between program content and *internal competitiveness* at (r = -.0170). Going by the findings from academic staff, this finding indicates that academic staff felt that there was no significant change in *internal competitiveness* after adaptation of internationalisation in academic program content. This means that at University of Lagos, there are still perceived challenges on internal competitiveness with student pass, failure and completion rates which are beyond the acceptable national and Sub-Saharan average of 20% in all courses.

In this first objective, results show that there were mixed perception on the relationship between the constructs of academic program content and quality parameters of stakeholders satisfaction, research and internal competitiveness. This means that it is not automatically apparent that internationalisation is perceived to guarantee quality.

Academic program delivery and quality of higher education institutions

The second objective of this study aimed to establish the relationship between academic program delivery and quality of higher education in MAK and UNILAG. In MAK, findings from the correlational analysis in Tables 1.2 and 1.3 above show that academic program delivery has a weak positive relationship with stakeholder's satisfaction $(r = .012)$. From the academic staff, the relationship between academic program content and stakeholders satisfaction was found to be significantly strong $(r = .343)$. This means that the nature of academic program delivery, which Makerere University runs is perceived to satisfy a significant number of staff and students. Documentary review undertaken shows that Makerere is expanding on cross border and other delivery approaches to bolster her position in East Africa. One key informant boasts of great success in implementation of different delivery modes, which has attracted a lot of funds to the institution. Makerere has 5 national branch campuses and 4 online courses, which are being hosted in college of computing. The key respondent noted thus;

We have cross border campus in Somalia and plans are underway to develop it into a fully-fledged technical and engineering institute for Makerere University. Plans are also in place to ensure that we develop a branch campus in South Sudan and in Kenya. (MAK003, Key Informant Interview, July 7th 2014)

In doing these, Makerere is on a step towards meeting the regional stakeholder's satisfaction of providing wider access to quality education.

In UNILAG, correlation results show the perception scores of students and academic staffs at positive and negative significant levels. That is at $(r = -.060)$ and $(r = -.064)$ for students and staff respectively. Given the selection of this study to use findings from academic staff results, this implies academic staff felt that the nature of academic program delivery adopted at University of Lagos such as distance education and branch campus delivery has not significantly impacted on the quality of University of Lagos. Other than distance programme on Humanities and Business studies, UNILAG with great numbers of students on distance program does not offer distance courses in all programs. Other courses are ring fenced for quality purposes. Key respondents noted that;

> ...We don't offer distance courses on sensitive courses like law, medicine, pharmacy, engineering and sciences because the learning outcomes are focused towards

> competency and practical, which are determined by professional associations... (UNILAG001, Key Informant Interview August 12th, 2014)

In MAK, study findings reveal a significant positive relationship between academic program delivery and research competitiveness. While the findings from students reveal a weak but positive significance (r = .156) the findings from academic staff reveal a stronger positive correlation (r = .452). This means that the perception of both students and staff on adaptation of flexible delivery arrangements like distance courses, branch campuses and cross border delivery is viewed as a stronger strategy to improve research activities at Makerere University. This also implies that these flexible academic delivery programs tended to increase the stock of publication, attracted more grants and research consultancies. Secondary data from the self assessment report shows that MAK has restructured the human resources, funding and promotions basing on research publications. Similar findings on human resource promotion strategy have also been adopted at University of Lagos.

In UNILAG, the relationship between academic delivery and research competitiveness revealed a negative relationship (r = -0.91) according to students while staff results show a positive relationship at r = 0.27. This means that the students perceive that adaptation of different modes of academic delivery such as distance, branch campus systems as barriers in being more competitive in research. Staffs on the other hand views the adaptation of different modes of academic delivery as a conduit to increase research competitiveness considering that research is mandatory in all courses. This implies that academic staff at UNILAG perceived a significant change when international program delivery approaches were infused in their curriculum. This was further supported by academic administrators. One respondent thus noted that there have been institutional response to address competitiveness. The respondent noted that;

> At distance learning institute, courses were initially more theoretical until 2007 when the curriculum was changed to focus on competency in research following support from different international collaborators. At the moment, courses are organised in modules and the learning outcomes are focused directed discovery learning, which builds on research skills... If we go by our quality parameters, we are having more research activities although many are not published... (UNILAG001, Key Informant Interview August, 11th, 2014)

This finding means that competency based on learning as part of internationalisation in academic program is well appreciated and becoming more preferred by institutions of higher learning. This approach seems to benefit many students. According to Academic Registrars' Records, the distance learning institute hosts 33% (14,903) of the entire undergraduate population (41,606). This finding indicates university of Lagos is on a gradual shift to research competency in modular programs (UNILAG Annual Report, 2013-2014).

In MAK, study findings on the relationship between academic program delivery and quality of higher education reveal a positive relationship between program delivery and internal competitiveness of Makerere University (r = .079). Similar findings have been supported by academic staff findings, which indicated a positive significance (r = .142). This means that both staff and students felt that the standards in academic program delivery approaches are significantly fair to boost a better internal competitiveness at Makerere University. A key informant however warns that high pass rates should not be taken to mean all is well. The respondent notes that there are internal challenges, which are worth looking at. This he states;

High pass rates in the different academic program delivery modes does not mean that the students are the best considering that in branch campuses and distance programs, there are shortages of reference books, teachers and spoon feeding is widely used. This affects intellectual transformation and innovations by graduates. ... (MAK004, Key Informant Interview, July 14th, 2014).

Meanwhile in UNILAG, the findings on the relationship between academic program delivery and internal competitiveness from students reveal a positive relationship (r =. 320). Findings from staff on the other hand revealed that academic program delivery modes has a negative correlation (r = -0.95). This means that adaptation of international standards in higher education is viewed by students as positively significant considering that it changes their learning experiences. On the other hand, staff felt they are increasingly challenged to deliver the different modes of academic programs. That is why there are attempts to improve on the quality of students being admitted. One key respondent from UNILAG noted;

Correspondence and open learning unit was created at University of Lagos in 1974 and from the onset, the quality of graduates that were admitted were low and with an age range beyond 25 years... With the improvement in quality of high school graduates, requirement for admission into distance learning was changed in 2007 with a 5 credits, which included mathematics and English ... (UNILAG003, Key Informant Interview, June 21th, 2014).

In summary, findings in objective two of this study as seen from above show that different modes of program delivery which have been adopted and applied in African HEIs have a perceived tendency to positively and negatively impact on the quality of higher education.

Staff mobility and quality of higher education institutions

The third objective of this study was to establish the relationship between academic staff mobility and quality of higher education in Uganda and Nigeria. In MAK, correlational results from table 1.2 and 1.3 above shows that staff mobility has a significant positive relationship with stakeholder's satisfaction. The finding from students and staff on the relationship between staff mobility and stakeholder's satisfaction to be positive with a correlational score of (r = .0149) and (r = .273) respectively. This means that students rated the adaptation of international standards in staff mobility as contributor of stakeholders satisfaction. Staff on the other hand felt that the experience that they acquire from international staff mobility enables them to be more attuned to contribute to the wider stakeholders satisfaction.

When staff returns from abroad, they are so creative in developing projects and research that meets the demand for the stakeholders...we have short courses like monitoring and evaluation, which were developed by staff who return from abroad... Other projects that bring revenue into my college like innovations, knowledge sharing projects have been piloted by staff who returns from abroad... (MAK005, Key Informant Interview July 15th, 2014)

In UNILAG, staff mobility was found to have a significant positive relationship with stakeholder's satisfaction. The finding from students reveal the relationship to be significant ($r = .216$) and this is in conformity with the staff findings ($r = .0.98$). This finding means that when staffs participate in international activities, there is perceived better return to stakeholder's satisfaction.

At Makerere University, findings from students revealed that the relationship between staff mobility and research competitiveness achieved a stronger positive relationship ($r = .439$). Similar results were found by academic staff results which indicated a stronger significant positive relationship between staff mobility and research competitiveness ($r = .671$). This implies both students and academic staff view that upon return from mobility activities, staffs do influence the research system which leads to increase the stock of publication, attracts more grants and helps the University to win research consultancies and academic projects.

Similarly at University of Lagos, findings from students reveal that the relationship between staff mobility and research competitiveness achieved a strong positive relationship ($r =. 464$). Findings from academic staff also reveal a strong positive relationship ($r = .500$). This implies that upon return, staff and student felt changes in research system, which leads to increase the stock of publication, attraction of more grants and winning of research consultancies and academic projects.

In MAK, staff mobility findings shows a significant negative relationship with the internal competitiveness of Makerere University ($r = .-028$). This finding is also supported by academic staff results which indicated a negative relationship between academic staff mobility and internal competitiveness ($r = .-035$). This implies that the contribution of staff who returns from abroad in improving the internal competitiveness is challenged by other mediating factors which are beyond the scope of this study. One Key informant thus remarked:

When Makerere University adapted a semester system, various committees were put in place to ensure quality in conformity with national and regional development priorities... The challenge is that Makerere does not take tracer studies seriously. In 2012, we received a letter of protest from a former civil engineer who was a Kenyan indicating that the Kenyan Professional Association of Engineers had refused to recognize his professional qualifications from Makerere University. (MAK001, Key informant Interview, July 15th, 2014)

This means that a bigger system problem militates against potential staff who returns from international activities to jeopardize quality expectations of stakeholders, research and internal competitiveness. These system challenges militating against internal competitiveness are often hard to identify but anecdotal evidence from documentary review reveals that Makerere University staff composition is under-capacitated in line with the human resource requirements. Close to half of staff are categorised as training staff and 759 are categorised as permanent staff (Blunting 2012). Majority of staff in the training categories are at risk of moving to other institution and consequently the benefit of staff mobility may not be realised. The Makerere University Self-Assessment Report (2013) notes the following:

As at December 2012, MUK had 1600 staff across the 9 colleges. Of these, there were 67 professors, 99 associate professors, 189 senior lecturers, 414 lecturers and training categories of assistant lecturers 440, 285 teaching assistant. In total there are 759 permanent staff whom 30% are women. This implies that Makerere University stands at a higher risk of maintaining quality in internationalisation owing to the fact that strengthened academic core which is the pillar of academic success is unstable. (Clark 1998)

Meanwhile in UNILAG, staff mobility was found to have a significant positive relationship with the internal competitiveness of University of Lagos. Students' findings reveal a positive correlational result at ($r = .032$) while academic staff findings reveal a positive correlational result ($r = .161$). This implies that staff and students at University of Lagos felt that the contribution of staff who returns from abroad in improving the internal competitiveness is of great significance.

Regression analysis

Multiple regression analysis was computed to determine the extent to which internationalisation variables of program content, program delivery and staff mobility could explain the quality of higher education in Uganda and Nigeria.

From table 4 above, it can be observed that internationalisation as a predictor explains up to 20% of variance in the quality of education at Makerere University (Adjusted R square = .200). This means that 20% of the variability in stakeholder's satisfaction, research competitiveness and internal competitiveness can be accounted by internationalisation predictors utilised for this model. The findings also suggest that the existing quality problems in stakeholder's satisfaction, research and internal competitiveness are not strongly explained by internationalisation of academic program content, academic program delivery and stakeholder's satisfaction. This could be explained by regional or national dimensions, which are well beyond the scope of this study.

In Nigeria, further regression shows that 6.4% of quality of higher education in Nigeria is explained by adaptation of international standards in academic program content, delivery and staff mobility. This means that higher education institutions in Nigeria are confronted with other challenges apart from internationalization, which explains the quality education.

Table 4. Multiple Regression Table from Staff Respondents

Model	R	R Square	Adjusted Square	Std. Error	R. Square Change	F. Change	df1	df2	Sig. F. Change
					Change Statistics				
Uganda	.504a	.254	.200	.48762	.254	4.657	3	41	.007
Nigeria	.355a	.126	.064	.41264	.232	4.382	2	39	.006

a. *Predictors*: (Constant), Staff Mobility, Academic Delivery Methods, Academic Program Content
b. *Dependent variable*: Stakeholders satisfaction, research and internal competitiveness

Source: Primary Data

Summary of findings

This study set out to examine the relationship between internationalisation and quality of higher education in Africa. Summarised results from Uganda and Nigeria in figure 1 below shows that there is a weak positive but significant relationship between the constructs of internationalisation and quality of higher education in MAK. The Pearson correlation showed inconsistency in the final positive relationship between the two case studies. In IMILAG, the Pearson correlation shows a negative relationship between the constructs of internationalisation and qualities except for academic staff mobility. This means there was a perceived low level of engagement in program content, program delivery modes with a higher engagement in staff mobility activities.

The summarised diagram above show the results of the finding on the relationships between internationalisation and quality constructs in MAK and UNILAG. At MAK, apart from staff mobility and internal competitiveness; all the arrows shows a significant positive relationship. In UNILAG, there was only a strong positive relationship between staff mobility and the constructs of quality. Academic program content and delivery had a negative relationship at UNILAG. The implication of the above findings to the critical theory and comparative theory of education can be explained as elaborated below;

While in MAK most of the findings were of positive significance, this could be explained by earlier findings from McLaren (1991) and other scholars (Keller 1991) who argued using critical theory to suggest that internationalisation of higher education could be used to extend the interest of those underserved due to power imbalance while preparing emerging countries to respond to the ever changing world.

On the other hand, fact that other findings were of negative significance in UNILAG could be explained by the argument extended by Ogachi (2009) and Bellamy (1994) who had earlier on argued using critical theory to attest that internationalisation of HEIs may lead to imperialism of HEIs and that it leads to reproduction of dominant cultures. The fact that UNILAG results were mostly of negative significance could also be explained by such fears, which have made UNILAG to focus on nationalisation of the curriculum.

The above findings have an implication on comparative theory of education in that lessons of success and failures can be drawn from each institution that participated. Torres (2007) and OECD (2000) argued that the participation of African countries in determining internationalisation in academic content, delivery methods and support to staff mobility is at a periphery. Hence intra African comparison could provide evidence to support African participation in internationalisation. The fact that we have high failure rates due to the complexity of some courses can be explained by comparative theory of Education because it accepts the discrepancies of results. This study also provides a learning point for improvement of weakness. Makerere can improve on her staff mobility activities while UNILAG can improve on program delivery and academic program content from MAK.

Figure 2. A comparative illustration showing the relationship between internationalisation and quality variables of Higher Education in Makerere University and University of Lagos

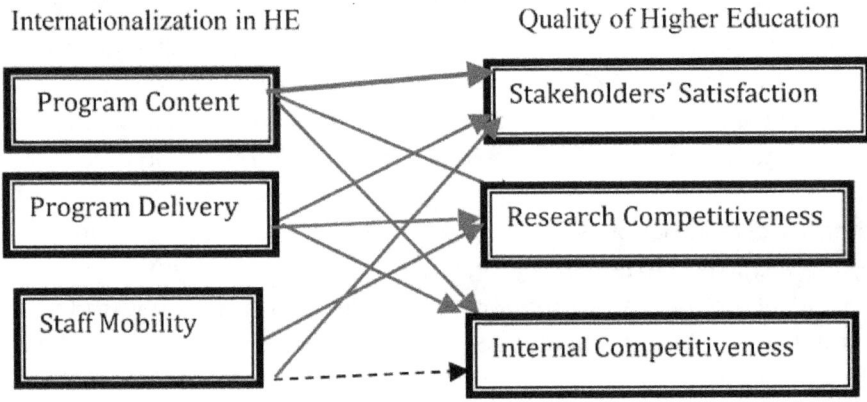

Key Thick arrow means Positive relationship
     Dotted arrow means Negative relationship.

112 | Internationalisation and Quality of Higher Education in Africa

Conclusions

Academic program content and quality of higher education

In the current study, the international dimensions in academic program content and their relationship to quality constructs of stakeholders' satisfaction, research and internal competitiveness presented a challenge because of the complex nature of this comparative study. In African countries, there has been a dispute over which academic program content is suitable for the continent, with others choosing to nationalize the curriculum and others accepting to internationalize the curriculum (Santiago 2008). Earlier research neglected the extended consideration that international dimensions in academic program content positively influence quality of HEIs. This current study presents empirical evidence between MAK and UNILAG, which could perhaps help to improve on the quality of HEIs in other African countries. A significant positive correlation exists between academic program content and quality of higher education in MAK. To the contrary, a significant negative correlation existed between academic program content and quality of higher education in UNILAG. The two comparisons above show varying results which could be attributed to initial standards which each HEI adopted from the onset of implementing international dimension in academic program content (Lawal 2005). Accordingly, it is concluded that international dimensions in academic program content have a stronger potential for shaping the quality of African HEIs.

Academic program delivery and quality of higher education

In this study, the findings established that there was a significant positive correlation between academic program delivery and quality of higher education in MAK. To the contrary, the study established that there was a significant negative correlation between academic program delivery and quality of higher education in UNILAG. This finding suggests that HEIs do not implement a coherent policy when it comes to implementation academic program delivery. According to Knight (2007), implementations of different modes of academic program delivery approaches are driven by different motives. While MAK offers much of her courses under private sponsorships, UNILAG offers much of her courses under government subsidised sponsorships. This study concludes that adaptation of international dimensions in academic program delivery does affect quality of HEIs in Africa both negatively and positively.

Staff mobility and quality of higher education

In this study, the findings from both MAK and UNILAG revealed a positive correlation between academic staff mobility activities and quality of higher education. This means that staff mobility activities strongly determine the quality of higher education in both UNILAG and MAK. The implication to an institution is that when they have an appropriate staff mobility and development policy in place, they can achieve better quality in their institution. In light of the above, it is concluded that international dimensions in staff mobility have a stronger potential to improve stakeholders satisfaction, research and internal competitiveness.

Recommendations

In view of the main quantitative findings, discussion and conclusions, the following recommendations are made:

1. To address the challenges of poor standards in adaptation of internationalisation dimensions in academic program content, delivery and staff mobility, HEIs should work closely with national quality assurance agencies, regional quality assurance agencies and African quality assurance mechanisms to implement minimum standards. African HEIs could exploit partnership with the Northern counterparts (Western countries) to improve on their capacity. National governments in Africa should think of creating compelling strategies for internationalisation of academic program content in African HEIs which will help to reduce the current high outflow of students from the continent to attend 'international' courses overseas.

2. To overcome the challenges that come with different modes of academic delivery, HEI leaders should be encouraged to advocate for coherent African higher education policy on program delivery. The onus of the task lies with HEI leaders at national, regional and continental levels to ensure that emerging quality programs like Africa peer rating mechanism, African qualification framework, and interregional credit transfer programs are implemented. Appropriate trainings should be given to those quality assurance departments of HEIs by national, regional and continental quality assurance agencies. Having quality assurance units in place is not enough, but additional research may be required to bolster efforts in adapting international standards in academic program delivery.

3. Regarding staff mobility and quality, this study recommends tagging staff development and promotions to participation in international activities. Since there was

a positive significant relationship between staff mobility and all constructs of quality, HEI managers should ensure equity in staff mobility. This will encourage a balanced growth across the higher education institution. Because past and on-going tendency for African HEIs to encourage science discipline based staff to participate more than their peers in humanities, limited job satisfaction and organisational politics has had its toll on staff. This requires a tough choice at institutional level to develop a clear policy for provision of resources, support and reward structures that promotes staff mobility activities.

Acknowledgements

This paper draws results from the findings of my Master's degree research in higher education leadership and management from Uganda Management Institute Kampala. I greatly acknowledge the valuable contributions of my supervisors Dr. Karim Ssesanga and Dr. Namubiru Proscovia.

Bibliography

Altbach P.G., 1998, *Comparative Higher Education: Knowledge, the University, and Development*, Greenwich, Ablex Publishing Corp.
—, 2008, "The Complex Roles of Universities in a Period of Globalization," *in* Global University Network for Innovation, *Higher Education in the World 3: New Challenges and Emerging Roles for Human and Social Development*, Basingstoke, UK, Macmillan and GUNI, pp. 5-14.
—, 2009, "The Giants Awake: Higher Education Systems in China and India," *Economic and Political Weekly, 44*, 23, 6 June, pp. 39-51.
Altbach P.G., Reisberg L., Rumbley L.E., 2009, *Trends in Global Higher Education: Tracking an Academic Revolution. A Report Prepared for the UNESCO 2009 World Conference on Higher Education*, Paris, United Nations Educational, Scientific and Cultural Organization. UNESCO). Retrieved from the World Wide Web on June, 7, 2010.
Altbach P.G., Teichler U., 2001, "Internationalization and Exchanges in A Globalized University," *Journal of Studies in International Education*, 5, 1, pp. 5-25.
Arum S., Van de Water J., 1992, "The Need for a Definition of International Education in US Universities," *in* C.B. Klasek (ed.), Bridges *to the Future: Strategies for Internationalizing Higher Education*, Carbondale, Southern Illinois University at Carbondale, pp. 191-203.

Bellamy L., 1994, "Capital, Habitus, Field and Practice. An Introduction to the Work of Pierre Bourdieu," *in* L. Erwin & Macleannan (eds.), *Sociology of Education in Canada*, Toronto, Copp Clark Longman Ltd, pp. 120-136.

Bergquist W.H., 1995, *Quality Through Access and Access with Quality: The New Imperative for Higher Education*, CA, Jossey-Bass Inc. Publishers.

Besley T., Peters M.A. (eds.), 2012, *Interculturalism, Education and Dialogue*, New York, Peter Lang.

Bourdieu P., 2005, "The Forms of Capital," *in* H. Lauder & P. Brown (eds.), *Education, Globalization and Social Change*, Oxford, Oxford University Press, pp. 105-118.

Bunting I., Cloete N., 2012, *Cross-National Performance Indicators: A Case Study of Eight African Universities*, Wynberg, South Africa, Center for Higher Education Transformation, 76 p.

Clark B.R., 1998, *Creating Entrepreneurial Universities: Organizational Pathways to Transformation*, University of Leeds, Higher Education Impact.

De Wit H., 1997, "Strategies for Internationalization of Higher Education in Asia Pacific Countries: A Comparative Introduction," *in* Jane Knight & H. De Wit (eds.), *Internationalization of Higher Education in Asia Pacific Countries*, Amsterdam, European Association for International Education.

—, 2000, Changing Rationales for the Internationalization of Higher Education, *in* L.C. Barrow (ed.), *Internationalization of Higher Education: An Institutional Perspective*, pp. 9-21). Papers on Higher Education, Bucharest, Romania, United Nations Educational, Scientific, and Cultural Organization. European Centre for Higher Education.

Egron-Polak E., Hudson R., 2014, *Internationalization of Higher Education: Growing Expectations, Fundamental Values, IAU 4th Global Survey*, Paris, International Association of Universities.

Harvey, L. & Green, D., 1993, *Defining Quality. Assessment and Evaluation in Higher Education, 18*, 1, pp. 9-34. [Electronic version]. Retrieved July 10, 2014 from www.heacademy.ac.uk/harveypdf

International Association of Universities, 2005,"Affirming Academic Values in Internationalization of Higher Education: A Call for Action", February/March issue of IAU Horizons, 5 p..

Jibril M., 2003, "Nigeria," *in* D. Teferra & P.G. Altbach (eds.), *African Higher Education: An International Reference Handbook*, Bloomington, Indiana University Press, pp. 492-499.

Jowi J.O., 2009, "Internationalization of Higher Education in Africa: Developments, Emerging Trends, Issues and Policy Implications," *Higher Education Policy, 22*, 3, pp. 263-281.

Keller W., 1996, "Absorptive Capacity: On the Creation and Acquisition of Technology in Development," *Journal of Development Economics, 49*, 1, pp. 199-227.

Knight J., 2003, *Internationalization of Higher Education. Practices and Priorities: 2003 IAU Survey Report*, Paris, International Association of Universities, 31 p. Retrieved June 10, 2017 from: portal.pucminas.br/imagedb/documento/DOC_DSC_NOME_ARQUI20060214115459.pdf

Knight J., de Wit H., 1997, *Internationalization of Higher Education in Asia Pacific Countries*, Amsterdam, European Association for International Education.

Lawal B.O., 2004, "A Comparative Analysis of Secondary Education in Four Central African Countries (Burundi, Rwanda, Chad, and Equatorial Guinea)," *The Social Sciences*, 2, 2, pp. 181-191.

Makerere University, 2008, *Makerere University Strategic Plan 2008/09-2018/09*.

Materu P.N., 2007, *Higher Education Quality Assurance in Sub-Saharan Africa: Status, Challenges, Opportunities and Promising Practices*, Washington, World Bank Publicationsn IBRD-World Bank, Working Paper No124, 80 p.

McLaren P., 1991, "Critical Pedagogy: Constructing an Arch of Social Dreaming and a Doorway to Hope," *Journal of Education*, 173, 1, pp. 9-34.

Musisi N., Muwanga N., 2003, *Makerere University in Transition 1993-2000*, Kampala, Fountain Publishers.

Noah H.J., Farooq J.E (dir.), 1969, *Comparative Education Review*, New York, Macmillan Company, xv-222 p.

Ogachi, O., 2009, "Internationalization vs Regionalization of Higher Education in East Africa and the Challenges of Quality Assurance and Knowledge Production," *Higher Education Policy*, 22, 3, pp. 331-347.

Santiago P., Tremblay K., Basri E., Arnal E., 2008, *Tertiary Education for the Knowledge Society*: Volume 1: *Special Features: Governance, Funding, Quality* – Volume 2: *Special Features: Equity, Innovation, Labour Market, Internationalisation*, Paris, OECD.

Torres K.C., Charles C.Z., 2007, "Black Immigrants and Black Natives Attending Selective Colleges and Universities in the United States," *American Journal of Education*, 113, 2, pp. 243-271.

Van der Wende M., 2007, "Internationalization of Higher Education in the OECD Countries: Challenges and Opportunities for the Coming Decade," *Journal of Studies in International Education*, 11, 3-4, pp. 274-289.

5. La mobilité des étudiants à l'université Ouaga I Professeur Joseph Ki-Zerbo

ZAKARIA SORÉ

Depuis 2000, le domaine de l'enseignement supérieur connaît des mutations. La population estudiantine s'est accrue, des réformes ont été entreprises et de nouvelles problématiques se sont imposées, comme celle de la mobilité des étudiants, qui occupe une place importante. En effet, les migrations estudiantines se sont accrues ces dernières années, dans un contexte marqué par l'internationalisation de l'éducation (Dia 2005). Les résultats de diverses recherches (Dia 2005 ; Fall 2010 ; Pinto 2013 ; Razafimahefa & Raynal 2014 ; Efionayi & Piguet 2014) montrent que de nombreux étudiants vont en Occident, pour poursuivre leurs études, ou dans les pays du Maghreb (Touré 2014). Dans un contexte d'internationalisation des savoirs, les étudiants ouest-africains semblent préférer une mobilité hors de l'espace de la Communauté économique des États de l'Afrique de l'ouest (CEDEAO). Alors qu'ils sont de plus en plus nombreux dans d'autres espaces, notamment dans le Nord, ils ne choisissent pratiquement jamais une destination à l'intérieur de l'espace de la CEDEAO. Une illustration de cette réalité est fournie avec le cas de l'université Ouaga I Professeur Joseph Ki-Zerbo, qui accueille très peu d'étudiants ressortissants de l'espace de la CEDEAO et où la quasi-totalité de la population estudiantine est de nationalité burkinabè, et cela dans une proportion croissante : 90,5 % en 1995/96 et 98,3 % en 2008/09 (Kobiané *et al.* 2010). Les chiffres montrent que le nombre d'inscriptions d'étudiants ouest-africains dans cette institution est faible et tend à décroître. Il n'existe pas, par ailleurs, de politiques délibérées pour l'octroi de bourses à leurs étudiants souhaitant poursuivre des études dans l'espace CEDEAO. Le dynamisme des pays maghrébins qui attribuent de nombreuses bourses chaque année aux ressortissants d'États de l'Afrique subsaharienne, suffisamment souligné par N. Touré (2014), n'existe pas entre les États de l'Afrique de l'ouest.

En dépit de cette situation, les mobilités intra-régionales en Afrique de l'ouest sont faiblement étudiées ; elles ne sont évoquées que dans des études générales où elles occupent une place marginale. Ce versant de la mobilité des étudiants est donc un champ délaissé. Cette situation justifie qu'une attention soit portée sur la question de la mobilité des étudiants au sein de l'espace CEDEAO. En effet, la mobilité internationale des étudiants des pays du Sud vers d'autres pays du Sud est une dimension relativement neuve qui mérite d'être observée (Eyebiyi & Mazzella 2014). Bien que L. Razafimahefa et J.-C. Raynal (2014) aient montré un développement récent de plusieurs pôles d'attractivité dans le Sud à même de modifier les rapports Nord-Sud en matière de mobilité des étudiants, l'espace CEDEAO reste en retrait. Ainsi, on peut se demander quels sont les facteurs expliquant la faible attractivité des étudiants dans l'espace CEDEAO ? Quel rapport existe entre les stratégies d'évitement des universités ouest-africaines mises en œuvre par les étudiants de cet espace et la situation infrastructurelle de ces institutions ?

Cette contribution vise à identifier les conditions institutionnelles, politiques et sociales pouvant expliquer la faible mobilité des étudiants dans l'espace CEDEAO. Pour cela, elle présente la situation des mobilités des étudiants dans l'espace ouest-africain, puis analyse les causes de cette situation et finit par proposer des perspectives pour dynamiser les mobilités intra-CEDEAO. Elle suggère en particulier des aménagements politiques et scientifiques susceptibles de transformer l'espace CEDEAO en pôle d'attractivité scientifique.

1. Méthodologie

La méthodologie de ce travail repose sur une revue de littérature et une enquête qualitative, menée auprès d'étudiants ouest-africains inscrits à l'université Ouaga 1 – Professeur Joseph Ki-Zerbo et d'étudiants ouest-africains admis dans des universités occidentales, notamment d'Europe de l'Ouest et d'Amérique du Nord. L'objectif de la démarche qualitative est de donner la parole aux acteurs, afin qu'ils relatent leurs logiques et croyances manifestées dans les choix des instituts d'inscription. Le double principe de la saturation et de la diversité maximale a été appliqué dans le choix des personnes enquêtées et dans la détermination de la taille de l'échantillon. Au total, quarante-trois personnes ont été interviewées : vingt-trois étudiants de l'espace CEDEAO inscrits à l'université ; onze étudiants ouest-africains inscrits dans des universités du Nord (France, Belgique, Canada) et trois responsables administratifs – de la direction de la recherche et de la coopération de l'université, du service statistique, du Centre national de l'information, de l'orientation scolaire et professionnelle et des bourses (CIOSPB), ainsi que l'ex-Vice-recteur de l'université, deux anciens étudiants ayant fait leurs études en Europe et deux chercheurs. La collecte des données a eu lieu en septembre et octobre 2015. Pour les étudiants inscrits dans les instituts en Occident et y vivant pendant la période de l'enquête, les technologies de l'information et de la communication ont été mises à contribution. Des entretiens ont ainsi été réalisés par skype.

Avec un matériau essentiellement qualitatif, l'analyse de contenu s'est imposée : elle était la plus indiquée, car c'est une méthode de classification qui permet de mieux saisir les caractéristiques et la signification des propos. Ainsi, une fois les entretiens transcrits, il a été possible de procéder à une classification des propos selon leur convergence ou leur divergence.

2. Résultats et discussions

2.1. Les causes politiques de la faible mobilité des étudiants dans l'espace ouest africain

L'organisation des rapports entre États de l'espace CEDEAO explique la faible mobilité des étudiants dans cet espace. En Afrique de l'ouest, on constate à la fois la faiblesse de la coopération entre universités, ainsi que de l'offre de bourses par les États pour des études dans cet espace.

2.1.1. "L'université nationale" comme obstacle à la mobilité sous-régionale des étudiants

L'avènement de l'université en Afrique a été volontairement retardé par le colonisateur qui ne voyait pas l'importance de cette institution pour l'Afrique. Cependant, l'administration coloniale a autorisé les missionnaires à mettre en place des instituts pédagogiques pour former les Africains chargés d'épauler, puis de remplacer les fonctionnaires européens (Zagré 2007). La création de la première université africaine d'Afrique francophone à Dakar date de 1957 : elle recevait les étudiants des autres territoires de l'Afrique occidentale française (AOF). Cependant, l'évolution politique caractérisée par l'avènement des indépendances transforme la "propriété" régionale en une "propriété" nationale sénégalaise. Cette situation impose la création de centres d'enseignement supérieur dans tous les autres nouveaux États indépendants. Effectivement, à la faveur du rayonnement des « soleils des indépendances » (Kourouma 1970) dans les années 1960, certains pays d'Afrique francophone ont entrepris d'ouvrir des universités nationales (Ouédraogo 2007). Pour les nouveaux États indépendants la création de l'université est apparue comme un indicateur d'indépendance politique et de souveraineté internationale. Ils ont alors entrepris de "normaliser" leur enseignement supérieur en ouvrant les filières manquantes.

C'est dans ce contexte que l'université de Ouagadougou voit le jour en 1974, sur les cendres de l'Institut supérieur de formation pédagogique. Après plusieurs réformes, elle connaît une refondation en 2000, avec pour conséquence l'instauration des Unités de formation et de recherche (UFR) à la place des Facultés. L'université compte aujourd'hui cinq UFR – celles des Sciences humaines, des Langues, arts et communication, des Sciences de la vie et de la terre, des Sciences exactes et appliquées et des Sciences de la santé – ainsi que trois écoles doctorales. Elle accueille par ailleurs l'Institut burkinabè des Arts et Métiers (IBAM), l'Institut supérieur des sciences de la population (ISSP), l'Institut des sciences du sport et du développement humain (ISSDH), l'Institut panafricain d'études et de recherche sur les médias, l'information et la communication (IPERMIC), ainsi que des centres de recherche.

La création des universités africaines dans un contexte de fierté nationale, pour marquer une rupture avec la politique coloniale, est à mettre en relation avec l'apparition des premières difficultés de la mobilité sous-régionale des étudiants. En effet, au lieu de promouvoir la coopération entre universités africaines, chaque pays préfère être directement lié à l'ex-métropole. La dépendance vis-à-vis de l'ancien colonisateur a été préférée à l'interdépendance entre États africains. Cette politique a continué, mais, au fil des années, les choix politiques ont entraîné l'épuisement des vagues de mobilité des étudiants.

Pendant que le colonisateur français a opté pour le centralisme scientifique, le colonisateur anglais a privilégié l'indépendance de chaque colonie en matière de recherche et d'enseignement supérieur. Chaque pays de l'empire colonial britannique était considéré comme une entité distincte. Ce point de vue militait contre la centralisation de la recherche et, dans certains cas également, contre la régionalisation des activités de recherche, bien que des efforts d'organisation aient été faits en Afrique de l'Est dans la période qui a suivi la Deuxième Guerre mondiale (Gaillard & Waast 1988). À travers cette politique, les Britanniques avaient volontairement limité la mobilité des étudiants au sein de leur empire colonial.

La "rivalité coloniale" n'a pas non plus permis un échange d'étudiants entre puissances coloniales (française et britannique). Chaque entité linguistique est restée enfermée sur elle-même. Plusieurs décennies après les indépendances, cette démarcation est restée intacte. Les échanges entre anglophones et francophones sont quasi inexistants. Aujourd'hui, les timides politiques pour permettre les mouvements des étudiants en Afrique restent cantonnés aux espaces linguistiques et surtout aux domaines professionnels. Les États ouest-africains n'envoient leurs étudiants que dans les écoles à vocation sous-régionale. Ces écoles professionnelles sont principalement l'Institut international d'ingénierie de l'eau et de l'environnement (2iE) à Ouagadougou, l'École africaine et mauricienne des métiers de l'architecture et de l'urbanisme (EAMAU) à Lomé, l'École inter-États des sciences et médecine vétérinaire (EISMV) à Dakar, le Centre africain d'études supérieures en Gestion (CESAG), le Centre d'Études des Sciences et Techniques de l'Information (CESTI) et l'école de Bibliothécaires Archivistes et Documentalistes (éBAD) également à Dakar, l'École des Mines, de l'Industrie et de la Géologie (EMIG) à Niamey, le programme Développement et éducation des adultes (DEDA) à Ouagadougou, etc. Ces écoles accueillent un petit nombre d'étudiants de chaque pays de l'espace UEMOA pour une formation professionnelle spécialisée souvent de haut niveau.

On peut également faire cas du Nouveau programme de troisième cycle interuniversitaire (NPTCI), qui dispose de sept universités hôtes pour son programme de DEA/Master. Ces universités sont en Afrique de l'ouest et en Afrique centrale. Cependant, on constate bien que la sous-région ouest-africaine manque de politiques susceptibles de favoriser la mobilité des étudiants.

2.1.2. La faible coopération entre structures universitaires

Dans le *Plan stratégique de développement de l'université de Ouagadougou*, les conventions et accords sont décrits comme essentiels pour le rayonnement de l'institution. Ainsi, l'université Ouaga 1 – Professeur Joseph Ki-Zerbo est encouragée à rechercher des partenaires sur les plans académiques, financiers, etc. La création de la vice-présidence chargée de la recherche et de la coopération internationale montre l'importance accordée à ces aspects. Dans la pratique, cette vice-présidence est tournée vers la captation des ressources financières provenant de l'Occident. Ainsi, elle oriente les partenariats et conventions vers les universités et instituts occidentaux au détriment des universités d'Afrique. Au total, l'université a signé 253 conventions et protocoles d'accord, dont 17 seulement concernent des universités et instituts de recherche de l'espace CEDEAO. De façon stratégique, elle s'engage plus dans la recherche de partenaires du Nord, considérés comme pouvant l'appuyer financièrement, plutôt que ceux du Sud.

Les 17 accords signés avec les instituts de l'espace CEDEAO donnent peu de place à la mobilité des étudiants. En réalité, « il n'y a pas de bourses de mobilité pour les étudiants, pas de bourses d'immersion, donc on ne peut avoir une mobilité des étudiants dans l'espace CEDEAO » (directeur de la coopération universitaire, université Ouaga 1 Professeur Joseph Ki-Zerbo, octobre 2015). Les universités ouest-africaines ont très peu de rapports d'échanges et surtout de facilités d'inscription réciproques pour leurs étudiants. Elles sont dans une situation de repli sur elles-mêmes. A. Zagré (2007 : 68) estime que cette situation « est fâcheuse, car un tel repli sur soi réveille les orgueils des États et contribue à la création d'une série d'universités qui, non seulement s'ignorent, mais entre lesquelles s'établit une concurrence malsaine », qui se perçoit à travers la faible coopération entre ces institutions.

Dans la recherche de partenariats, les universités africaines ont préféré se tourner vers les universités du Nord, parce qu'elles disposeraient de moyens financiers pour les soutenir. Les universités occidentales ont des programmes de coopération qu'elles mettent en œuvre dans les universités africaines et qui procurent de l'argent aux différents laboratoires pour fonctionner (Sanou, Bissiri & Ouédraogo 2012). Les universités, qui ne voient pas l'importance d'une relation dans laquelle on ne capte rien, ne sont pas très disposées à signer des accords avec leurs "consœurs de pauvreté". Quand ces accords existent, ils sont plutôt réservés aux missions d'enseignement. Le manque de coopération constitue ainsi une insuffisance qui empêche les universités de travailler dans un esprit de solidarité en favorisant les échanges d'enseignants et d'étudiants.

2.1.3. L'Occident, principale destination des bourses étatiques

Le contexte historique, économique, institutionnel et idéologique dans lequel les déplacements internationaux d'étudiants se déroulent continue à être caractérisé par les inégalités des échanges entre les pays du Sud et du Nord (Pinto 2013). Les États du Sud contribuent à maintenir cette inégalité, puisqu'ils n'ont pas fait suffisamment d'efforts pour réduire l'écart existant, en matière de formations, entre ces espaces à la fois scientifiques et géographiques. « On ne peut pas couper avec les États de l'Europe, parce qu'ils ont une expérience qui peut nous nourrir. Donc nous continuons à donner des bourses pour l'Europe », soutient un responsable de la direction des bourses du Burkina Faso, dans un entretien en octobre 2015. Ce propos est caractéristique de la politique actuelle du Burkina Faso, qui accorde très peu de bourses d'études pour l'extérieur. Quand celles-ci existent, « ce sont des bourses de troisième cycle et essentiellement tournées vers l'Europe » (entretien, directeur de la coopération universitaire, université Ouaga 1 Professeur Joseph Ki-Zerbo, octobre 2015). Cela est favorisé par le fait que les dirigeants africains sont convaincus que les meilleures formations sont en Occident. Comme on peut s'en rendre compte, l'opinion est restée profondément tenace que les transferts de compétences universitaires ne peuvent valablement exister que du Nord "industrialisé" vers le Sud "sous-développé" (Eyebiyi & Mazzella 2014). Pour cela, le peu de bourses offertes par les États de l'espace CEDEAO le sont dans l'optique de poursuivre des études en Occident. Cette réalité amène la mobilité des étudiants ouest-africains à reprendre ce que Catherine Wihtol de Wenden désigne comme des perpétuations d'anciens couples migratoires des migrations postcoloniales. Cela justifie le fait que la circulation étudiante internationale est restée orientée principalement du Sud vers le Nord. En 2006, 70 % des étudiants étrangers en provenance des pays du Sud étaient inscrits dans un établissement d'enseignement supérieur d'un pays de l'OCDE (OCDE 2006). Les étudiants ouest-africains migrent donc principalement vers l'Occident. Cela peut se comprendre quand on sait que parmi les cinq pays les plus attrayants pour les étudiants africains, dont la liste a été établie par L. Razafimahefa et J-C. Raynal (2014), ne figure aucun État du continent.

Pour la formation de leurs étudiants, les États africains restent plus tournés vers l'Occident. Par exemple, à l'université Gaston Berger de Saint-Louis au Sénégal, des concours sont organisés afin de récompenser les meilleurs élèves des lycées, mais aussi des étudiants de deuxième et de troisième cycle, par des bourses d'État pour étudier à l'étranger (Fall 2010). Cette attitude donne l'impression que les dirigeants africains accordent peu de crédit à leur propre système éducatif et contribuent inconsciemment à orienter leurs étudiants vers des universités hors de l'espace CEDEAO.

2.2. Les causes liées à la situation des universités ouest-africaines

La plupart des étudiants africains concernés par les questions de mobilité choisissent de poursuivre leur cursus hors de leur continent. Ces décisions sont imposées par des réalités structurelles et sociales qui contraignent les étudiants à préférer "l'exil" scientifique. De façon générale, les universités ouest-africaines sont des structures souvent caractérisées par des déficits : en infrastructures d'accueil, en professeurs, en laboratoires de recherche, en documentation adéquate, en infrastructures sociales pour les étudiants, etc. (Nyamba 2005).

2.2.1. De la faiblesse de l'offre de formation universitaire dans l'espace ouest-africain

Bien qu'il y ait aujourd'hui un besoin de formations pour les étudiants africains dans le domaine des technologies, celles-ci sont quasiment inexistantes dans l'espace CEDEAO. L'une des raisons de la migration estudiantine est de profiter de la diversification des offres de formations dans les pays de migration. De façon générale, l'université en Afrique est accusée de donner des formations générales, déconnectées des besoins du marché local. Au même moment, les universités occidentales, soucieuses de s'adapter aux mutations scientifiques en cours, se sont recentrées sur la formation aux technologies de pointe, qui constitue l'un des indices de l'attractivité d'une université. Ce mouvement n'a pas été suivi en Afrique et, finalement, les diplômes les plus prisés par le continent sont ceux que délivrent les institutions universitaires occidentales. Comme le remarquaient si bien J. Gaillard et R. Waast (1988), la science utile à l'Afrique se produit souvent hors du continent, ce qui porte au premier rang les problèmes de sa disponibilité et de son appropriation. Cette science est surtout produite en Occident et, de plus en plus, les étudiants ayant l'ambition d'apprendre ces sciences utiles à l'Afrique désertent leur pays pour l'Europe et/ou l'Amérique du Nord. Dans le monde du savoir, l'Afrique a, selon Samir Amin, une position "périphérique", qui ne lui permet pas de se placer à la pointe des formations innovantes. En réalité, dans le domaine de la formation, comme dans presque tous les autres domaines, l'Afrique est restée dépendante de l'Occident.

Les formations que dispensent en général les facultés et institutions d'enseignement supérieur tiennent peu ou pas compte des connaissances et compétences attendues par le secteur productif. Considérées comme trop théoriques, elles ne prépareraient pas à occuper un emploi salarié, car les heureux élus qui parviennent à s'insérer dans le marché doivent toujours suivre une formation spécifique pour s'adapter. Du reste, une des grandes critiques adressées à l'université Ouaga 1– Professeur Joseph Ki-Zerbo, concerne le manque de formations professionnelles dans son offre de formation.

D'ailleurs, l'une des principales propositions du système LMD (Licence-Master-Doctorat) est la création des filières professionnelles. En dépit de l'adoption du LMD depuis près d'une décennie, la professionnalisation reste très faible dans cette université, qui continue de proposer des formations classiques. Aujourd'hui, la science a connu un développement et une forte spécialisation, qui ont amené de plus en plus d'étudiants vers de nouvelles branches. Les universités ouest-africaines n'ont pas suivi ce mouvement, à tel point que, pour certaines spécialisations, il est nécessaire d'aller dans d'autres espaces. Beaucoup d'étudiants expliquent alors leur migration hors de l'espace CEDEAO par la volonté de poursuivre des études dans des formations inexistantes dans l'espace communautaire. Ainsi s'est imposée l'inscription de cet étudiant burkinabè en master d'épidémiologie en France :

À mon départ, aucun établissement, n'offrait cette formation au Burkina Faso. Également, l'Occident étant très avancé en matière de recherche épidémiologique, j'ai jugé nécessaire d'apprendre auprès d'eux afin d'avoir les compétences nécessaires à apporter à mon pays. (Entretien, octobre, 2015).

On comprend dès lors que, pour certaines formations, la migration des étudiants vers l'Occident est plus une nécessité qu'un choix. Du fait d'un manque de filières spécialisées et de déficience de la recherche en Afrique, les étudiants sont de plus en plus nombreux à souhaiter suivre une formation à l'étranger.

2.2.2. Quand l'instabilité et les problèmes d'infrastructures deviennent des entraves à la mobilité des étudiants

Les universités ouest-africaines sont dans un état de déliquescence. Elles sont victimes de la faiblesse de leurs infrastructures d'accueil. Elles manquent de conditions optimales pour la recherche. Une réalité qui leur donne peu d'attractivité dans ce contexte de concurrence. Elles cumulent beaucoup de problèmes qui vont du manque d'infrastructures au manque d'encadreurs, en passant par les grèves répétitives. Certains acteurs justifient cette situation par le fait que les États sont moins regardants sur l'enseignement supérieur qu'ils ne prennent pas au "sérieux". « Le continent africain n'est pas riche et son système éducatif est tout autant dépourvu que le reste de la société face aux revendications qu'il catalyse. Les crédits alloués aux institutions supérieures ne leur permettent que difficilement de répondre à la demande sociale dont elles sont l'objet » (Moens 2006 : 50). Cette situation précaire des universités en Afrique est liée à la politique du *tout primaire*, qui a conduit à une mise à l'écart de l'enseignement supérieur et de l'enseignant universitaire. Le *tout primaire*, c'est le fait que « le financement du système éducatif se fait en faveur du primaire, qu'il s'agisse du budget de l'État ou, surtout, du financement extérieur » (Sanou & Charmillot 2010 : 132). Cette politique n'a pas permis de renouveler les infrastructures dans les universités et de donner de bonnes conditions de travail aux différents acteurs.

Ce délaissement de l'enseignement supérieur se ressent au niveau des infrastructures et des matériels didactiques. Les infrastructures des universités se trouvent dans une situation préoccupante. Les Programmes d'ajustement structurel (PAS) et la diminution des dépenses de l'État dans l'éducation les ont installées dans une réelle précarité. Pendant que le financement des universités baissait, les taux d'inscription connaissaient une hausse notable. L'université se trouve dépassée. Dans ces conditions, la qualité de l'enseignement se dégrade et tous ceux qui ont le choix évitent ces institutions. A. Zagré estime que « l'insuffisance des structures pédagogiques (laboratoires notamment), des infrastructures essentielles (amphithéâtres, salles de cours, de TD et de TP) et des équipements destinés à la formation, tout comme du personnel enseignant titulaire, hypothèque sérieusement la qualité de l'enseignement supérieur » (Zagré 2007 : 105). Les problèmes d'infrastructures, de salaire des enseignants, d'aides sociales, en engendrent d'autres qui ont conduit à un chevauchement des années académiques. Ainsi, les étudiants qui peuvent éviter cette situation, où ils seront peu encadrés scientifiquement, optent pour des études dans d'autres espaces. Dans le discours des étudiants inscrits dans les universités occidentales, la "qualité" revient comme un élément important dans le choix de migrer.

La crise universitaire généralisée en Afrique est une cause fondamentale, avec les grèves, l'impossibilité de distinguer ou d'apercevoir clairement une année académique (tant les années se chevauchent dans le cas de l'université de Ouagadougou, de l'université Omar Bongo au Gabon et de bien d'autres), l'irrégularité pour commencer un programme de Master ou de PHD, car les appels à candidature pour le recrutement d'une promotion ne se font pas toujours régulièrement. L'année du choix d'embrasser un programme d'études peut coïncider avec l'indisponibilité de l'offre de ce programme (doctorant burkinabè inscrit au Canada, entretien, octobre 2015).

Ces dernières années, la date de démarrage des enseignements dans la majorité des universités francophones publiques d'Afrique de l'Ouest est impossible à prédire, car elle est déterminée par le rapport de force entre les syndicats, le pouvoir politique et les bailleurs de fonds (Charlier & Croché 2010). De la même manière, on peut difficilement prévoir la fin du semestre et plus encore la date de publication des notes : dans certains conflits, les enseignants refusent de corriger les copies ou bloquent les notes pour faire pression sur le gouvernement, ce qui contribue au rallongement de la scolarité et retarde l'entrée de l'étudiant dans le marché de l'emploi.

Le désertion de l'espace CEDEAO par les étudiants de cette région semble répondre à une axiomatique simple : aller dans les régions offrant de meilleures infrastructures éducatives, des œuvres qui sont d'actualité et un encadrement satisfaisant. C'est ce qui ressort *in fine* de l'explication de *l'exil scientifique* de ce doctorant burkinabè inscrit en France : « il y a un fait qui est là, c'est que ceux qui ont étudié en Occident ont plus de chance d'accroître leurs connaissances, il y a beaucoup de connaissances au-delà des cours : séminaires, colloques, séances de formation ». (Entretien, octobre 2015).

À côté de ces avantages liés à la participation aux colloques, à l'ouverture à d'autres espaces, les étudiants inscrits à l'extérieur insistent aussi sur la qualité de l'encadrement en Occident, alors qu'en Afrique de l'Ouest, l'accroissement des effectifs rend bien plus difficile la tâche des enseignants. Effectivement, selon Alfred Traoré[1], cheville ouvrière de la refondation de l'université de Ouagadougou, « la cadence de recrutement des enseignants, à l'instar des infrastructures, n'a pas pu suivre le rythme de la croissance des effectifs des étudiants. Le ratio étudiants/enseignant est en dessous des normes internationales. Il varie de 84 à l'ex-Faculté des sciences économiques et gestion à 12 à l'ex-Faculté de la santé » (Traoré 2001 : 8). Cette situation qui n'était pas reluisante a même empiré aujourd'hui, ce qui pose de plus en plus de problèmes pour assurer l'encadrement des étudiants.

Un fait non moins négligeable qui contribue à diminuer l'attractivité des universités ouest-africaines, surtout francophones, est la permanence des mouvements de grève. Il faut se rappeler que le mouvement estudiantin a été l'un des plus actifs dans la lutte contre l'impunité et l'avènement de la démocratie en Afrique subsaharienne. Pour cela, il a toujours été au front, pour des revendications tant corporatistes que politiques. A. Zagré le souligne bien : « après l'avènement du multipartisme, les revendications des étudiants ne portaient plus uniquement sur les bourses et la nourriture. Les étudiants s'impliquaient de plus en plus dans le mouvement général de contestation » (Zagré 2007 : 109). Ainsi, les revendications corporatistes constituent souvent des prétextes pour engager des luttes politiques. Au Burkina Faso, la recherche de la justice dans les dossiers d'assassinats politiques (Dabo Boukary, Norbert Zongo, Flavien Nebié, Justin Zongo, etc.) amène les étudiants à être toujours actifs dans les mouvements sociaux. Cela se répercute sur le déroulement des enseignements, car le blocage des cours à l'université revêt une symbolique forte pour les étudiants qui veulent montrer que leur mouvement est suivi. La commémoration des anniversaires de ces différents assassinats donne lieu à des sortes de congé dans les universités publiques du Burkina Faso. Ces mouvements constituent des cycles de grèves, rognant le volume horaire annuel, ce qui prolonge aussi les années académiques.

Ce sont autant de facteurs de répulsion qui amènent les étudiants ouest-africains à préférer les territoires lointains, mais favorables pour leurs études. À côté de ces facteurs politiques

---

1. .Recteur de l'université de Ouagadougou de 1990 à 1995 et Président de 2000 à 2003, il a conduit la refondation de l'université après l'année invalidée en 2000.

et structurels existent des facteurs psychologiques et sociaux, contribuant au choix de la destination des étudiants africains.

2.2.3. La faible cote des diplômes des universités ouest-africaines, facteur limitatif de la mobilité dans l'espace CEDEAO

Les étudiants ouest-africains font un choix pragmatique dans leur décision de continuer les études dans des territoires lointains : ils sont dans une logique visant à prendre ailleurs des diplômes considérés comme les meilleurs en vue de faciliter leur insertion dans leur pays d'origine. Il existe une certaine fascination des pays lointains et de leurs diplômes qui fait que les étudiants africains ayant les moyens financiers préfèrent ces espaces aux pays de la CEDEAO. Dans ces conditions, étudier en Afrique peut être un choix fait à contrecœur. Un doctorant nigérien inscrit à l'université Ouaga 1 – Professeur Joseph Ki-Zerbo explique qu'il est inscrit dans cette université parce que cela lui a été imposé. En essayant de décrypter son propos, on peut comprendre que c'est avec amertume qu'il fréquente une université en Afrique. Le choix lui a été imposé par sa condition sociale qui ne lui permet pas de financer des études supérieures en Occident. On voit bien que, dans la représentation des étudiants ouest-africains, le diplôme obtenu en Occident donne plus de considération, et surtout plus de possibilités de recrutement dans les institutions internationales que les diplômes africains. Les étudiants s'inscrivent dans une dynamique de circulation internationale des cerveaux et dans cette situation, les détenteurs de diplômes occidentaux seraient privilégiés. C'est ce qu'on peut comprendre à travers ce propos d'un doctorant ouest-africain inscrit en Amérique du Nord :

Les normes élevées en matière d'éducation et les contrôles de qualité rigoureux au Canada ouvrent des portes pour un avenir heureux sur le plan professionnel localement au Canada et à l'international. Or, en Afrique et c'est dommage, les diplômes locaux africains sont souvent sous-estimés par les recruteurs africains qui paradoxalement ont eux-mêmes des diplômes africains. Les diplômes universitaires ou les certificats canadiens sont reconnus dans le monde entier comme équivalents à ceux qui sont obtenus aux États-Unis ou dans les pays du Commonwealth, et impressionnent même en Europe dont des citoyens viennent chercher ces diplômes, tandis que les diplômes hors de cet espace géographique et particulièrement d'Afrique sont dévalorisés. (Doctorant ivoirien inscrit au Canada, entretien, octobre 2015).

Les étudiants sont dans une logique de sublimation des formations à l'étranger, surtout en Occident. Frédéric Moens montre que les étudiants burkinabè qui ont eu l'opportunité de poursuivre leurs études en Belgique ne tarissent pas d'éloges pour les formations reçues dans ce pays. Il note que « nombre d'entre eux décrivent ces années passées à l'étranger comme leurs meilleures, un temps de formation pétri de souvenirs et de nostalgie. Tous en sont sortis enrichis ; ils considèrent leur passage en Belgique (dans notre pays) comme une chance »

(Moens 2006 : 52). Il y a un certain complexe africain qui a contribué à mettre en place un imaginaire social faisant de celui qui a étudié à l'extérieur quelqu'un de plus intelligent. Deux présupposés sont partagés par les étudiants qui poursuivent les études à l'extérieur : le premier est que la qualité de l'enseignement est meilleure dans les pays occidentaux, le second étant que le diplôme extérieur donne plus de prestige à son détenteur. Ces étudiants considèrent surtout que des diplômes acquis à l'étranger présentent un net avantage à la fois sur le marché du travail local et pour une carrière académique. Le marché local de l'emploi continue en effet de faire une place de choix aux formations supérieures effectuées à l'étranger et de renforcer le mythe des diplômes universitaires obtenus dans d'autres pays occidentaux (Eyebiyi & Mazzella 2014). Dans un tel contexte, les étudiants qui ont besoin de reconnaissance après leurs études supérieures veulent prioritairement avoir une inscription dans les universités du nord et y obtenir leurs diplômes. Cette représentation, bien ancrée dans les sociétés africaines, a contribué à limiter l'inscription dans les universités ouest-africaines. La symbolique du diplôme occidental est tellement forte que des doctorants peuvent refuser des bourses, parce qu'il fallait s'inscrire en Afrique de l'Ouest et non en Occident :

> « Si je voulais faire ma thèse en Afrique, j'aurais eu une bourse. J'étais en contact avec des institutions qui étaient prêtes à me financer, mais moi j'ai une ambition d'évoluer à l'international et, pour cela, je pense que le diplôme de la France ouvre plus de portes ». (Doctorant burkinabè inscrit en France, entretien, octobre 2015).

En tant qu'acteurs stratégiques, les étudiants qui veulent aller poursuivre leurs études en Occident conçoivent le diplôme occidental comme un tremplin et un moyen pour ouvrir des portes qui allaient leur rester fermées s'ils avaient fait leurs études sur leur continent. Parlant des étudiants burkinabè ayant poursuivi des études supérieures en Belgique, Frédéric Moens (2006) relève justement que l'inflation de titres universitaires, de plus en plus importants (de la licence à la maîtrise, puis au DEA et au doctorat) et obtenus de plus en plus dans des universités prestigieuses du Nord, démonétise les études elles-mêmes, qui n'existent que par le certificat qu'elles procurent, celui-ci devant permettre d'acquérir un poste dont les responsabilités et les prébendes associées justifient l'investissement individuel et collectif consentis. Dans ce contexte, investir dans l'éducation à l'étranger peut être vu comme une manière de jouer sur le prestige symbolique du cursus et du diplôme, valorisés après la fin des études par une ascension sociale (Waters 2006). Cette réalité donne l'impression que l'acquisition du diplôme étranger semble relever plus de l'acquisition d'un capital symbolique que d'un capital culturel. Ces représentations alimentent les initiatives individuelles pour étudier en Occident. Cela donne la mesure de la confiance qu'accordent les étudiants africains à leurs universités.

Conclusion. Faire de l'espace CEDEAO un pôle d'attractivité scientifique

L'analyse de la dynamique de mobilité des étudiants au sein de l'espace CEDEAO proposée dans cette contribution a montré une faible mobilité des étudiants dans l'espace CEDEAO, qui est la conjugaison de trois facteurs : institutionnel, politique et psychosocial. L'enquête de terrain a permis de constater comment les étudiants désertent les universités ouest-africaines, notamment celle de Ouagadougou, du fait de la situation délabrée des infrastructures, des difficultés d'encadrement et des grèves à répétition. Les étudiants préfèrent aller loin dans l'espoir d'avoir un encadrement adéquat et une formation qu'ils trouvent de meilleure qualité.

L'absence de politiques d'échanges d'étudiants entre les pays membres de la CEDEAO limite aussi considérablement la mobilité des étudiants dans cet espace. La situation de la mobilité des étudiants dans l'espace ouest-africain montre à souhait que l'enseignement supérieur a besoin d'y être réorienté et dynamisé. Il faut arriver à trouver un système qui maintienne les étudiants dans cet espace et leur permette surtout d'avoir des formations de qualité, adaptées aux besoins de l'économie.

La réalité de la mobilité des étudiants ne doit pourtant pas être considérée comme une fatalité. Les universités ouest-africaines doivent s'engager dans un processus de réformes en tenant compte de la configuration actuelle du monde des savoirs, des besoins de formations et de l'impérieuse nécessité de fédérer les forces dans un monde de plus en plus concurrentiel. Cela relève d'une stratégie de survie pour ces universités qui ne comptent que peu dans l'échiquier international du savoir. D'ailleurs, comme le relève l'UNESCO (2003), aucune institution et aucun système ne peut se dire être immunisé contre les impératifs de la globalisation, encore moins une institution universitaire qui resterait coupée des réseaux internationaux. Voilà pourquoi il faut, comme l'affirme A. Nyamba (2005 : 64), en parlant des systèmes éducatifs africains, « les mettre au pas selon la logique de la mondialisation ».

Dans le contexte de "tout prioritaire", limitant de gros investissements rapides des États africains dans le système universitaire, s'impose la nécessité d'une collaboration entre les responsables des systèmes éducatifs du Nord et du Sud. Cette collaboration aurait pour référentiel premier la science, qui reste encore le langage commun à des êtres d'origine et d'itinéraires individuels différents ; il s'agit naturellement d'une science qui privilégierait l'échange et le partage des informations et non d'une science dominatrice qui renforcerait les clivages existant entre les divers espaces humains (Nyamba 2005). Cette coopération doit, comme le suggère A. Zagré (2007), se fonder sur un partenariat authentique et contribuer à renforcer les capacités institutionnelles, à promouvoir le partage des ressources et l'échange des connaissances. La finalité sera d'arriver à mettre en place des pôles scientifiques régionaux d'attractivité. Une sincère coopération entre les universités ouest-africaines pourra contribuer à modifier la géographie du savoir et à rendre cet espace lui aussi attractif pour les étudiants à la recherche de formations de qualité. Les étudiants seront ainsi moins enclins à aller chercher des diplômes occidentaux.

L'université, tout comme la société ouest-africaine, ne doit pas avoir peur de la globalisation. Pour cela, il faut parvenir, conformément aux conseils de M. Harfi (2005), à une intensification des échanges et à des coopérations entre laboratoires de recherche de différents pays, à une formation de réseaux internationaux de chercheurs et à un développement de centres d'excellence au rayonnement international. Ce travail peut consister, en particulier, à réaliser une spécialisation d'un nombre limité de laboratoires et d'équipes de recherche par pays et par université, dans les domaines où elles sont prédisposées à obtenir les meilleurs résultats. La sous-région dispose déjà de laboratoires performants dans certains domaines qui pourraient servir de pôle de regroupement. On pourrait citer le cas du Centre de recherche en sciences biologiques, alimentaires et nutritionnelles (CRSBAN) qui est déjà classé comme « Pôle d'excellence en biotechnologie » (Zagré 2007). Ces types de laboratoires et centres de recherche peuvent servir de pôles de regroupement de tous les étudiants ouest-africains poursuivant des formations doctorales dans des disciplines précises.

Enfin, la mise en réseau des universités et laboratoires de recherche ouest-africains aurait l'avantage de faciliter l'organisation de rencontres scientifiques ouest-africaines, internationales et périodiques qui deviendraient des événements majeurs dans le monde de la science. Cela permettrait aussi de stimuler la productivité des enseignants-chercheurs et d'améliorer ainsi la cote de ces pôles et par là le classement de leurs universités dans la hiérarchie mondiale. Des changements en profondeur sont donc une condition nécessaire pour attirer véritablement, et durablement, les étudiants dans les établissements d'enseignement supérieur africains.

Bibliographie

Bianchini Pascal, 2004, *école et politique en Afrique noire : sociologie des crises et des réformes du système d'enseignement au Sénégal et au Burkina Faso (1960-2000)*, Paris, Karthala.

Charlier Jean-Émile, Croché Sarah, 2010, « L'inéluctable ajustement des universités africaines au processus de Bologne », *Revue française de pédagogie, 172* [en ligne], juillet-septembre 2010, mis en ligne le 28 février 2013, consulté le 7 janvier 2015. URL : http://rfp.revues.org/2276.

Dia Ibrahima Amadou, 2005, *Migrations internationales estudiantines, internationalisation de l'enseignement supérieur et fuite des cerveaux*, Geneva, Global Commission on International Migration, Global Migration Perspectives No.54, 32 p.

Efionayi Denise, Piguet Etienne, 2014, « Les étudiants d'Afrique de l'Ouest face à la globalisation du savoir », *International Development Policy – Revue internationale de politique de développement, 5*, 2, mis en ligne le 20 mai 2014, consulté le 2 novembre 2015. URL : http://poldev.revues.org/1730.

Eyebiyi Elieth P., Mazzella Sylvie, 2014, « Introduction : observer les mobilités étudiantes Sud-Sud dans l'internationalisation de l'enseignement supérieur », *Cahiers de la recherche sur l'éducation et les savoirs, 13*, pp. 7-24, mis en ligne le 31 mai 2014, consulté le 9 juin 2014. URL : http://cres.revues.org/2558.

Fall Magatte, 2013, « Migration des étudiants sénégalais. Impact sur le développement de leur pays d'origine », *Hommes et migrations, 1286-1287*, pp. 222-233, mis en ligne le 29 mai 2013, URL : http://hommesmigrations.revues.org/1755 consulté le 3 novembre 2015.

Gaillard Jacques, Waast Roland, 1988, « La recherche scientifique en Afrique », *Afrique contemporaine, 148*, 4, pp. 3-30.

Harfi Mohamed 2005, *Étudiants et chercheurs à l'horizon 2020 : enjeux de la mobilité internationale et de l'attractivité de la France*, Paris, Commissariat général du plan.

Kaufmann Vincent, 2005, « Mobilités et réversibilités : vers des sociétés plus fluides ? » *Cahiers internationaux de sociologie, 118*, 1, pp. 119-135.

Kobiané Jean François, Pilon Marc, Sawadogo Ram Christophe, Boly Dramane, 2010, *Analyse et valorisation des statistiques universitaires*, Ouagadougou, Université de Ouagadougou.

Kourouma Ahmadou, 1970, *Les soleils des indépendances*, Paris, Seuil.

Moens Frédéric, 2006, « Intérêt personnel et contraintes structurelles de la formation en Afrique. Contribution au développement de leurs pays de boursiers universitaires de troisième cycle », *Mondes en Développement, 34*, 2, *134*, pp. 49-61.

Nyamba André, 2005, « Quelle place pour les systèmes éducatifs et de formation dans la mondialisation ? Les systèmes éducatifs et de formation africains : une situation chaotique et paradoxale », *Éducation et Sociétés*, *16*, 2, pp. 53-69.

Ouédraogo Abdoulaye, 2007, *Les processus d'apprentissage chez des adultes en formation universitaire en Afrique de l'ouest : quelques caractéristiques du rapport au savoir*, Genève, Université de Genève, Faculté de psychologie et des sciences de l'éducation.

Pinto Carolina, 2013, *Mobilité sociale et mobilité internationale d'étudiants étrangers : trajectoires de jeunes professionnels chiliens et colombiens à Paris, New York et Boston*, Thèse de doctorat, Université Paris-Est.

Razafimahefa Lala, Raynal Jean-Claude, 2014, « Dynamique des réseaux de mobilité étudiante entre pays du Sud : attractivité, compétitivité et multi-polarité », *Cahiers de la recherche sur l'éducation et les savoirs*, *13*, pp. 25-52, mis en ligne le 31 mai 2014, consulté le 4 juin 2014. URL : http://cres.revues.org/2585.

Sanou Fernand, Charmillot Maryvonne, 2010, « L'éducation supérieure dans les politiques éducatives en Afrique subsaharienne. Cas du Burkina Faso », *in* A. Akkari et J.-P. Payet, (dir.), *Transformations des systèmes éducatifs dans les pays du Sud. Entre globalisation et divertissement*, Bruxelles, De Boeck.

Sanou Salaka, Bissiri Amadou, Ouédraogo Abdoulaye, 2012, Rapport de recherche sur les réformes des systèmes de la gouvernance universitaire : la refondation de l'Université de Ouagadougou au Burkina Faso. Version préliminaire, *Réformes de gouvernance dans l'enseignement supérieur : Quelles politiques avec quels effets* », Paris, Unesco/IIEP, 8-55 p.

Terrier Eugénie, 2009, « Les migrations internationales pour études : facteurs de mobilités et inégalités Nord-Sud », *L'information géographique*, *73*, 4, pp. 69- 75.

Touré Niandou, 2014, « Les étudiants maliens dans l'enseignement supérieur privé au Maroc », *Hommes et migrations*, *1307*, pp. 29-36, mis en ligne le 1er juillet 2017, consulté le 29 janvier 2015. URL : http://hommesmigrations.revues.org/2874.

Zagré Ambroise, 2007, *Regard sur l'enseignement supérieur au Burkina Faso*, Ouagadougou, Ouagadougou, Presses Universitaires de Ouagadougou, 206 p.

CIRCULATIONS ET FRONTIÈRES / CIRCULATIONS AND BORDERS

6. Lagos : Negotiating urban mobilities in an age of mobile telephony

NALUWEMBE BINAISA

Lagos is a city imbricated in multiple historic mobilities associated with contradictory claims of development, dynamism as well as social disintegration and entrenched inequalities. Like many of the world's large cities Lagos is an assemblage of urban diversification, intersecting cleavages including ethnicity, social class, age, gender, religion and citizenship status that reflect evolving and growing population densities (Vertovec 2015). It is a confluence of intended and unintended consequences of poor to zero planning, and a testament to the constantly creative and indefatigable response of urban residents to a challenging environment (Agbola 1997; Koolhaas 2005). This chapter traces the effect of the rapid diffusion and uptake of mobile telephony within this emblematic city, simultaneously damned and praised for the generative possibilities and nightmares of Africa's rapid urbanisation. In this 'mega-city' the uptake of mobile telephony spans social borders from the cart-pushing water street vendor to the high-flying corporate banker. This reflects the dynamism of a fast-moving economy and mobile telephony as a potentially transformative point of departure for the city's inhabitants within this 'network society' (Castells 2011).

Research into the use of mobile phones and attendant technologies in the African context highlights the complex ways they are enmeshed in social, cultural, environment and economic processes (de Bruijn *et al.* 2013; Livingstone & Walter-Drop 2013). However, much of this research has not specifically foregrounded urbanisation processes as an integral dimension of the impact and diffusion of communication technologies. There has been a long-standing bifurcation in academic research that focuses either on technology for development the ICT4D (information communication for development) and M4D (mobile phones for development) literature on m-health, m-education, m-agriculture and the range of cutting-edge applications that can improve outcomes. Increasingly there are studies that counter this approach and tease out the complex linkages and effects that have transnational repercussions, like Kperogi's study on Nigerian citizen journalism, which highlights the connectivity and impact of the digital diaspora on media outlets based in Nigeria and the potential for different levels of activism and mobilisation (Kperogi 2011). Other studies on the multiple linkages between the diaspora in Africa and Europe like Nyamnjoh's work with Cameroonians in South Africa and the Netherlands, explore the appropriation and use of communication technologies in livelihoods and family strategies transforming and bridging communities in novel ways (Nyamnjoh H.M. 2013).

Lagos' urban landscape is demarcated through data that differentiates it from the rural along indices such as population density, percentage of land mass given over to the built environment, economic output, access to services, and the list can go on. These are often relational constructs that pit the rural as closely associated with nature against the urban its deviant chaotic other, where man's inventive industrial genius gains primacy. Mobile telephony with its facilitation of immediacy, connectivity and co-presence potentially intersects in visible and less visible ways the conceptual divide between the rural and urban worlds. Lagos in common with many of Africa's cities is emblazoned with advertisements for mobile telephone companies, internet service providers, different tariffs, special offers on phones. It is a city that hosts people at work, leisure, permanent settlers, the indigenes, migrants, sojourners, circular migrants and daily commuters. It is also connected across multiple scales at the local, transregional and transnational in a landscape of toil, power and privilege whose flip side reveals exploitation and disadvantage. In different spaces of the city from the lagoon to the central business district, to the church and mosque, the work of hands and souls, emotional, physical, symbolic, intellectual, structural and creative, constantly builds, breaks down and re-builds the city.

In the sections that follow I present an interlinked argument that the uptake of mobile telephony has a range of impacts, transformations and constraints for the city's inhabitants. Mobile telephony emerges as a significant tool to meet people's aspirations within the logics of a city built with commerce at its centre yet hampered by the lack of vital infrastructures. I ground Lagos in the history of mobility flows that reflect the legacies of the colonial 'development' project within the postcolonial present. Work and the mantra of self-help are often repeated in a contemporary context where spatial boundaries of difference and inequality are neither erased nor easily transformed through the advent of mobile telephony. In the next section I outline my conceptual use of mobilities as a modality that captures space-time conjunctures on a variety of scales. This enables one to understand the embodiment, materiality, linearity and circularity within practices and uses of mobile telephony.

In the final section I draw more specifically on the ethnographic data to illustrate how in Lagos urban imaginaries are intrinsically linked to aspirations for social mobility. I consider the case of Maria, an inhabitant of a marginalised waterfront community, their struggles for rights and the role of mobile telephony as a tool for activism to champion their plight. Secondly, through the personal reflections and observation of Adeyemi a 24-year-old woman I trace the complex intersection of gender dynamics, aspirations, online and offline for life in the city. These two divergent case studies one focusing on the group level and the other on the individual level illustrate the significant power-registers that mark boundaries of social difference and mobilities. In conclusion, what emerges is an evolving reality through which mobile telephony uptake reflects innovation as well as points of enduring ossification and marginalisation. As communication and information flows improve yet more deep-seated inequalities persist. The extent to which or not boundaries of social difference are disrupted or reinforced remains to be seen, as Lagos and her millions of inhabitants continue to evolve, innovate in the 'city of excellence'.

A note on methodology

This chapter draws on ethnographic fieldwork carried out in Lagos during 2015 where I sought to understand the impact of mobile phones on people's livelihood strategies, leisure time and social networks. How people negotiate life in this city in an age where the diffusion of mobile telephony and other communication technologies are on the rise. In a city comprised of mobile people, migrants, indigenes, settlers in a range of different categories my strategy was to adopt purposive sampling to engage with people from different walks of life through qualitative methodologies. My goal was to reflect the multiplicity of diversities within the fabric of the city, paying attention to gender, social class, citizenship, migrant status and age. I utilised the strength of ethnographic approaches to enable a focus on people and communities through participant observation and social interaction. This helped to minimise bias that might arise from an instrumental focus on mobile telephony as the most important recent change in their life. I conducted in-depth interviews, focus groups where we discussed the three main themes, as well as a 'my phone and I' audit to understand what they did with their phones. I also took photographs and video as well as had numerous conversations and day to day interactions with my interlocutors, which gave me valuable insights into their life circumstances.

Lagos is a city that dominates its federal state Lagos and often people's reference to Lagos blurs the boundaries between the state and this urban 'mega-city' that in recent years has crossed into neighbouring Osun state. During fieldwork, I often sought clarification to differentiate whether interlocutors referred to the city or the state. However, the fact that the city dominates and extends beyond its municipal and state boundaries is something that should not be ignored and is deserving of further exploration. I worked in three local government areas, Lagos Island, Lagos Mainland (Yaba) and Mushin, as they offered proximity as well as diversity. Lagos Island is the heartland of the city, home to the central business district, vibrant markets and where stratospheric wealth vies side by side with those living in poverty. Lagos Mainland was the first planned expansion of the city during colonial times, taking the city across the lagoon and today it is the hub for the digital technology innovation sector. Finally, Mushin a quintessential neighbourhood, with a multitude of businesses is an industrial sector home to old and new migrants to the city. In these three very different parts of Lagos I sought to live and travel with my interlocutors to inhabit the range of everyday spaces and encounters they face within this dynamic city. I also had the opportunity through the organisation Justice Empowerment Initiatives Nigeria (JEI) and the Nigerian Slum/Informal Settlement Federation to work within three marginalised waterfront communities under threat of expulsion, to explore their use and interaction with mobile telephony.

A city of flows: Fishing village to empire outpost, crown colony to mega-city

Lagos is a port city that sits at the crossroads of historic regional, global migrations and mobilities as well as newer south-south configurations and Sino-Nigeria linkages (Grillo & Mazzucato 2008; Mohan & Lampert 2013). This is not the place to give a full account of the socio-political history of Lagos but rather I want to argue that it is important to consider development in contemporary Lagos as imbricated in historic migrations and mobilities that sediment the foundations of the city. It is within this layered urban sensorium that mobile telephony enjoins a lively infrastructure (Amin 2014). The contradictory blessings of geography lie at the heart of the founding and expansion of Lagos. Eko as the city was named by the original indigenes the Awori, was founded as a fishing village whose subsequent expansion owed much to nature's endowments of land, lagoons and sand bar protected harbour that made it easy to defend her islands and mainland (Falola & Heaton 2008; Whiteman 2013). The position of Eko/Lagos on the long sweep of the West African coast facing the Atlantic Ocean with the potential to provide routes inland made her attractive, particularly for ambitious exploitative regional and European nations looking for alternative trade routes and new boundaries to expand and consolidate their spheres of influence (Law 1983).

The coming of the Portuguese and their expansion of the slave trade led to the growth and settlement of Eko/Lagos (Falola & Heaton 2008). The British were to follow with gun boat diplomacy in 1851 under the thinly veiled justification of ending the slave trade. This led to exploitative possession of the island as the British sought to displace the Portuguese from valuable trade routes that linked the vast hinterland to the Lagos port and beyond (Shasore 2014). The coming of British rule stimulated migration from other territories along the West African coast including Sierra Leone where former and liberated slaves known as *Saros* came to settle in Lagos. The *Agudas* from Brazil and Cuba were the other prominent migrant community made up of former slaves that were instrumental to the development of Lagos (Olukoju 2003). As in other colonial projects the British entourage was made up of an effective mix of military might, civil servants, missionaries, itinerant commercial business men, engineers and private warrant companies tasked with expanding British territory in the hinterland (Echeruo 1977). Migration influx grew from other parts of Nigeria beyond the neighbouring Yoruba speaking territory facilitated by the expansion of the railway, development of Lagos harbour, construction of the Carter Bridge across the lagoon linking the island to the mainland and increased land reclamation from the swamps and lagoon (Agbola 1997; Olukoju 2003). In contemporary postcolonial Lagos, these historic mobilities resonate in the architecture, food, music, belief systems, languages and names found in the built environment. They are an integral part of the development and identity of Lagos, a city whose history and phenomenal growth is marked by these flows.

Lagos mobilities: time-space conjunctures

Lagos mobilities span old and new time, culture, economy, noise, sounds, sights and smells imbricated in multiple histories and contradictory claims of dynamism and social fragmentation. Contemporary Lagos continues to grow through migration with some estimates putting the flow of economic migrants at 4,000 per day (Reuters 2013). The growth of the mega-city reflects population increase and expansion as Lagos subsumes neighbouring villages and settlements in a process that is still ongoing (Adalemo 1981; Salako & Ibrahim 2013). The current population is variously estimated at between 12 and 20 million making the city a prominent oft cited example of the rapid, unregulated pace of Africa's growing urbanisation (Gyuse 2013). To add another statistic into the mix this time generated through innovative data gathered by the Facebook research team that compares user home towns with current residency, they drew the conclusion that population in Lagos grew 18.6 per cent between 2000 and 2012. Lagos continues to be the commercial capital of Nigeria with a projected annual growth rate of 3.7% which generates a GDP greater than that of Kenya, East Africa's biggest economy (*Economist* 2013; UNDESA 2014). The current recession leaves these figures from 2014 under some flux yet Lagos remains the cosmopolitan and economic pulse of the country, the magnet and central distribution axis for multiple flows of people, goods, ideas, practices and capital.

Mobile telephony enters this urban frame and is ingested through mobilities that now mark a bounded time of what my interlocutors constantly refer to as 'before mobile' and 'after mobile'. This captures the relationship of these time-space conjunctures to culture, social networks and connectivity within a temporal metonym of 'before' and 'after' mobile. I draw on what has been dubbed the 'mobilities turn' within migration theory to argue for a more inclusive multi-dimensional analytical approach to encompass not only human bodily movement across a range of different scales, but the movement of ideas, norms, values, culture as well as the visible and virtual infrastructures that facilitate mobilities (King 2012; Sheller & Urry 2006). It is prudent not to link technological uptake within a discourse of modernity equals erasure, where the 'new' replaces 'old' cultural practices. Despite the co-presence that mobile telephony enables across place and space, saving time, making time, many interlocutors expressed the importance of face-to-face communication. Mobile telephony use makes visible the embodied connectivity of 'people as infrastructure' highlighting the seamless join of visible and less visible infrastructures that support inhabitants making life in this city (Simone 2008).

Lagos mobilities and their intersection with mobile telephony captures how people situate their lives beyond the linear relentless rhythm of a work day that is often fractured as livelihood projects move at differing speeds of actualisation. Labour moves through the city despite the 'go-slow' of legendary traffic jams where a twenty-minute journey duration can extend to four hours. The proximity of bodily and vehicular contact that Lagos affords, the daily improvisations that build on past myths and future imaginaries make the city a world apart. However, as Simone cautions Africa's cites extend and intersect beyond the continent in urban processes that 'produce sensibilities, practices, trajectories of movement and economies particularly conversant with the new terms' (Simone 2008:100). For those who access mobile telephony through smartphones, time-space compression of the urban mega-city gains another dimension, as the immediacy of the global within the local intensifies these dynamics, with business opportunities to chase, information streams to follow and new networks to build. This is a city of work with overlapping time frames; sunrise, sunset, closing time, the night city, as the constant search for livelihoods recalibrates the day reflecting a constant 'hustle'. It is within this multi-layered context that I present two dimensions of the impact of mobile telephony, the first focuses on livelihoods and the second on social marginalisation, issues at the heart of urbanisation and development in Africa's cities.

Livelihoods, conviviality and mobile telephony

Commerce framed the logics of investing in Lagos under colonialism and commerce remains the thread that weaves the urban fabric of Lagos. It permeates the air and the built environment of the central business district where colonial buildings vie with modern skyscrapers and the sheer pulse of busyness materialises lively infrastructure to belie the challenges of life in this city (Amin 2014). In Africa, as elsewhere, the dreams and aspirations of digital connectivity are increasingly realised through speed, co-presence and the economic and social intensification of activities within everyday lives 'always on' (Agger 2011). Adeyemi, one of my interlocutors, is a 24-year-old young woman born in Lagos, she is Yoruba by ethnicity and a practising Muslim. Her life story and reflections on the impact of mobile telephony give an insight into the complexity of interaction across the private and public sphere, online and offline. Adeyemi considers herself to be Lagosian even though under current constitutional provisions she is not considered an indigene of Lagos because her father is not an indigene of Lagos. I will return to the issue of indigeneity when I consider the case of the marginalised people who live in the waterfront slum communities by the lagoon.

Mobility and agility are core features that reflect the urban identity and what Lagos is deemed to offer – opportunities to expand horizons, gain skills and excel. Adeyemi is proud of her identity as Lagosian and like her compatriots, she juggles several jobs, roles and aspirations as a student, tutor, entrepreneur, senior sister and mentor. Adeyemi is the eldest child and has two younger siblings aged 12 and 14-years of age all still living at home on Lagos Island. She has completed secondary school, a diploma and is busy preparing to re-sit her university admission exams to gain her full teacher training qualification. In the meantime, she offers private tuition to primary and secondary school children as well as working towards her ambition to become a mentor for other youth. In addition, Adeyemi attends an apprenticeship she initiated with a local tailor, not as a back-up to her dream to become a qualified teacher, but because she believes it is important to have a trade that one can follow as an entrepreneur alongside a professional career. This strategy of multiple livelihoods is common for many in the city and epitomises a culture of work.

Adeyemi has a cheap Chinese brand mobile smartphone bought second hand in Computer Village, the sprawling computer and technology market in Ikeja, Lagos. In many respects, Adeyemi's life epitomises that of young Lagosians who are ambitious to increase their social mobility in this city. Their stories delve behind mobile telephony penetration headlines and help tease out the interactions between technology, aspirations and socio-economic realities. In Nigeria teledensity stands at over 100 per cent, this is calculated as the number of active lines (GSM) as a percentage of the national population estimated at 186 million (NCC 2016). The number of Facebook users continues to rise estimated at 16 million giving an 8.6 per cent penetration rate, while in June 2016 the number of internet users stood at over 52 per cent (NCC 2016; Internet World Stats 2017). These figures do not indicate a uniform picture of mobile and internet penetration, and income is not necessarily the determining variable. In Lagos issues of adaptation, environment, gender, generation, ownership, resources and opportunistic strategies co-mingle to impact access and what people actually do with mobile telephony.

Norms of conviviality are the bedrock of the city and reflect the precarity and fragility of life, as luck and circumstance balance the uncertainty of access to resources across time whether measured by the hour, day, week or year. Like many young people in Lagos, Adeyemi is an avid user of her smartphone despite the challenges of charging the phone and keeping it in credit. Conviviality is at the centre of her use and appropriation of mobile telephony and she regularly lends airtime to friends who likewise also allow her to use their phones if she is out of battery charge or airtime. Nyamnjoh proposes Africa's youth as frontier beings, consuming local and international content, equally familiar and informed about Hollywood and Nollywood; the latest hip-hop rap music on multiple sides of the Atlantic, rooted in local languages and idioms whilst enjoying the global market (Nyamnjoh F.B. 2013). These youth, are adept at multi-tasking on social media platforms like *Facebook*, *WhatsApp*, *Skype*, *Twitter* and their consumption and interaction patterns contest stereotype representations of Africa and what it means to be African. Cultural values of conviviality and solidarity make possible sharing strategies that creatively mitigate for barriers to hardware and software access:

> '… few Africans who embrace these technologies use them exclusively to distance themselves from other Africans. If anything, more and more tech-savvy youth harness technologies to reconcile Africa's myriad faces and facets to create and maintain networks and relations across social categories, spaces and places (Nyamnjoh F.B. 2013).

Adeyemi's use of her smartphone enables her to circumvent as well as reify gendered mobility constraints. As noted above she is the eldest sibling, lives at home and as such has daily responsibilities alongside her livelihood pursuits. Her extended family use *WhatsApp* groups for family meetings and online get togethers, a trend that is on the increase connecting within the city, the country and the wider diaspora. To develop her mentorship activities, Adeyemi is a member of several *WhatsApp* alumni groups where friends and colleagues share stories and arrange youth outreach activities. For example, she organises with her alumni mentorship programmes for girls in her former secondary school, supporting them with their academic goals as well as personal struggles. In conjunction with this face-to-face mentorship Adeyemi co-ordinates a dedicated *WhatsApp* group where students share strategies, challenges and breakthroughs. In her neighbourhood, she provides a listening ear and friendly support for young women who come from less stable circumstances and who have limited support and resources.

Adeyemi is a passionate advocate of youth social mobilisation, activism and is involved in various Facebook groups that champion debate on issues to do with social inequality, politics and the economy. In these fora, many participants are young men yet Adeyemi feels able to participate in ways that she feels maintain her social norms. This mode of social engagement aligns with her goals and ambitions for her everyday life in the private and public sphere. In these at times quite charged debates with like-minded young people she gains a platform for engagement with similarly interested people who aim to broaden their mutual constituency within and beyond Lagos. It is this role of social mobilisation that I turn to in the next section.

Mobilities of the lagoon: Social mobilisation combating marginalisation

Many people who live and reside in Lagos make a case for 'Lagos exceptionalism' as a contrast to other states in the federation where divisions along indigene, non-indigene, ethnicity and religious lines are more marked. They cite the peaceful co-existence in often cramped conditions where people from differing ethnic and religious backgrounds live, work and pray side by side as a pertinent lesson for all of Nigeria. In Lagos, social mobility within the urban fabric varies as the promise of the city is fulfilled for some, whilst others live in precarity at the bottom of the informal sector. Many slide along a broad 'grey' spectrum of social mobility with graduates hawking goods in the market alongside the working semi-literate entrepreneurs enjoying higher liquidity as their manual trades remain in demand. They all chase payments in a chain of late payments, as income levels fluctuate wildly reflecting these vagaries and everyday infrastructure challenges. To diversify income streams, many adopt mitigating strategies that involve a combination of skills, networks, access, persistence and ingenuity. This speaks to the rhythm of the city, the frenetic hectic pace that is a signature of the city; everyone has got to get somewhere quickly, a deal to seal, a consignment to track down a meeting to conclude yet the clock is always ticking.

The fishermen of the lagoon form one of the most marginalised communities who eke out a living on the waterways and ocean beyond the lagoon. They are stuck in time on flimsy boats within a livelihood that is slowly running out of time. They follow this most traditional of livelihoods that was the foundation of Eko/Lagos, as the men fish, the women dry and smoke the fish which is then hawked on the streets of Lagos. They follow the seasonal patterns of nature much as they have done throughout pre-colonial, colonial times and into the present day. Their livelihoods are under threat from multiple pressures, including the degraded marine environment, the increase in land grabs and forced evictions that attempt to erase these communities and their place in the city. These vulnerabilities are further aggravated in an urban landscape that makes little allowance for those who experience marginalisation and invisibility in their struggle to a right to the city. This is particularly true for the poor who make up these waterfront communities many of whom qualify as indigenes but are regarded as non-Lagosians.

The waterfront is home to many different ethnic groups but is predominantly home to the Egun people who follow precarious livelihoods as fishermen. Their retention of social networks with other Egun people beyond Nigeria along the coast to Benin Republic and other fishing communities mean that many live under the stigma of migrancy, poverty and exclusion. The cosmopolitan cache that living and surviving in Lagos seems elusive for them epitomising the at times xenophobic selectivity that determines who belongs in Lagos and who is the permanent migrant. In the quote below Maria a 30-year-old mother of four children expresses her frustration and exhaustion from living in a situation of extreme precariousness, not knowing when her next home will be demolished. She is a member of the Iwaya waterfront community:

I am a Lagosian I am from Badagry which makes me equally a Lagosian. I am from Ajara [which is in Badagry]. I was born and bred in Ajara and I am a native of Ajara. I came here [Iwaya] to settle here and I was doing very good until when they said 'You Egun people you should go back where you come from.' They were disturbing us and they were not giving us rest any time and since that time business has not been going very well and up to now many people have gone back to Badagry many to their different locations in Nigeria. But I am a fully-fledged Nigerian.

Many Lagosians do not recognise the Egun people who live in the waterfront slums of the city as fellow indigenes or if they do recognise them do not accrue them equal status and rights. However, under the provisions of Section 318 (1) of the 2011 Constitution (As Amended) many of them should be recognised with rights of indigeneship in Lagos. Instead they are grouped together as migrants because of their lifestyle and social networks. They suffer from marginalisation and many are poor with limited formal education which further excludes them from the political process. This is a community that has suffered from past demolitions and at the time of writing 2017, continues to experience violent devastating demolitions. Maria continues:

When they started that demolition, people left. Formally this place [settlement] extended up to where Third Mainland Bridge is now. But when they started driving people out many had to go, but the thing [demolition] has not extended to this side. This is the side that we are living on now. Those of them that were inside the river proper, most of them have left because they have demolished their homes. Now we who are here we have been praying, seriously praying that it would not affect us and it was while we are praying that we met with JEI that is Justice Empowerment Initiative and so meeting with them has given us a little bit of rest of mind. That at least we have someone who can support us to fight our fight.

It has been the work of civil society organisations such as Justice Empowerment Initiative Nigeria (JEI) that is helping these communities access their rights and begin to mobilise against forced evictions and demolitions. JEI have a two-pronged approach in their use of mobile telephony, as a timely means of communication via voice and SMS and as a campaign and mobilisation strategy reaching beyond the Lagos waterfront communities. JEI train community based para-legal officers who act at the frontline advising and representing community members when they encounter hostile extra-judicial action. This can take the form of unexplained arrests of community members or the sudden arrival of bulldozers to demolish homes. The para-legal officer can use their mobile phones to trigger a network of connections to counter aggressive actions which include forcible illegal demolitions, the destruction of property without notice, extreme harassment and intimidation, homes set on fire and landlords ignoring due legal process or the adjudication of court orders. Mobile telephony facilitates timely connectivity and documentation of these activities which is empowering for these communities.

JEI also has an active social media campaign to increase visibility and bridge the marginalisation of the majority slum communities in Lagos. The struggle for the waterfronts is framed as a struggle that concerns all Lagosians with the popular hashtag #SavetheWaterfronts focusing on inter-community solidarity and action inspired by their partnership with Slum/Shack Dwellers International (JEI 2017). Increasingly civil society organisations seek to harness mobile telephony to facilitate immediacy, connectivity and disrupt the multiple social divides that cross-cut the city and the country. Examples include Enough Is Enough Nigeria (EiE) a coalition of 'individuals and organisations committed to instituting a culture of good governance and public accountability in Nigeria through active citizenship' (EiE 2017). EiE run several popular social media campaigns including RSVP (Register, Select, Vote, Protect) highly active during the 2015 elections getting young people (under 35 years old) to participate. Currently they organise a popular set of events online and offline through town hall meetings, radio shows under the hashtag #OfficeOfTheCitizen. Bring Back Our Girls is an outstanding example of social activism that jumped from the local to the global (BBOG 2017). This movement to free the Chibok girls kidnapped in 2014 by Boko Haram is run across a range of social media platforms, *Twitter*, *Facebook* and *WhatsApp* as well as through on the ground vibrant events worldwide such as marches and town hall meetings. What all these campaigns have in common is an insistence that these myriads issues are of concern to all Nigerians as equal citizens.

Conclusion

Lagos remains an aspirational multi-dimensional city and it is within its intersections that one should understand the uptake and impact of mobile telephony on this urban landscape. Mobile telephony overlays alternate rhythms of the city presenting the possibility to overcome offline constraints that the 'go-slow' represents or the boundaries of difference that stifle innovation and solidarity. There is a need to better understand the mechanisms of power that inscribe the city space to overcome colonial legacies and exclusion from the right to the city through which the current social, cultural, political and economic dynamics of Lagos are filtered (Mamdani 1996; Parnell & Pieterse 2010). In reflecting on the narratives of Adeyemi and Maria we see how in different ways access to mobile telephony presents innovative ways to bridge the constant struggle for life in this city. Clearly inequality of access to mobile telephony, what has been termed the digital divide, exists. However, these are complex relationships that intersect with gender, migrancy, identity, those at the margins, those at the centre, device use and ownership. In particular, how people adapt and are themselves adapted by these technologies (de Bruijn et al. 2013).

What this chapter teases out is the fundamental role of people, history, socio-economic structures as integral to the outcomes of mobile telephony uptake. It is not just about the technology it is about the people, their struggles for a decent life in this city whose infrastructures reflect different processes of messiness and elision within everyday life. Lagos is a city where 'self-help' is an iconic mantra and illustrates people's adaptation to the vagaries, absence or peripatetic presence of government institutions and services. Mobile telephony speaks to the logics of a city built on commerce and aspirations for social mobility. This beckons the ambitious and fuels a virtuous cycle of aspiration equals hard work, equals aspiration, success and hard work. It is a city that hosts people at work, leisure, permanent settlers, the indigenes, migrants, sojourners, circular migrants and daily commuters, where mobilities and the infrastructures of support are key.

People may own multiple devices and multiple sim cards, so diffusion means many different things and this is a cautionary point that has been made about Nigeria. In addition, access, usage and ownership of mobile telephony in urban areas is higher than in rural areas, with regional variations as southern states enjoy significantly higher access than northern states (GSMA 2015). Through this ethnographic enquiry, I have sought to illustrate the more complex deployment and embodiment of mobile telephony within historical, traditional and contemporary iterations of making a life in this city. Lagos confronts you with the sheer size, scale and speed of its pulse and like many of Africa's urban centres it presents the extremities of wealth that reflect its economic output figures, as well as entrenched poverty found in the many slums where the mass of poor people chase precarious livelihoods. Many struggles with limited resources yet draw on their heritage where conviviality and individual advancement co-exist in complementarity. Civil society, social activists and individual members of the public seek to disseminate information, mobilise public opinion in wider debates that foster inclusivity. There is promise and some actualisation of the potential of mobile telephony to facilitate mobilities and development, across a range of registers in the public and private sphere.

Acknowledgement

This research was made possible through a postdoctoral fellowship (2014-2016) at the Max Planck Institute for the Study of Religious and Ethnic Diversity, Göttingen, Germany.

Bibliography

Adalemo A., 1981, "The Physical Growth of Metropolitan Lagos and Associated Planning Problems," *in* D.A. Oyeleye (ed.), *Spatial Expansion and Concomitant Problems in the Lagos Metropolitan Area (An Example of a Rapidly Urbanizing Area)*, Lagos, University of Lagos, Department of Geography.

Agbola T., 1997, *The Architecture of Fear: Urban Design and Construction Response to Urban Violence in Lagos, Nigeria*, Ibadan, Institut français de recherche en Afrique, http://books.openedition.org/ifra/485 [accessed January 2015]

Agger B., 2011, "iTime: Labor and Life in a Smartphone Era," *Time & Society*, *20*, 1, pp. 119-136.

Amin A., 2014, "Lively Infrastructure," *Theory, Culture & Society*, *31*, 7-8, pp. 137-161.

BBOG, 2017, 'Bring Back Our Girls' http://www.bringbackourgirls.ng/ [accessed February 2017].

Castells M., 2011, *The Rise of the Network Society: The Information Age: Economy, Society, and Culture* (vol. 1), Bognor Regis, John Wiley & Sons.

de Bruijn M., Brinkman I., Nyamnjoh F.B. (eds.), 2013, *Side@Ways : Mobile Margins and the Dynamics of Communication in Africa*, Mankon (Bamenda) & Leiden, Langaa & African Studies Centre.

EiE, 2017, Enough is Enough Nigeria Coalition: Good Governance and Public Accountability in Nigeria, http://eie.ng/ [accessed February 2017].

Echeruo M.J.C., 1977, *Victorian Lagos: Aspects of Nineteenth Century Lagos Life*, London, Macmillan, 124 p.

Economist, 2013, "Africa's Giant Is Waking up, but it Still Looks Unsteady on its Feet," *The Economist* April 13 2013. http://www.economist.com/news/middle-east-and-africa/21576135-africas-giant-waking-up-it-still-looks-unsteady-its-feet-lurching-ahead [accessed March 2015].

Falola T., Heaton M.M., 2008, *A History of Nigeria*, Cambridge, Cambridge University Press, 368 p.

Grillo R., Mazzucato V., 2008, "Africa < > Europe : A Double Engagement," *Journal of Ethnic and Migration Studies*, 34, 2, pp. 175-198, Published online: 5 Nov 2010.

GSMA, 2015, *Digital Inclusion and the Role of Mobile in Nigeria*. October 2015, http://www.gsma.com/mobilefordevelopment/wp-content/uploads/2015/10/GSMA_Nigeria-Report_WEB.pdf [accessed November 2016].

Gyuse T., 2013, "Urban Governance and the Future of Nigerian Cities," *in* S. Fadare, I. Nwokoro, T. Lawanson & V. Onifade (eds.), *Emerging Issues in Urban Planning and Development*, Ile-Ife, Nigeria, Obafemi Awolowo University Press.

Internet World Stats, 2017, "Internet World Stats: Usage and Population Statistics: Africa," www.internetworldstats.com/africa.htm [accessed February 2017].

JEI – Justice Empowerment Initiatives, 2017, "Justice Empowerment Initiatives: Movement-Building and Inter-Community Solidarity," http://www.justempower.org/movement-building [accessed February 2017].

King R., 2012, Geography and Migration Studies: Retrospect and Prospect. *Population, Space Place, 18*, pp. 134–153

Koolhaas R., 2005, "Interview with Rem Koolhaas," *in* O. Tejuoso *et al.* (eds), *Lagos a City at Work*, Lagos, Nigeria, Glendora Books.

Kperogi F.A., 2011, Webs of Resistance: The Citizen Online Journalism of the Nigerian Digital Diaspora, Dissertation, Georgia State University. http://scholarworks.gsu.edu/communication_diss/27 [accessed May 2014].

Law R., 1983, "Trade and Politics Behind the Slave Coast: The Lagoon Traffic and the Rise of Lagos, 1500–1800," *Journal of African History*, 24, 3, pp. 321-348.

Livingston S., Walter-Drop G. (eds.), 2013, *Bits and Atoms: Information and Communication Technology in Areas of Limited Statehood*, Oxford, Oxford University Press.

Mamdani M., 1996, *Citizen and Subject. Contemporary Africa and the Legacy of Late Colonialism*, Princeton, Princeton University Press, 344 p..

Mohan G., Lampert B., 2013, "Negotiating China: Reinserting African Agency into China–Africa Relations," *African Affairs*, 112 (446), pp. 92-110.

NCC – Nigerian Communications Commission, 2016, Nigerian Communications Commission, Industry Statistics, http://ncc.gov.ng/stakeholder/statistics-reports/industry-overview [accessed Jan 2017].

Nyamnjoh F.B., 2013, "Africa, The Village Belle: From Crisis to Opportunity," *Ecquid Novi: African Journalism Studies*, 34, 3, pp. 125-140.

Nyamnjoh H.M., 2013, *Bridging Mobilities: ICTs Appropriation by Cameroonians in South Africa and the Netherlands*. Langaa RPCIG, 317 p. http://hdl.handle.net/1887/22533

Olukoju A., 2003, *Infrastructure Development and Urban Facilities in Lagos, 1861-2000*, Ibadan, Institut français de recherche en Afrique, http://books.openedition.org/ifra/814 [accessed January 2015].

Parnell S., Pieterse E., 2010, "The 'Right to the City': Institutional Imperatives of a Developmental State," *International Journal of Urban and Regional Research*, 34, 1, pp. 146-162.

Reuters, 2013, 'The Struggle to Tame Africa's Beast of a Mega-City', *Reuters* October 23 2013, http://uk.reuters.com/article/2013/10/23/uk-lagos-megacity-idUKBRE99M04620131023 [accessed March 2015].

Salako O., Ibrahim O., 2013, "Malignant Growth Effects of Metropolitan Lagos on the Lagos Ibadan Peri-Urban Settlements," *in* S. Fodara, I. Nwokoro, T. Lawanson & V. Onifade (eds.), *Emerging Issues in Urban Planning and Development*, Ile-Ife, Nigeria, Obafemi Awolowo University Press, pp. 237-274.

Shasore S., 2014, *Possessed: A History of Law and Justice in the Crown Colony of Lagos 1861-1906*. Lagos, CLRN Publishing, Q Books.

Sheller M., Urry J., 2006, "The New Mobilities Paradigm," *Environment and Planning A*, *38*, 2, pp. 207-226.

Simone A., 2008, "The Last Shall Be First: African Urbanites and the Larger Urban World," *in* A. Huyssen, ed.), *Other Cities, Other Worlds: Urban Imaginaries in a Globalizing Age*, Durham, NC – London, Duke University Press, pp. 99-119.

UNDESA – United Nations, Department of Economic and Social Affairs, 2014, *World Urbanization Prospects: The 2014 Revision, Highlights* (ST/ESA/SER.A/352), Naw York, United Nations, Department of Economic and Social Affairs, Population Division.

Vertovec S., 2015, "Introduction: Migration, Cities, Diversities 'Old' and 'New'," *in* S. Vertovec (ed), *Diversities Old and New: Migration and Socio-Spatial Patterns in New York, Singapore and Johannesburg*, Palgrave Macmillan, UK.

Whiteman K., 2013, *Lagos: A Cultural History*, Northampton, Massachusetts, USA, Interlink Publishing.

7. Trajectoires et expériences migratoires de ressortissants ouest-africains à Yaoundé

ASTADJAM YAOUBA

D'après le dernier Recensement général de la Population et de l'Habitat (RGPH) réalisé en 2005, l'immigration internationale connaît une certaine ampleur au Cameroun. Les deux grandes villes du pays, Yaoundé et Douala, accueillent un nombre de migrants particulièrement important.

En tant que capitale politique et administrative, Yaoundé exerce un attrait sur les migrants en quête de meilleures conditions de vie qu'ils vont en général chercher dans les grands centres urbains. Elle est caractérisée par un climat tempéré, un environnement politique stable et une économie dynamique qui peut offrir plusieurs opportunités de travail.

Déjà en 1979, André Franqueville notait au sujet de cette ville-capitale que les deux grandes sources d'activité pour la population urbaine étaient le secteur public et semi-public, comptant 28 % des actifs en 1964, soit près du tiers, et les "activités traditionnelles", avec 24 % des actifs, soit près du quart. Ce dernier secteur, dit "traditionnel", regroupe à la fois l'artisanat et les activités de petit commerce et de restauration. Son importance économique est souvent sous-estimée, parce qu'elle est difficile à évaluer, mais joue un rôle essentiel dans l'adaptation de l'immigré à la vie urbaine, en favorisant aussi son insertion progressive dans l'économie urbaine moderne, notamment par le biais de l'apprentissage "sur le tas". Deux décennies plus tard, Aka Kouamé *et al.* (1998) observent que le marché du travail à Yaoundé a connu, au cours des dix dernières années, de nombreux bouleversements, correspondant à une crise économique aiguë au niveau national. Cette crise a eu d'énormes répercussions qui se sont traduites par une explosion du chômage et une extension importante du secteur informel. Des métiers tels que la vente ambulante de biens et de services, ainsi que le petit commerce au bord des rues sont courants dans la capitale. Cet environnement, où le secteur moderne emploie peu de personnes et où se développent des métiers peu structurés, exerce un attrait sur les populations migrantes.

Parmi les migrants, les Africains sont nettement plus nombreux (91,57 %) que les natifs des autres continents (BUCREP[1] 2010). Il s'agit en particulier des migrants en provenance des pays limitrophes (Nigeria, République centrafricaine, Tchad), mais aussi de personnes originaires d'Afrique de l'Ouest, comme l'attestent les données de l'OIM (OIM 2009 ; OIM/GIP International 2011), et les quelques travaux empiriques qui ont porté sur cette population. C'est ainsi que Sadio Traoré (1993), « dans son étude-synthèse, ... a signalé la présence des migrants de l'Afrique de l'Ouest dans les pays d'Afrique centrale. Il s'agit des Maliens, Mauritaniens, Sénégalais, ... au Cameroun, en RDC, au Gabon, au Congo, et de plus en plus en Angola. Ce sont des mouvements anciens, mais qui ont connu un développement récent à cause notamment d'une entrée de plus en plus difficile dans les pays du Nord » (Traoré *in* Lututala 2007 : 15). Pierre Cissé, étudiant la communauté malienne de Yaoundé et de Douala, constate que le Cameroun est « le nouvel eldorado des Maliens », et que, « avec la crise économique des années quatre-vingt, les migrants ont privilégié les pays d'Afrique centrale. Ainsi, le Cameroun, qui était auparavant peu concerné par l'immigration malienne, est progressivement devenu une destination attractive » (Cissé 2009 : 1). Dans l'étude des migrations internationales et des droits des travailleurs sénégalais, Papa Demba Fall (2003) a noté que les migrations historiques étaient liées à l'appel de main-d'œuvre qualifiée dans le cadre de la construction des territoires français d'Afrique, comme la Côte d'Ivoire, le Gabon ou la Guinée, alors que les migrations contemporaines sont dictées par des raisons économiques et concernent des destinations telles que le Cameroun, le Congo, l'Angola, etc. Pour le géographe Thomas Lothar Weiss, « En raison d'une histoire coloniale tumultueuse, on observe depuis longtemps une forte mobilité des populations nigérianes à travers la ligne frontalière vers l'espace camerounais » (Weiss 1998 : 275). Ces immigrations en provenance de l'Afrique de l'Ouest, qui sont saisonnières dans certains cas, peuvent se transformer en de longs séjours dans ce pays d'accueil pour d'autres, et soulèvent de ce fait la question de l'intégration durable des immigrés dans un milieu caractérisé par les difficultés d'accès au secteur structuré et par la prédominance du secteur informel.

Les résultats du troisième RGPH montrent d'ailleurs que « ... les ressortissants des pays autres que l'Afrique sont fortement représentés dans les activités dites "supérieures" » (BUCREP, *ibid*.), tandis que des travaux sur les migrants africains au Cameroun il ressort que « ...ces migrants travaillent beaucoup dans le secteur primaire et sont largement plus nombreux dans le secteur informel que dans le secteur formel, traduisant ainsi la précarité des emplois qu'ils exercent » (Fomekong 2008 : 2). En réalité, quel que soit le niveau de qualification des immigrés, leur intégration économique et socioculturelle n'est pas acquise d'avance, puisque plusieurs défis restent à relever : trouver un logement, apprendre la langue du milieu, exercer une activité ou une activité économique décente.

---

1. .Bureau central des recensements et des études de population.

Les travaux qui se sont intéressés à l'intégration des migrants en Afrique se sont longtemps appesantis sur les déterminants de cette insertion, qu'ils recherchent parmi les facteurs culturels, socio-économiques et démographiques. D'autres études ont décrit les stratégies d'insertion développées par les migrants. Issue de nos travaux de thèse en cours sur l'immigration ouest-africaine au Cameroun, la présente contribution veut aller plus loin que la recherche des facteurs et la description des stratégies d'intégration. Elle s'intéresse au processus global de la migration, du départ jusqu'à l'arrivée, en se focalisant sur trois pays, à savoir le Sénégal, le Nigeria et le Niger. Elle interroge les trajectoires migratoires des acteurs, afin de cerner comment les migrants, en situation de précarité au départ, parviennent à s'insérer de façon durable, pour la plupart grâce aux métiers du secteur informel.

Pour cela, il sera nécessaire d'identifier les caractéristiques des immigrants concernés, c'est-à-dire de dresser leur profil sociodémographique et économique, en insistant sur quelques éléments : leur situation matrimoniale et leur mode de vie familiale, afin de voir comment la réalité de la famille est vécue selon les trois groupes d'immigrants, quelle est leur situation d'activité et quels secteurs d'activités ils investissent en fonction des origines nationales. L'analyse des parcours migratoires sera indispensable, et permettra de mieux comprendre les mécanismes d'insertion des migrants en fonction de leurs itinéraires et expériences antérieures.

Ainsi, cette étude s'articule autour des questions suivantes : quel est le profil socioculturel, démographique et économique des Sénégalais, Nigérians et Nigériens vivant à Yaoundé ? Quelles sont leurs trajectoires migratoires ? Comment se passe leur insertion linguistique, résidentielle et professionnelle et en quoi les expériences accumulées au cours des différents trajets peuvent y contribuer ?

La population dans laquelle a été réalisée cette recherche est constituée de toutes les personnes nées au Sénégal, au Nigeria ou au Niger et résidant à Yaoundé au moment de l'enquête. La période de référence retenue ici est de trois mois. Étaient donc éligibles les personnes nées au Sénégal, au Nigeria ou au Niger, arrivées à Yaoundé trois mois au moins avant la date de l'enquête. Cependant, les catégories suivantes sont exclues de l'analyse : les fonctionnaires internationaux, les étudiants de grandes écoles ou d'instituts universitaires. Ces immigrants se déplacent pour des motifs d'études supérieures, de formations professionnelles ou de mutation dans le cadre d'un emploi qu'ils exercent déjà, ils empruntent davantage la voie aérienne et formelle dans leurs déplacements et leur situation est différente de celle de migrants qui viennent pour des raisons de survie.

Ce travail de recherche est fondé sur une approche qualitative. Trente entretiens individuels ont été menés auprès des ressortissants des trois pays, afin de recueillir des récits de vie de migrants : neuf avec des Sénégalais, dix avec des Nigérians, neuf avec des Nigériens et deux avec des personnes considérées comme ressources au sein de la population locale, c'est-à-dire parmi les natifs de Yaoundé. La méthode de choix raisonné et la méthode boule de neige ont permis d'atteindre les personnes interrogées.

I. Profils sociodémographiques des personnes interrogées

1. L'immigration *ouest-africaine au Cameroun : un prolongement de l'exode rural dans les pays d'Afrique de l'Ouest ?*

Dans l'ensemble, on constate que les hommes sont plus nombreux que les femmes et, d'après les travaux existants (Weiss 1998 ; Nkene 2001 ; 2004), les Nigérians forment la communauté étrangère la plus importante au Cameroun. Les Sénégalais de Yaoundé sont majoritairement issus des ethnies peul, wolof ou sereer : s'agissant du milieu de résidence avant l'émigration, ils proviennent des zones rurales, bien que la plupart séjournent d'abord à Dakar avant de s'engager hors du pays. En ce qui concerne l'éducation formelle [2], ils sont en général peu instruits. Ils sont très majoritairement musulmans et ont suivi des études coraniques. Parmi les migrants nigériens, on retrouve des personnes originaires des ethnies hausa, zerman et peul. Ici aussi, il s'agit de migrants en provenance de zones rurales, où ils étaient occupés au travail de la terre (cultivateurs). Par conséquent, ils sont peu qualifiés pour d'autres métiers. Kadiri, originaire d'un village de Tahoua au Niger, explique qu'il n'exerçait vraiment aucun métier avant son émigration ; selon lui,

« Quand tu as ton travail, tu ne peux pas laisser pour venir ici ».

Soit ces migrants ont été exclusivement initiés à l'éducation coranique, soit ils ont étudié le Coran et connu un début de scolarisation dans le cycle primaire. Dans notre échantillon, une personne a atteint la classe de 6ème, avant de quitter l'école. En général, les répondants affirment qu'ils parlent le français, mais ne savent ni le lire, ni l'écrire. Aboubakar H. dit :

« Je n'ai pas vraiment fait l'école, mais j'ai fait le a, b, c, d, et ça m'a beaucoup aidé ».

---

2. Il importe de distinguer l'éducation formelle, l'éducation non formelle et l'éducation informelle. Le *concept d'éducation non formelle* date de presque trois décennies et consiste en des activités organisées, structurées, destinées à un public-cible identifiable, visant un ensemble spécifique d'objectifs d'éducation. *L'éducation formelle*, dite scolaire, est donnée dans des institutions d'enseignement (écoles), par des enseignants permanents, dans le cadre de programmes d'études déterminés. *L'éducation informelle* se caractérise plutôt par des activités peu organisées et non structurées.

Jacques Barou (1976 : 631) identifie les mêmes caractéristiques chez les Nigériens émigrant vers d'autres destinations, comme Abidjan, Kano ou Lyon :

> « Tous les travailleurs Adarewa sont analphabètes et seule une dizaine d'entre eux (ceux qui sont en France depuis longtemps) parvient à s'exprimer en français. Les cours du soir ne sont pas rejetés systématiquement, mais l'assiduité s'est vite affaiblie en l'absence de motivations : la connaissance du français parlé et écrit semble inutile à ces migrants vivant repliés sur eux-mêmes… ».

À propos des ressortissants du Nigeria, Thomas Lothar Weiss souligne que « La grande majorité des Nigérians au Cameroun provient d'un carré géographique situé entre le fleuve Niger, la Bénoué, le Cross River et le golfe de Guinée. Les Igbo sont de loin l'ethnie majoritaire, suivis des Ibibio, Tiv, Efik et d'un grand nombre de petites ethnies du Sud-Est du Nigeria, mais aussi des Yoruba et Haoussa originaires du nord et du sud-ouest du pays » (Weiss 1998 : 276). De même, à Yaoundé, on retrouve les communautés igbo (chrétiens), yoruba (musulmans et chrétiens), hausa et peul (musulmans). Les ressortissants nigérians immigrés à Yaoundé n'ont pas non plus fait de longues études. C'est parmi les Igbo qu'on rencontre les personnes ayant un niveau d'instruction primaire, voire secondaire, ou une qualification dans un métier. Les Hausa et les Peul ont pour la plupart suivi uniquement des études coraniques, et primaires éventuellement. Il est possible de trouver des personnes présentant un niveau d'instruction supérieur au cycle primaire, mais ces cas restent marginaux et proviennent de milieux urbains pour certains et ruraux pour d'autres.

L'échantillon de l'étude est constitué de personnes dont l'âge varie entre 22 et 75 ans. D'après les observations faites et les informations recueillies auprès de ces personnes, les nouveaux arrivants sont âgés de 20 à 35 ans environ. Une fois installés, ils peuvent faire venir des compatriotes beaucoup plus jeunes, âgés le plus souvent de 15 à 20 ans, qui s'installent à leur tour. Les premiers migrants arrivent donc dans leur jeunesse et peuvent rester quelques années avant de repartir vers le pays d'origine ou ailleurs, ou de s'installer définitivement au Cameroun. Parmi les migrants rencontrés, ceux qui ont passé plus de vingt ans dans le pays d'accueil et dont on peut penser qu'ils sont définitivement installés, ont plus de 50 ans.

Dans les trois communautés, la pratique du mariage endogamique est très élevée. Trois cas de figures se présentent : le migrant a une épouse / fiancée au pays avant la migration ; le migrant arrive célibataire et décide d'aller chercher un(e) conjoint(e) au pays ; ou enfin le migrant épouse un(e) compatriote rencontré(e) sur place.

Les cas d'unions matrimoniales entre ces immigrants et des Camerounais existent, mais restent encore marginaux. Un Nigérien explique que les mariages avec les femmes camerounaises sont rares parce que, s'il arrive que le mari nigérien veut retourner dans son pays, la femme camerounaise refuse souvent de le suivre. Les migrants admettent également être très attachés à leur culture. Ils subissent des pressions sociales pour épouser une fille qui maîtrise les coutumes du pays. Les Sénégalais préfèrent que leurs femmes restent au pays d'origine pendant qu'ils sont en migration, ce qui les oblige à y retourner régulièrement. Sur cet aspect de leur vie de migrant, Hamidou Dia (2015) note que l'éloignement géographique ne rompt pas les liens avec le pays d'origine. Les Nigérians vivent avec leurs femmes sur place, mais peuvent aussi les laisser dans la région de départ et entretenir des liens familiaux à distance. Les ressortissants du Niger sont polygames à partir d'un certain âge : ils laissent leurs épouses plus âgées au pays, tandis que les plus jeunes sont avec eux au Cameroun. Ils font des séjours de courte ou de longue durée entre les deux pays. Certains demandent plutôt à leurs épouses de se déplacer et d'alterner les séjours entre le Cameroun et le pays d'origine.

2. Situation *d'activité et secteurs d'activités : prédominance* du secteur informel

Pour rappel, l'économie camerounaise est marquée par une prédominance des activités relevant du secteur informel. En effet, le marché camerounais de l'emploi compte deux secteurs d'inégale importance : le secteur structuré, ou encore "moderne", et le secteur dit "informel" (agricole et non agricole) qui représente 92 % des actifs occupés, estimés à 8 127 000 personnes, dont moins de 200 000 sont employées dans le secteur public, environ 800 000 dans le secteur privé formel et le reste dans le secteur informel, y compris le monde rural. Les performances économiques de l'ensemble des activités informelles sont diverses : elles nourrissent même 90,4 % de la population active (OIM 2009).

Compte tenu des difficultés d'accès au secteur moderne pour les natifs, et plus encore pour les immigrés, du faible niveau d'instruction des migrants au départ, du fait que les emplois du secteur informel ne nécessitent pas de diplômes, mais plutôt des compétences pratiques, les migrants ouest-africains restant au Cameroun sont presque tous des actifs occupés qui travaillent dans le secteur informel. Des études empiriques sur la gestion des migrations de travail au Cameroun (Mba *et al.* 2011) ont permis de faire le même constat.

Les stratégies d'insertion professionnelle des migrants sénégalais, nigérians et nigériens sont semblables à celles déployées par les Maliens résidant au Cameroun. D'après Pierre Cissé (2009 : 41), « la migration malienne au Cameroun est motivée par les opportunités d'emploi surtout dans le secteur informel ». Pareillement, les Nigérians et Nigériens émigrant pour des motifs économiques trouvent dans le secteur informel des débouchés qui leur sont accessibles. Les travaux antérieurs ont montré que les Nigérians s'investissent principalement dans l'économie du textile, les infrastructures dans les villes de Douala et de Yaoundé (OIM 2009). L'observation faite à Yaoundé fournit des résultats similaires.

Les données de terrain indiquent que, parmi les Sénégalais, les Peul font carrière dans la boutique, la bijouterie, la mécanique, la soudure. Les Peul et les Wolof se retrouvent dans la couture et la broderie. La cordonnerie est aussi exercée par les Sénégalais, mais pour un temps, souvent moins de six mois après leur arrivée.

S'agissant des Nigérians, les hommes Igbo s'investissent dans les métiers suivants : vente de pièces détachées (pour véhicules), vente de matériel d'ameublement (rideaux, tapis et moquettes, et autres accessoires), de textiles (draps, coussins, nappes de table), gestion de mercerie, pharmacie de rue. Les femmes travaillent dans la commercialisation de textiles (draps, coussins, nappes de table) et la mercerie. Chez les Yoruba, les hommes se retrouvent dans la haute couture, la coiffure, et les femmes dans la vente de divers produits de proximité (calebasses, tamarins, produits médicaux traditionnels, alimentaires, cosmétiques), de poisson braisé, d'eau glacée dans la rue. Pour les Peul et les Hausa, les travaux les plus prisés sont la vente de pagnes, de parfums traditionnels ; ils sont aussi enseignants d'écoles coraniques ou consultants religieux.

Chez les Nigériens, qu'ils soient Hausa, Zerman ou Touareg, les métiers couramment exercés sont les suivants : vendeur dans une boutique de quartier populaire, gestion d'un magasin de matériel d'ameublement (tapis, moquettes), propriétaire de grande boutique de vêtements (pagnes et bazins importés, vêtements prêts à porter, etc.), propriétaire de petite table-boutique, vente (ambulante) de textiles, de thé ou de kola, tailleur (ambulant), boucherie, vente de viande braisée, cordonnerie, moto taxi, médecine traditionnelle, enseignement du Coran, prédicateur religieux.

Les femmes sénégalaises viennent le plus souvent dans le cadre du regroupement familial. Une fois sur place, elles ouvrent un restaurant spécialisé dans les repas sénégalais. Les femmes non mariées sont parfois des griottes, qui font des migrations de courte de durée dans plusieurs localités d'un même pays ou entre plusieurs pays, avant de retourner au Sénégal.

Les femmes nigérianes de l'ethnie igbo migrent d'elles-mêmes, ou avec leur conjoint. Elles sont commerçantes et travaillent dans la vente de textiles ou du matériel de couture (merceries). Les femmes hausa arrivent au Cameroun pour des raisons familiales et peuvent exercer une activité commerciale. Cela rejoint le constat fait par Fofo Ametepe *et al.* (2005 : 6), qui notent qu'à Lomé, « ...même si les femmes migrent essentiellement pour les raisons familiales (51 %) et matrimoniales (20 %) [...], cela ne les empêche pas d'exercer une activité à leur arrivée ». Les Yoruba arrivent plus jeunes, avec une parente qu'elles aident au travail et qui les forme en retour. Elles peuvent trouver un mari sur place, lorsqu'elles ne décident pas de retourner au pays. Elles émigrent également avec/ou pour rejoindre leurs maris, et se lancent dans le commerce, car elles estiment que c'est une activité qui leur est familière. Chez les Yoruba, disent-elles, « l'homme cherche son argent, la femme aussi cherche pour elle ».

La migration des femmes nigériennes est essentiellement d'ordre familial : elles viennent au Cameroun rejoindre leurs maris, et n'exercent aucune activité professionnelle hors du ménage. Selon Samaila, un Nigérien de 27 ans,

« Pour nous, si tu laisses ta femme travailler, c'est comme si tu étais un lâche. C'est comme si tu ne peux pas t'occuper d'elle. Mais elle peut faire une activité qui ne l'oblige pas à sortir de la maison ».

Des travaux sur les migrations au Niger ont d'ailleurs noté que « Le statut juridique de la femme a des conséquences sur l'émigration des Nigériennes. En fait, très peu de femmes au Niger émigrent à l'étranger pour y travailler, car c'est une question d'hommes, l'émigration a toujours été masculine » (Maîga 2011 : 1).

II. Trajectoires migratoires

1. Brève revue de la littérature

De nombreux chercheurs se sont intéressés à la question des trajectoires migratoires.

Ainsi, dans son article sur les cheminements migratoires maliens, voltaïques et nigériens en Côte d'Ivoire, Philippe Haeringer (1973) avait distingué plusieurs cheminements migratoires chez ces originaires de l'Afrique de l'Ouest : les séjours des migrants dans les centres urbains de la Côte d'Ivoire, les séjours ruraux dans le même pays et le retour dans le village d'origine. L'auteur montrait que les migrants avaient tendance à séjourner dans les centres urbains de leurs pays d'abord, et ceux des pays de destination aussi, mais avec des séjours plus longs dans ceux des pays d'origine. Il fait remarquer que « Quant aux centres du pays d'accueil, c'est-à-dire ceux de la Côte d'Ivoire moins Abidjan, ils sont très nettement sélectionnés en fonction de leur situation par rapport à Abidjan, la capitale apparaissant bien comme l'objectif privilégié » (Haeringer 1973 : 196). « Les séjours ruraux tiennent une place sensiblement moins importante que les séjours urbains, mais restent un élément très appréciable des cheminements polarisés par la capitale ivoirienne » (Haeringer 1973 : 199). Les retours dans le village d'origine (séjours de plus de trois mois excluant les simples congés) concernent beaucoup de migrants, notamment les Nigériens qui vivent le tiers du temps dans leur village d'origine (suivant le modèle de migration saisonnière, avec la poursuite systématique des activités agricoles villageoises en saison des pluies).

Anne Ouallet (2008), s'intéressant à la question migratoire au Mali, observe l'importance des lieux de transit. Selon elle, le phénomène du transit semble s'être développé parallèlement à l'accélération de la mondialisation. Beaucoup de pays fonctionnent actuellement comme des espaces de transit. [...]. Les pays sahéliens (dont le Mali) ou encore les pays d'Afrique du Nord sont dans une situation d'espaces intermédiaires qui favorisent particulièrement les transits, dont la durée est souvent prolongée du fait de la complication des mobilités et des manques de disponibilités monétaires des migrants. Beaucoup de migrants se trouvent obligés d'attendre de se refaire un pécule pour poursuivre leur itinéraire [...]. Dans le nord du Mali, le désert est une première étape et beaucoup de migrants doivent réapprovisionner leurs économies avant de se confier à ceux qui font traverser le désert [...]. Avant d'embarquer, les candidats à la traversée cherchent du travail dans les villes, comme Gao et Tombouctou qui sont les "ports" maliens du Sahara. Certains restent quelques mois, d'autres quelques années. Ces lieux de pause migratoire sont des lieux de mise au point logistique, de décisions stratégiques et éventuellement de réorganisation. Un certain nombre de migrants sont "en panne", n'ayant pas les ressources nécessaires pour continuer et ne disposant pas de moyens pour rentrer chez eux.

Denise Efionayi-Mäder *et al.* (2005) constatent, dans leur étude sur les trajectoires des ressortissants de l'Afrique occidentale installés en Suisse, qu'une proportion non négligeable des migrants interviewés a déjà une expérience migratoire, car ils ont vécu dans plusieurs pays africains ou ont fait des allers-retours, par exemple entre le Ghana ou la Côte d'Ivoire, et leur pays d'origine [...] ou encore entre deux pays voisins. S'agissant du parcours qui les a menés en Suisse, il s'avère qu'en Afrique, les étapes les plus fréquentes conduisent les migrants – en voiture, en camion ou en bateau – dans un État voisin du pays d'origine, qui peut être le Ghana, le Bénin, le Nigeria, la Guinée, le Sénégal ou le Congo-Brazzaville. Mais il existe également des trajets africains plus complexes.

Quelques travaux ont tenté de mettre en relation l'expérience antérieure du migrant et son activité dans le pays de destination. Celui d'Irina Vayman (2012) s'intéresse à l'expérience migratoire antérieure et à la déqualification, à partir du cas des immigrants russophones à Montréal. L'auteure constate que le taux de déqualification des immigrants récents est considérablement plus important que celui des personnes nées au Canada. La non-reconnaissance des diplômes et qualifications antérieurs du migrant l'expose à une déqualification. En effet, dans les pays du Nord, plusieurs chercheurs (Heisz 2006 ; Chicha 2009 ; Slaoui 2008) mentionnent ce problème de la déqualification professionnelle des immigrants. Selon Heisz (2006), une proportion importante des immigrants-diplômés universitaires occupent un emploi déqualifié. Selon Chicha (2009), cette déqualification est influencée par les facteurs suivants : non-reconnaissance des diplômes et de l'expérience avant l'arrivée au Canada, origine étrangère, faiblesse des compétences interpersonnelles et des compétences linguistiques, pratiques de gestion des ressources humaines inadaptées à la diversité de main-d'œuvre et obligations familiales. Ces facteurs, étant négatifs, présentent des barrières à l'intégration professionnelle. En prenant en considération d'une part, la différence à l'intégration professionnelle entre les immigrants d'origines différentes, et d'autre part, les facteurs mentionnés par Chicha, Vayman a supposé que l'expérience migratoire antérieure pouvait jouer un rôle important dans la relation entre les barrières à l'intégration et le degré de déqualification. Elle constate que, pour les immigrants possédant une expérience migratoire antérieure, leurs diplômes et leur expérience sont plus reconnus par les employeurs, alors que leurs compétences linguistiques et interpersonnelles sont aussi mieux développées.

Virginie Baby-Collin *et al.* (2009) observent également cette corrélation entre l'expérience migratoire et l'intégration dans le milieu d'accueil. Ils soulignent le rôle fondamental des « compétences migratoires, car, de toute évidence l'acquisition de savoir-faire au fil de séjours successifs à l'étranger, la connaissance progressive des lieux, des conditions et des opportunités, tant professionnelles (stabilité du travail, meilleurs salaires) que résidentielles, la consolidation des réseaux tendent à favoriser les chances d'insertion rapide et efficace dans les lieux d'accueil » (Baby-Collin *et al.* 2009 : 250-251).

2. Essai de typologie des trajectoires

Le terme trajectoire est entendu ici, d'abord, comme une route, un itinéraire ; c'est le chemin emprunté par les migrants, de leur lieu de départ à leur lieu de destination. Comme le rappelle Violaine Jolivet, la trajectoire est également un tracé de vie, une volonté individuelle, familiale ou collective de « chercher la vie », une vie que l'on souhaite meilleure pour des raisons politiques et/ou économiques le plus souvent. La notion permet ainsi de rejoindre l'idée de trajectoire sociale inhérente à la migration (Jolivet 2007 : 3). Dans le présent travail, ce terme intègre la définition de Jolivet, et renvoie au parcours que suivent les Sénégalais, les Nigériens et les Nigérians, du pays de départ jusqu'à leur destination actuelle qu'est la ville de Yaoundé. Elle intègre les différentes migrations antérieures qu'ils ont faites avant de venir à Yaoundé. Les termes parcours, cheminements ou itinéraires migratoires seront utilisés ici comme synonymes de trajectoires migratoires.

Les récits des enquêtés à Yaoundé font apparaître trois types de parcours migratoires : les trajectoires directes, les trajectoires semi-directes et les trajectoires indirectes.

> Les *trajectoires directes* sont constituées des étapes suivantes : pays de départ – pays de destination : entre les deux, il n'y a pas d'escales particulières.
>
> Les *trajectoires semi-directes* comportent : un pays de départ – les villes intermédiaires dans le pays de destination, avec des durées de séjour de plus d'une semaine, avant l'arrivée et l'installation à Yaoundé.
>
> Les *trajectoires indirectes* sont celles où le Cameroun ne constitue pas le premier pays d'immigration. On note les trajets suivants : Pays de départ – Un ou plusieurs pays d'immigration – Retour éventuel au pays d'origine – Immigration au Cameroun, avec des possibilités de séjours de plus d'une semaine avant l'arrivée à Yaoundé.

L'analyse des parcours des migrants interviewés montre qu'il y a plus de migrants ayant une trajectoire directe et semi-directe parmi les Nigériens et les Nigérians. Pour les ressortissants du Nigeria, cela peut se comprendre, compte tenu de la grande frontière que ce pays partage avec le Cameroun. En ce qui concerne les Nigériens, cela est dû à la migration en chaîne, qui fait que chaque jeune immigrant est précédé d'un frère ou d'un ami à Yaoundé, lequel motive son déplacement. Les Sénégalais, qui ont une longue tradition migratoire et dont le pays est géographiquement plus éloigné du Cameroun, suivent davantage des trajectoires indirectes.

Les lieux où les migrants font escale lors de leur voyage constituent des zones de transit ; il s'agit en fait d'étapes de la migration au cours desquelles le migrant s'arrête pendant plusieurs jours, alors qu'il avait pour objectif de venir à Yaoundé.

La durée du transit varie d'un migrant à un autre et selon les lieux de l'étape. Elle dépend des ressources pécuniaires du migrant, en particulier de son aptitude à financer la suite du voyage, mais aussi des capacités des acteurs impliqués à organiser son transport (Boesen & Marfaing 2014). Pour des raisons d'ordre pratique, la durée minimale du transit considérée ici est d'une semaine, car il arrive dans de nombreux cas que le transit se transforme en séjour forcé plus ou moins long. L'exploitation des données du terrain révèle que les migrants qui ont des trajectoires semi-directes se sont arrêtés pendant au moins une semaine dans une localité du Cameroun avant d'atteindre la capitale

Parcours de Sénégalais

Le tableau 1 précise les itinéraires de deux immigrés sénégalais résidant dans la capitale du Cameroun.

Tableau 1. Parcours migratoire de deux Sénégalais à Yaoundé

Enquêtés		Parcours / Durée				
1. Homme 33 ans	Sénégal	Mali 9 mois	Mauritanie 1 mois	Burkina Faso 1 mois	Bénin 2 mois	Cameroun Depuis 9 ans
2. Homme 43 ans	Sénégal	Cameroun 8 mois	RCA 2 ans	Congo 18 ans	Sénégal 6 à 7 mois	Cameroun Depuis 1 an

Source : Données de terrain, 2016

L'analyse confirme que les Sénégalais de Yaoundé ont suivi en grande partie une trajectoire indirecte. Le Cameroun est pour eux un deuxième, troisième, voire quatrième pays d'immigration. Dans le premier cas évoqué dans ce tableau, quatre destinations ont précédé Yaoundé. En dehors du Mali, les trois autres peuvent être considérées comme des zones de transit, vu les durées, qui n'excèdent pas trois mois. Dans le second, le Cameroun, la RCA et le

Congo sont des lieux où ces migrants ont eu de longs séjours, allant jusqu'à 18 ans, qui ont été de ce fait de véritables zones de destination. Dans les deux cas, le parcours jusqu'à Yaoundé a été indirect.

Parcours de Nigérians

Comme pour les migrants sénégalais, les parcours de quelques Nigérians sont récapitulés dans le tableau suivant.

Tableau 2. Parcours migratoire de trois Nigérians à Yaoundé

Enquêtés	*Parcours / Durée*			
1. Homme 48 ans	Oworé (Nigeria)	Calabar (Nigeria) 2 jours	Limbé (Cameroun) 8 ans	Yaoundé (Cameroun) Depuis 1986
2. Homme 48 ans	Imo State (Nigeria)	Libreville (Gabon) 12 ans	(Nigeria) 3 ans	Yaoundé (Cameroun) Depuis 2006
3. Femme 38 ans	Lagos (Nigeria)	Calabar (Nigeria) 3 jours	Akom (Nigeria) Quelques heures	Bamenda (Nigeria) Quelques heures	Yaoundé (Cameroun) Depuis 1993

Source : Données de terrain, 2016

Les deux premiers immigrants ont eu des itinéraires indirects : l'un a longuement séjourné dans une autre localité du Cameroun, l'autre dans un pays voisin, le Gabon, où l'on retrouve également beaucoup de ressortissants du Nigeria. Le troisième est une femme dont la trajectoire a été linéaire ; elle est arrivée directement à Yaoundé, en passant par le Nord-Ouest du Cameroun, mais sans séjourner plus de trois jours dans une zone donnée. En général, on a observé que, quand les Nigérians partent de leur pays pour le Cameroun, ils passent par les régions du Nord-Ouest et du Sud-Ouest, qui sont les deux régions anglophones du pays. Une autre catégorie de ressortissants de ce pays passe par le Nord du Cameroun, qui, comme les deux précédentes régions, a une frontière commune avec ce pays.

Parcours de Nigériens

Le tableau suivant retrace les cheminements de trois Nigériens. Il montre que les ressortissants du Niger vivant dans la capitale camerounaise viennent pour la plupart directement de leur pays et leur parcours migratoire, s'il n'est pas direct, comporte des étapes brèves. Ces séjours en transit ont pour but de les mener rapidement vers leur destination finale, qui est Yaoundé. Mais, pour des raisons de survie, il peut arriver qu'ils séjournent durant plusieurs semaines dans une localité, afin de rassembler les moyens nécessaires à la poursuite du voyage. En effet, la migration « par étapes » ne se fait pas de manière rectiligne, comme un parcours fixé à l'avance, mais comme autant d'événements, avec leur part d'imprévus, et de déplacements dans des espaces nationaux successifs (Yambéné 2011).

Ici, on remarque une première trajectoire semi-directe, où les séjours à Demsa et à Garoua ont constitué de longues haltes, au cours desquelles le migrant n'est pas resté inactif. Il y a travaillé respectivement dans une plantation et dans la vente ambulante de thé, faute de moyens pour poursuivre directement son voyage. Le second a suivi une trajectoire indirecte : il a passé quatre mois au Nigeria, avant son installation à Yaoundé. La trajectoire du dernier immigrant est également indirecte : le Cameroun est son deuxième pays d'immigration, après un séjour en Algérie.

Tableau 3. Parcours migratoire de trois Nigériens à Yaoundé

Enquêtés	Parcours / Durée							
1. Homme 53 ans	Kaba Tahoua (Niger)	Bouza (Niger)	Maradi (Niger)	Kano (Nigeria)	Yola (Nigeria)	Demsa (Cameroun) 1 mois	Garoua (Cameroun) 4 à 5 mois	Yaoundé (Cameroun) Depuis 1981
2. Homme 25 ans	Maradi (Niger)	Kano (Nigeria)	Ontcha (Nigeria)	Calabar (Nigeria) 4 mois		Mamfé (Nigeria)	Douala (Cameroun)	Yaoundé (Cameroun) Depuis 2012
3. Homme 27 ans	Tahoua (Niger)	Algérie Deux ans	Tahoua (Niger)	Maradi (Niger)	Kano (Nigeria)	Yola (Nigeria)	Maroua (Cameroun)	Yaoundé (Cameroun) Depuis 2006

Source : Données de terrain, 2016

III. Insertion des migrants à Yaoundé, et rôle de l'expérience migratoire antérieure

1. Insertion des primo-immigrants à Yaoundé

L'insertion désigne ici l'intégration dans le pays de destination. Elle a plusieurs dimensions : économique, sociale, culturelle, résidentielle, etc. L'insertion économique renvoie au problème d'accès au revenu et aux emplois que les immigrants exercent au Cameroun. L'insertion professionnelle est ici considérée comme le fait, pour un immigrant, d'obtenir un emploi. L'insertion culturelle est d'abord linguistique : elle se rapporte à la maîtrise du français ou d'autres langues locales parlées au Cameroun et particulièrement à Yaoundé. L'insertion résidentielle est mesurée à travers le statut dans le logement : propriétaire, logé à titre gratuit, locataire associé ou locataire autonome.

Nous abordons les questions d'insertion sous trois angles : l'insertion résidentielle des immigrants (accès au logement à l'arrivée), l'insertion linguistique (maîtrise d'une langue parlée dans la ville), l'insertion professionnelle (accès à un premier emploi à l'arrivée).

Comme l'indique le rapport de l'OIM sur la situation des migrants au Cameroun, « les modes d'insertion socio-économique des travailleurs migrants varient d'une communauté à l'autre. Toutefois, dans la plupart des cas, les travailleurs migrants s'appuient sur des réseaux ethniques et familiaux. Ces réseaux favorisent la constitution de filières professionnelles sur des bases ethno-familiales. Tel est notamment le cas des communautés maliennes et nigériennes. S'appuyant sur les liens de parenté de leurs membres, ces réseaux permettent l'intégration des communautés en facilitant l'arrivée et l'installation de nouveaux migrants, notamment à Yaoundé et Douala » (OIM 2011 : 11). L'analyse des données provenant de notre enquête confirme ces tendances.

En effet, quel que soit le pays d'origine, les primo-immigrants sont en général accueillis et hébergés par des amis, frères ou compatriotes déjà installés à Yaoundé. Lorsque l'immigrant commence une activité (ou même avant pour certains), il s'associe avec d'autres compatriotes pour louer en commun et parfois vivre à plusieurs dans une chambre. Les Nigériens sont pour la plupart au quartier Briqueterie à leur arrivée et s'installent plus tard dans les quartiers Komkana, Madagascar et Carrière. On trouve également les Nigérians à la Briqueterie, à Madagascar, à Carrière, mais aussi à Mvogada.

Les Sénégalais sont disséminés à travers la ville. Ils vivent à trois ou quatre dans une chambre à l'intérieur d'une boutique lorsqu'ils sont boutiquiers, ou dans une maison, que l'un d'eux loue ou qu'ils louent en commun.

Mais, contrairement aux autres communautés, les Sénégalais peuvent se rendre également là où il ne connaissent personne. Selon Souleyman,

« Dès que tu arrives dans une ville, tu demandes juste un Sénégalais, et tu établis un contact. Le Sénégalais, pour t'accueillir, il ne faut pas que tu le connaisses ». En ce qui concerne leur localisation dans la ville de Yaoundé, il affirme : « Nous n'avons pas de quartier. Nous sommes partout. On s'adapte partout, mais on garde nos comportements ».

Les propos de Diallo vont dans le même sens

« Quand un Sénégalais arrive quelque part, il peut ne pas connaître quelqu'un et rester dans une mosquée, avant de commencer son activité. Il peut venir avec un peu d'argent ».

Ametepe *et al.* observent les mêmes comportements de solidarité ethnique à Lomé :

« Comme on peut le soupçonner, dans neuf cas sur dix (89 %) chez les hommes et chez les femmes (91 %), les personnes arrivant en ville bénéficient d'un hébergement familial dont 14 % environ par les "autres parents" c'est-à-dire les oncles, tantes, frères, sœurs. Quels que soit la génération et le sexe, les migrants sont en général hébergés à leur arrivée en ville. Près des deux tiers des hommes et entre 50 % et 60 % des femmes ont bénéficié de l'accueil d'une autre personne pour se loger dans la capitale et cet accueil est plus important pour les plus jeunes ».

Il ressort également des données de terrain que les trois groupes d'immigrants sont confrontés au problème de langue à leur arrivée à Yaoundé. Les Sénégalais interrogés affirment communiquer plus en langues locales qu'en français dans leur pays, mais qu'ils apprennent le français au fil du temps. Yaoundé est une zone francophone, et les Nigérians, qui ne parlent qu'anglais à leur arrivée, ont du mal à communiquer avec les populations. Certains arrivent à contourner la difficulté que leur impose le français, lorsqu'ils trouvent des gens qui parlent les langues hausa et peul[3]. Peter, vendeur de textile et installé au Cameroun depuis 2006, affirme qu'il a appris le français « *doucement doucement* ». Les ressortissants du Niger eux aussi ne parlent pas bien français à leur arrivée. Ceux dont les boutiques se trouvent à la Briqueterie, « le quartier hausa de Yaoundé », parlent aux clients et autres en hausa, mais apprennent progressivement le français. L'apprentissage est plus rapide pour ceux qui pratiquent la vente ambulante, puisqu'ils se confrontent à diverses personnes. Un vendeur de vêtements au marché Mokolo dit :

---

3. Les ethnies hausa et peul se retrouvent également en territoire camerounais.

« Quand je suis arrivé, je ne connaissais rien en français. J'ai appris sur place. Quand tu fais le commerce, tu es obligé d'apprendre, parce que tu écoutes bien ce que les gens te disent, et tu te débrouilles à répondre »,

tandis qu'un autre affirme :

« C'est seulement la tête. Quand je suis arrivé, je ne connaissais rien, j'ai appris sur place ».

Parmi les migrants des trois pays, cinq affirment avoir suivi des cours du soir sur place [4], pour rehausser leur niveau. L'apprentissage de la langue montre la volonté d'intégration du migrant dans la société d'accueil. Selon Claire Extramiana et Piet van Avermaet (2010), la connaissance de la langue de la société d'accueil (en l'occurrence le français, pour le cas de Yaoundé, car c'est la langue de communication entre les habitants de la ville), est de plus en plus une condition nécessaire à l'intégration des migrants dans le pays d'arrivée.

Enfin, il est important de relever que, quel que soit le pays d'origine, les immigrants accèdent au premier emploi dans les semaines suivant leur arrivée. Motif de départ essentiel, la quête d'un travail devient la préoccupation première des immigrants dans leur nouveau lieu d'installation. L'objectif recherché est l'amélioration des conditions de vie, grâce surtout aux revenus plus élevés procurés par le travail urbain (Mounir 1995). Comme pour le logement, les primo-arrivants sont intégrés par leurs communautés dans les nouveaux corps de métiers. Dans certains cas, la promesse d'emploi précède l'émigration : elle en constitue même le motif principal.

Un Nigérian rencontré raconte qu'il est arrivé au Cameroun à l'âge de 18 ans (1986). Sa première destination fut Limbé, une région située dans le Sud-Ouest du Cameroun. C'est son patron qui l'a fait venir dans cette ville, afin qu'il l'aide dans son commerce (vente de textile). Après huit années de travail sans rémunération véritable, cet employeur lui a donné des moyens financiers, dans le but de lui permettre de lancer sa propre activité. Il s'est installé à son propre compte dans la même ville en 1994, poursuivant l'activité à laquelle il a été initié. Sept ans plus tard, en 2001, suite à un problème à Limbé, il a rejoint son frère ainé, déjà installé depuis quelques années à Yaoundé. Il a d'abord travaillé dans la « casse automobile », avant de revenir au commerce du textile, domaine où il exerce jusqu'à ce jour. Ce cas de figure est fréquent chez les ressortissants de ce pays. Ils arrivent jeunes et travaillent avec leur employeur durant cinq à

---

4. Ce chiffre peut paraître insignifiant si on le rapporte aux 28 répondants enquêtés. Toutefois, en contextes africains, il n'est pas rare de constater que certains groupes continuent de privilégier l'éducation non formelle, au détriment de l'enseignement formel ; en outre, ces personnes peuvent se passer de l'usage de la langue française dans leur vie quotidienne. L'inscription à des cours du soir devient nécessaire à l'âge adulte pour ceux qui exercent un métier en zone urbaine, où la langue française est plus utilisée. Cependant, l'assiduité à ces cours est rarement observée.

sept années, qui sont considérées comme des années d'apprentissage et durant lesquelles ils travaillent comme aides-familiaux en même temps. Ces employeurs les logent, jusqu'à ce qu'ils obtiennent d'eux les moyens de poursuivre l'activité économique de façon indépendante.

Chez les ressortissants du Niger, le candidat à l'émigration peut aussi être soutenu ou attiré par une connaissance qui l'a précédé dans cette aventure et s'occupera de l'orienter vers une activité qu'il juge possible pour l'arrivant. Il n'est pas rare qu'un aîné emploie un nouveau migrant, en particulier lorsqu'il tient une boutique ordinaire dans un quartier ou un magasin de vente de pagnes. Pour ceux qui ne sont pas employés, les membres de la communauté qui leur sont proches (parent, ami ou responsable de l'association des ressortissants) s'organisent pour leur trouver les moyens matériels et/ou financiers nécessaires à l'emploi qu'ils voudront bien exercer : tailleur d'ongle, couturier ambulant, vendeur de thé. Le grand frère, avec l'appui des autres, peut se charger de trouver au débutant le matériel nécessaire au démarrage de l'activité. Cet appui peut se faire sous forme d'aide ou de crédit. Alhadji S. (53 ans), propriétaire d'une grande boutique de pagnes, explique le processus d'encadrement du nouveau compatriote en ces termes :

« On commence par lui donner trois ou cinq pagnes qu'il vend dans les rues, après dix ou plus. Petit à petit il avance. Quand il a déjà beaucoup de pagnes, il dépose certains dans la boutique d'un frère, en continuant de vendre les autres comme ambulant, jusqu'à pouvoir ouvrir sa propre boutique ».

Kadiri (41 ans) a commencé par la vente de kola :

« On te donne un peu d'argent, après tu trouves ta part, tu remets ».

Dans certaines situations, le migrant peut demander le soutien de sa famille au Niger, qui vend les biens possédés pour envoyer de l'argent. C'est ainsi qu'un propriétaire de cheptel, de bœufs par exemple, peut demander que l'on vende une partie de ses biens au village, ou celle de ses parents, et qu'on lui envoie l'argent de cette vente, dont il se servira pour (re)lancer ses affaires au Cameroun.

Le migrant sénégalais commence lui aussi par un petit métier. D'après Souleyman, il y a des métiers qui ne nécessitent que 5 à 10 000 francs pour débuter : cordonnerie, vente ambulante de thé/café. Ces métiers sont exercés par le débutant pour une durée qui ne dépasse pas six mois, en général. Il précise le dynamisme de certains groupes ethniques, à travers ces propos :

« Tu ne peux pas voir un Wolof qui n'a pas de métier ».

Chez les migrants de longue durée, on observe une mobilité professionnelle à l'intérieur des différentes activités relevant du secteur informel. Elle peut représenter un parcours positif qui consiste à passer d'un segment inférieur à un segment supérieur du commerce informel, comme le cas par exemple des personnes qui accumulent un capital leur permettant de s'établir à leur propre compte et de devenir propriétaires de grandes boutiques.

Rosaline Dado Worou (2012), qui a étudié la situation des immigrés nigérians au Bénin, observe qu'au bout de quelques années, ceux-ci passent du métier de vendeur ambulant à celui de chef d'entreprise. Elle identifie six parcours entrepreneuriaux chez ces migrants : (i) le premier comprend trois étapes : employé ambulant – employé sédentaire – propriétaire ambulant ; (ii) le second, trois étapes : employé ambulant – employé sédentaire et propriétaire sédentaire ; (iii) le troisième, trois étapes : employé ambulant – propriétaire ambulant – propriétaire sédentaire ; (iv) le quatrième, deux étapes : employé sédentaire – propriétaire sédentaire ; (v) le cinquième, trois étapes : employé sédentaire – propriétaire ambulant – propriétaire sédentaire ; (vi) le quatrième, deux étapes : employé ambulant – propriétaire ambulant.

> L'exemple suivant illustre une ascension professionnelle d'un migrant venant d'une zone rurale du Niger. Alhadji Sahabi (53 ans) est arrivé au Cameroun à l'âge de 18 ans. Il était cultivateur dans son village, avant d'émigrer. À son arrivée au Cameroun, il a travaillé pendant cinq mois dans une plantation avant d'atteindre la capitale du pays. À Yaoundé, il a commencé par vendre du thé de façon ambulante, puis des pièces de pagnes. Environ dix ans après, il s'est associé à d'autres frères pour louer une boutique dans laquelle ils vendaient les pagnes qu'ils importaient du Nigeria. En réunissant un certain capital, il a pu acquérir sa propre boutique, et importe des pagnes de Dubaï et d'Arabie Saoudite. S'étant engagé à épargner la somme de 1 500 000 francs chaque mois pendant dix mois, soit quinze millions, il a réussi à acheter un terrain au Niger. Ce commerçant est aujourd'hui propriétaire d'un immeuble de trois niveaux, au quartier Komkana de Yaoundé, et d'un terrain au quartier Santa Barbara. Alhadji S. a élargi ses activités à d'autres activités, dont la vente de terrains et le change de devises. À l'époque, il épargnait le bénéfice de ses ventes de façon traditionnelle à la maison ou dans les tontines, mais aujourd'hui il a des comptes bancaires et essaie d'intéresser ses compatriotes à ce système d'épargne. Son statut de représentant du parti national nigérien au Cameroun lui a permis de se constituer des relations sociales dans les plus hautes sphères des sociétés nigériennes et camerounaises. Son ambition est de parvenir à attirer des investisseurs camerounais au Niger. Ce parcours est un exemple de réussite pour un migrant économique arrivé dans des conditions précaires. Il existe des migrants qui demeurent dans des activités de maintien et de survie de leurs familles au Niger et

> au Cameroun, tandis que d'autres font des migrations saisonnières qui les amènent à retourner au Niger pendant les saisons de cultures.

L'ascension des Nigérians est aussi visible au bout d'une dizaine d'années de travail. Certains immigrants interrogés ont commencé comme aide familial, puis employé, et plus tard entrepreneurs. Lorsqu'ils estiment que leurs moyens le leur permettent, ils font venir un cadet qui les seconde dans leurs affaires, puis responsabilisent ce dernier dans la gestion du travail, pendant qu'eux-mêmes entreprennent de voyager à l'étranger pour faire venir des marchandises et élargir leur commerce.

2. Rôle de l'expérience migratoire antérieure

De manière générale, l'expérience désigne la pratique de quelque chose, de quelqu'un, la connaissance tirée de cette pratique ; c'est aussi une épreuve de quelque chose, dont découlent un savoir, une connaissance, une habitude. L'expérience peut également être entendue comme l'instruction acquise par l'usage de la vie, ou encore l'épreuve dont on peut tirer une leçon de sagesse. C'est aussi le résultat de cette acquisition, l'ensemble des connaissances concrètes acquises par l'usage et le contact avec la réalité de la vie, et prêtes à être mises en pratique. Partant de ces acceptions générales, l'expérience migratoire pourrait être comprise comme l'ensemble des connaissances acquises durant les différentes étapes de la vie du migrant. La migration est cette épreuve que les migrants traversent et l'expérience migratoire est la « leçon de sagesse » ainsi apprise.

Les études relatives au rôle de l'expérience migratoire antérieure sur les capacités d'intégration en contexte africain ont concerné soit les migrants de retour au pays d'origine, soit les immigrés subsahariens dans les pays du Nord. Dans ce cas, des indicateurs objectivement vérifiables peuvent être le niveau d'instruction au départ, les formations suivies, la reconnaissance ou non des diplômes antérieurs, la reconnaissance des qualifications acquises avant l'immigration, entre autres. L'analyse porte alors sur le rapport entre les compétences du migrant et l'emploi exercé, pouvant mener à une possible situation de déqualification, comme le rappelle l'ouvrage édité par Natalia Ribas Mateos et Véronique Manry (2013) :

> « Le niveau d'éducation, les compétences et/ou l'expérience font partie des critères utilisés pour définir les catégories de qualification, même si des recherches récentes ont tenté d'introduire une distinction plus poussée entre les "qualifiés", qui ont au minimum

reçu une éducation secondaire, et les "hautement qualifiés", qui ont un diplôme d'université ou équivalent » (OCDE 2002).

Cependant, lorsqu'il s'agit des activités peu structurées et ne relevant pas du secteur moderne, avec des migrants peu instruits et en l'absence d'éléments objectivement comparables, il devient difficile d'observer le phénomène de déqualification, les travailleurs n'étant pas qualifiés au sens de l'OCDE.

Pour contourner ces difficultés, la recherche s'est appuyée sur les compétences accumulées au cours du cheminement migratoire. À travers les récits biographiques en effet, on a pu se rendre compte que l'insertion à l'arrivée, que ce soit au niveau linguistique, résidentiel ou professionnel, peut être également liée à l'expérience que le migrant a acquise antérieurement. Ainsi, le migrant qui a une trajectoire directe n'a pas les mêmes facilités d'insertion que celui dont la trajectoire est semi-directe ou indirecte. Le fait d'avoir immigré dans un premier pays ou une première localité à l'intérieur d'un même pays procure des compétences qui peuvent être utiles dans le second pays, et ainsi de suite. Ces savoir-faire acquis au fil des séjours successifs à l'étranger sont regroupés sous le terme d'expérience migratoire.

Quelques cas particuliers peuvent être présentés pour illustrer diverses situations vécues par les immigrants.

Cas de deux Nigériens

Ce qui a été noté dans la littérature, peut être comparé à ce que les analyses ont révélé des situations qui nécessitent que le migrant fasse, au cours de sa progression vers Yaoundé, des haltes durant lesquelles il se voit souvent obligé de travailler. C'est le cas de cet homme qui, durant son séjour à Garoua, n'ayant plus assez d'argent, a vendu du thé, de façon ambulante. C'est aussi le premier métier qu'il a exercé plus tard à Yaoundé, pour débuter sa carrière. Les localités de transit [...] permettent très souvent aux acteurs de cette forme de migration de trouver une occupation temporaire afin d'épargner pour la poursuite de leur voyage. Ainsi, comme le relève aussi, Mehdi Lahlou (2003 : 15), le transit est mis à profit pour faire augmenter les économies emportées dès le pays d'origine, comme le rapporte Bomono Henri Yambéné (2011).

Tableau 4. Parcours migratoire d'un Nigérien à Yaoundé

Trajectoire	Kaba-Bouza, Tahoua (Niger) →	Demsa (Nord-Cameroun) →	Garoua (Nord-Cameroun) →	Yaoundé
Durée du séjour		1 mois	4 à 5 mois	Arrivé en 1981
Expériences		A travaillé dans une plantation pour avoir quelques moyens afin de poursuivre le voyage	A vendu du thé de façon ambulante	Vendeur de thé Vendeur ambulant de pagnes Propriétaire d'une boutique de pagnes

Source : Données de terrain, 2016

Le second cas mis en exergue est celui d'une personne qui, lors de sa première expérience migratoire en Algérie, a été commerçant ambulant. On constate qu'il met à profit cette première expérience une fois parvenu à Yaoundé, en y débutant aussi sa carrière comme vendeur ambulant, même si les produits vendus ne sont pas nécessairement les mêmes.

Tableau 5. Parcours migratoire d'un Nigérien à Yaoundé

Trajectoire	Niger (Tahoua) →	Algérie (Alger) →	Niger (Tahoua) →	Cameroun (Yaoundé)
Durée du séjour		2 ans	1 an	Arrivé en 1981
Expériences		Petit commerce : Vente ambulante de petits articles : Lunettes, ceintures, bagues en argent	Agriculture et commerce général	Vendeur de thé Vendeur ambulant de pagnes Change de devises Vente de remèdes pour médecine traditionnelle

Source : Données de terrain, 2016

Cas de trois Nigérians

Dans le premier cas, on peut remarquer que ce Nigérian ne parlait pas français à son arrivée au Cameroun. Les huit années passées à Limbé, une ville où le français et l'anglais sont parlés, lui ont procuré des compétences en langue française. Le métier exercé à Yaoundé correspond à celui qu'il a appris dans cette première ville d'immigration.

Tableau 6. Parcours migratoire d'un Nigérian à Yaoundé

Trajectoire	Owore (Nigeria)	Cameroun (Limbé)	Cameroun (Yaoundé)
Durée du séjour		8 ans	Arrivé en 2001
Expériences		Apprenti/Aide-familial (Vendeur de tissus + literie) Travailleur indépendant (Vendeur de tissus + literie) A appris à parler français	Travailleur indépendant (Vendeur de tissus + literie) S'exprime couramment en français facile

Source : Données de terrain, 2016

Tableau 7. Parcours migratoire d'un Nigérian à Yaoundé

Trajectoire	Nigeria (Imo State)	Gabon (Libreville)	Nigeria	Cameroun (Yaoundé)
Durée du séjour		12 ans	3 ans	Arrivé en 1990
Expériences		Apprenti/Aide-familial Commerce général Gestion d'une Alimentation A appris à parler français		Travailleur indépendant (Vendeur de tissus + literie) S'exprime couramment en français facile

Source : Données de terrain, 2016

Pour le deuxième immigrant nigérian, le séjour au Gabon a été une période d'apprentissage et d'acquisition de compétences dans le domaine du commerce. Elle a également favorisé l'apprentissage du français.

Le troisième cas fait ressortir le parcours d'un Nigérian dont le Cameroun représente le cinquième pays d'immigration. Partout où il a été, il a exercé le même métier, celui d'enseignant du Coran et d'Imam. À propos des expériences passées qui lui sont utiles aujourd'hui, il affirme que ses séjours dans tous ces pays lui sont profitables à l'heure actuelle ; il y a 40 ans, il a étudié des textes coraniques qui lui sont extrêmement utiles dans les enseignements qu'il dispense aujourd'hui.

Tableau 8. Parcours migratoire d'un Nigérian à Yaoundé

Trajectoire	Nigeria (Jalingo Muri)	Gabon	RCA	Ex-Zaire	Angola	Cameroun (Yaoundé)
Durée du séjour		3 ans	1 an	1 an et 1/2	2 ans	Arrivé en 1990
Expériences		Enseignement du Coran, Imam				Enseignement du Coran, Imam

Source : Données de terrain, 2016

Cas de deux Sénégalais

Pour le premier immigré sénégalais, le Cameroun a été le premier pays d'immigration, mais aussi le quatrième. Il est boutiquier depuis toujours, mais c'est son statut dans l'emploi qui a varié selon les étapes de son parcours : employé au départ, associé, puis propriétaire par la suite. Il exerce le même métier et on peut supposer que ses différents parcours ont renforcé son expérience dans ce travail. L'intéressé affirme avoir suivi des cours du soir au Congo, pour améliorer son niveau en français. Ce cas montre aussi l'importance de la formation avant le départ en immigration, comme l'ont souligné Fofo Ametepe *et al.* (2005 : 136) pour Lomé :

« La situation dans l'activité avant de migrer apporte des résultats édifiants. Ainsi, note-on que par rapport aux migrants sans occupation avant l'arrivée en ville, ceux ayant fait des études, ayant été en apprentissage ou ayant eu une expérience professionnelle courent un risque plus élevé ([sic] d'avoir un emploi à Lomé : le risque relatif est particulièrement significatif pour les migrants ayant déjà travaillé avant de venir à Lomé ».

Tableau 9. Parcours migratoire d'un Sénégalais à Yaoundé

Trajectoire	Sénégal →	Cameroun →	RCA →	Congo →	Sénégal →	Cameroun (Yaoundé)
Durée du séjour		avril 1994-novembre 1994 (8 mois)	1994-1996 (2 ans)	1996-2014 (18 ans)	2014 (6 à 7 mois)	Revenu en décembre 2015
Expériences		Employé	Associé	Propriétaire A suivi des cours du soir : A appris le français	Commerce	Boutiquier Propriétaire S'exprime couramment en français facile
		Boutiquier depuis toujours				

Source : Données de terrain, 2016

Le second natif du Sénégal a vécu au Mali pendant neuf ans, puis a transité par trois autres pays avant d'atteindre le Cameroun. Ses arrêts en Mauritanie, au Burkina Faso et au Bénin lui ont été profitables, puisqu'il a toujours eu la carrière de « petit commerçant ». En dehors des compétences acquises dans le cadre du travail, il parle des « compétences sociales » que ces voyages lui ont procurées, en ces termes :

> « J'ai côtoyé beaucoup de communautés chrétiennes avant d'arriver au Cameroun. Au pays, il n'y a pas beaucoup de chrétiens. Si tu sors, tu trouves des chrétiens, on se mélange. Les cultures sont différentes. Et puis, quand je venais, je ne savais pas qu'il y a des musulmans ici ».

Tableau 10. Parcours migratoire d'un Sénégalais à Yaoundé

Trajectoires	Sénégal →	Mali →	Mauritanie →	Burkina F →	Bénin →	Cameroun
Durée du séjour		9 mois	1 mois	1 mois	2 mois	Depuis 9 ans
Expériences		Boutiquier (Employé)	Vendeur ambulant			Boutiquier (Propriétaire)
			Je cherchais l'argent pour continuer			

Source : Données de terrain, 2016

Notons en dernier lieu le fait que l'analyse des récits biographiques apporte des témoignages intéressants sur la perception qu'ont les migrants de l'expérience de la migration par voie terrestre (en l'occurrence, par étape). Ces propos d'un Nigérien en sont une illustration :

« Pour moi, voyager par route, c'est important. Ça t'aide à connaître la vie, à créer des amitiés. Soit si ton argent est fini en route on t'aide, soit c'est toi qui aide les autres. Si tu as peur, tu n'auras plus peur. Si tu n'as pas pitié, tu auras pitié. Même si tu as quelque intelligence, si tu n'as pas voyagé, tu es un villageois, tu es limité. Quand tu côtoies les gens pendant le voyage, ça te donne une expérience, pour savoir comment vivre avec les gens ».

Ce propos montre l'importance de ces « autres types de compétences » aussi. Il s'agit d'une leçon de maturation pour le migrant. Il y a également ce capital social constitué au cours des différents trajets, c'est-à-dire des contacts qui s'établissent durant le voyage et aident plus tard. C'est le cas d'un enquêté qui ne connaissait personne en venant au Cameroun. Au cours de son voyage, il fait la connaissance d'un Camerounais avec qui il se lie d'amitié et ils poursuivent tous deux le voyage jusqu'à Yaoundé. Plus tard, c'est ce natif du Cameroun qui lui indiquera le quartier où il pouvait trouver un métier en rapport avec ses qualifications de tailleur-brodeur.

Conclusion

L'étude de l'immigration des Sénégalais, des Nigérians et des Nigériens au Cameroun a souligné l'ancienneté et l'importance du phénomène à Yaoundé.

En essayant de suivre les cheminements des migrants pour arriver à Yaoundé, de décrire les modes d'insertion et leurs variations selon les nationalités et de noter les bénéfices tirés de leurs expériences migratoires pour leur insertion, cette étude de cas menée à partir des trois pays de l'Afrique de l'Ouest a révélé la complexité des cheminements migratoires. Les migrants peuvent arriver par des trajets directs, lorsqu'ils ont de solides contacts dans le lieu d'accueil et ont réuni les moyens nécessaires au déplacement, que celui-ci s'effectue par voie aérienne ou routière. Un nombre important d'entre eux par contre arrivent après des parcours indirects. Le premier cas est celui des migrants pour lesquels le Cameroun est le deuxième, voire le troisième pays d'immigration ; dans le second les migrants empruntent des voies routières, en passant par de nombreuses étapes intermédiaires, le plus souvent pour des nécessités financières.

S'agissant de leur intégration dans le pays d'accueil, les analyses ont confirmé les résultats d'études antérieures, à savoir que l'insertion des migrants dans le lieu d'accueil est tributaire des éléments individuels et structurels suivants : appartenance à un réseau de relations, capacité à constituer un réseau sur place, compétences avant le départ en migration (niveau d'études, formation professionnelle), diplômes et qualifications acquises sur le lieu de destination. Ces analyses ont aussi mis en évidence d'autres facteurs d'insertion, à savoir ceux que procure l'expérience migratoire. En effet, les trajectoires indirectes fournissent à l'individu qui est en migration des atouts dont il se sert à l'arrivée : réseaux sociaux constitués au cours du voyage ou dans les lieux de transit, compétences acquises au cours du parcours. De même, l'immigration multiplie et renforce les capacités du migrant à rechercher un emploi ou un logement. La compétence linguistique, par exemple, peut être un obstacle à l'accès des immigrés à des emplois pour lesquels ils sont pourtant qualifiés. Les migrants ont pu apprendre une langue dans leur pays de transit, étudier et même travailler.

C'est dire que la problématique de l'insertion ne commence pas dans le lieu d'accueil. Elle commence dès le départ du pays d'origine, et passe par les étapes intermédiaires du voyage et de la migration.

Bibliographie

Ametepe Fofo, Beguy Donatien, 2005, « Les déterminants de l'insertion des migrants sur le marché du travail à Lomé », in *Populations en transition. Dix communications présentées au XXVe Congrès général de la population (Tours, France, 18-23 juillet 2005)*, Unité de recherche Population et développement, pp. 125-143.

Baby-Collin V., Cortes G, Faret L., 2009, « Transferts migratoires, trajectoires de mobilité et développement. Regards croisés sur la Bolivie et le Mexique », *in* V. Baby-Collin, G, Cortes, L. Faret & H. Guetat-Bernard (dir.), *Migrants des Suds*. Marseille, IRD editions, pp. 237-260.

Barou Jacques, 1976, « L'émigration dans un village du Niger », *Cahiers d'études africaines*, *16*, n° 63-64, pp. 627-632. http//www.persee.fr/doc/cea_0008-0055_1976_num_16_63_2520 [consulté le 19 mai 2016].

Boesen Elisabeth, Marfaing Laurence (dir.), 2014, *Mobilités dans l'espace ouest-africain. Ressources, développement local et intégration régionale*, Paris, Karthala, 256 p.

BUCREP (Bureau central des Recensements et des études de Population), 2010, *Mouvements migratoires, 3e Recensement général de la Population et de l'Habitat*, vol. II, tome 9, 278 p.

Chicha M.T., 2009, *Le mirage de l'égalité : les immigrés hautement qualifiés à Montréal*, Rapport de recherche pour la Fondation canadienne des relations sociales.

Cissé Pierre, 2009, « Migration malienne au Cameroun. À la conquête du secteur informel », *Hommes et migrations, 1219 L'Afrique en mouvement*, pp. 38-51.

Dia Hamidou, 2015, *Trajectoires et pratiques migratoires des Haalpulaaren du Sénégal. Socio-anthropologie d'un village multi-situé*, Paris, L'Harmattan.

Efionayi-Mäder Denise, Moret Joëlle, Pecoraro Marco, 2005, *Trajectoires d'asile africaines, Déterminants des migrations d'Afrique occidentale vers la Suisse*, Swiss Forum for Migration and Population Studies, Rapport de recherche 38A, 85 p.

Extramiana Claire, Avermaet Piet Van, 2010, « Apprendre la langue du pays d'accueil », *Hommes et migrations*, *1288*, pp. 8-20, [En ligne], mis en ligne le 29 mai 2013, consulté le 12 décembre 2016, URL : http ://hommesmigrations.revues.org/847, 20 p.

Fall Papa Demba, 2003, *Migration internationale et droits des travailleurs au Sénégal*, Rapport soumis à l'Unesco, SHS/2003/MC/5.

Fomekong Félicien, 2008, *L'insertion des migrants africains dans le marché du travail au Cameroun*, Atelier sur les migrations africaines, Les recherches sur les migrations africaines : méthodes et méthodologies, Rabat, Maroc.

Franqueville André, 1979, « Croissance démographique et immigration à Yaoundé », *Cahiers d'Outre-Mer*, *32*, *128*, pp. 321-354.

Haeringer P., 1973, « Cheminements migratoires maliens, voltaïques et nigériens en Côte d'Ivoire », *Cahiers ORSTOM, Sciences humaines*, *10*, 2-3, pp. 195-201.

Heisz A., 2006, *Le Canada et ses villes mondiales : conditions socio-économiques à Montréal, Toronto et Vancouver. Tendances et conditions dans les régions métropolitaines de recensement*, Division de l'analyse des entreprises et du marché du travail, Statistique Canada, pp. 5-33.

Jolivet Violaine, 2007, *La notion de trajectoire en géographie, une clé pour analyser les mobilités ? Regards croisés sur des trajectoires caribéennes*, échoGéo, 2007-2, http://echogeo.revues.org/1704.

Kouamé Aka, Gueye Abdoulaye, Antoine Philippe, 1998, « L'insertion des migrants sur le marché du travail à Yaoundé : processus et déterminants », Projet Campus n°94016400-Yaoundé, novembre 1998, *Crise et processus d'insertion urbaine : le cas de la ville de Yaoundé*, Paris, CEPED, 60 p.

Lahlou Mehdi, 2003, « Le Maghreb : lieux de transits », *La pensée de midi*, *10*, 2003-2, pp. 40-51. https://www.cairn.info/revue-la-pensee-de-midi-2003-2-page-40.htm

Lututala Mumpasi B., 2007, *Les migrations en Afrique centrale : caractéristiques, enjeux et rôles dans l'intégration et le développement des pays de la région*, Oxford, University of Oxford, International Migration Institute, 27 p. www.imi.ox.ac.uk/files/events/lututala.pdf.

Maîga Djibo, 2011, *Genre et migration au Niger*, CARIM-South; CARIM Analytic and Synthetic Notes; 2011/08, Gender and Migration Series – Robert Schuman Centre for Advanced Studies, San Domenico di Fiesole (FI), Institut universitaire européen, http://cadmus.eui.eu/handle/1814/15593.

Mba Robert Marie, Amougui Apollinaire Tite, Devillard Alexandre, Motuin Lucie B., 2011, *évaluation de la gestion des migrations de travail au Cameroun : politiques, législation et pratiques*, Dakar-Paris, OIM/GIP International, 85 p.

Mounir Zouiten, 1995, *Migrations, réseaux familiaux et stratégies d'insertion urbaine des migrants ruraux au Maroc*, Université de Montréal, Ph.D Géographie – Aménagement.

Nkene Jacques-Blaise, *Les immigrés nigérians à Douala : problèmes et stratégies d'insertion sociale des étrangers en milieu urbain*, GRAPS/Université de Yaoundé II, Polis/RCSP/CPSR, Vol 7, Numéro spécial, 1999/2000, 22 p.

—, 2001, « Les étrangers, acteurs de la vie politique camerounaise : l'expérience des immigrés nigérians dans la ville de Douala », *Polis / RCSP / CPSR, vol. 8*, numéro spécial.

—, 2004, « De la migration à la crise identitaire : quelle citoyenneté pour les migrants Igbos au Cameroun ? » in Luc Sindjoun (dir.), *État, individus et réseaux dans les migrations africaines*, Paris, Karthala, pp. 236-264.

OIM, 2009, *Migration au Cameroun. Profil national 2009*, Genève, Organisation internationale pour les Migrations, 128 p.

OIM/GIP International, 2011, *évaluation de la gestion des migrations de travail au Cameroun : politiques, législation et pratiques*, Genève, Organisation internationale pour les Migrations.

Ouallet Anne, 2008, « La question migratoire et les dynamiques transsahariennes à travers l'exemple malien », *Annales de géographie,* 663, 5, pp. 82-103 URL : www.cairn.info/revue-annales-de-geographie-2008-5-page-82.htm. DOI : 10.3917/ag.663.0082.

Ribas Mateos Natalia, Manry Véronique (dir.), 2013, *Mobilités au féminin. La place des femmes dans le nouvel état du monde*, Saint-Denis, Institut Maghreb-Europe, Paris, Karthala, 513 p.

Slaoui H, 2008, *Les travailleurs immigrants sélectionnés et l'accès à l'emploi qualifié au Québec*, Rapport de recherche soumis en vue de l'obtention du grade de Maître en sciences économiques, Université de Montréal.

Traoré Sadio, 1993, « Réseau de recherches sur les migrations et l'urbanisation dans le Sahel : état des connaissances. Synthèse régionale », Bamako, CERPOD, études et Documents du CERPOD, n° 14, 70 p.

Vayman Irina, 2012, *Expérience migratoire antérieure et déqualification : étude de cas portant sur des immigrants russophones à Montréal*, Université de Montréal, Mémoire de maîtrise ès sciences en relations industrielles.

Weiss Thomas Lothar, 1998, « L'Union nigériane du Cameroun. Le pouvoir d'une communauté acéphale dans la diaspora », in Dominique Guillaud, M. Seysset, Annie Walter (dir.), 1998, *Le voyage inachevé… à Joël Bonnemaison*, Paris, ORSTOM, pp. 275-280.

Worou Rosaline Dado, 2012, Parcours entrepreneuriaux des migrants nigériens au Bénin, Université d'Abomey-Calavi, République du Benin, mis en ligne le 32 décembre 2012, consulté le 1er novembre 2016. URL : http:www.strategie-aims.com/events/.../25…migrants-nigeriens-au-benin/download;

Yambene Bomono Henri, 2011, « Filières migratoires transsahariennes du Cameroun vers le Maghreb », *Cahiers de l'Urmis*, *13,* 2011, mis en ligne le 12 octobre 2011, consulté le 27 avril 2016. URL : http://urmis.revues.org/1027.

8. Cascadeurs de motos et contournement des normes dans l'espace CEMAC (1990-2015)

LOPPA NGASSOU

Un cascadeur est un acrobate qui exécute des séries de chutes et sauts, ainsi que des scènes dangereuses dans des films (Rey 2001 : 1974). Au cirque, il est spécialiste des chutes volontaires et des sauts dangereux [1]. Par extension, un cascadeur est une personne consciente du risque qu'elle prend dans la pratique de son activité (Rey 2001 : 1974). Cependant, les cascadeurs évoqués dans cette contribution forment une catégorie d'acteurs économiques, qui vont du Cameroun au Nigeria à motos ou par transport en commun, y achètent des motos et diverses autres marchandises [2]. Ils reviennent ensuite à moto pour écouler leurs produits dans différents marchés des pays de la CEMAC [3]. La désignation "cascadeurs de motos" ou l'abréviation "cascadeurs" utilisée ci-dessous, est inspirée – tout comme pour le premier groupe de cascadeurs – par les risques pris dans la pratique de leur activité, en conduisant à grande vitesse. Ils surmontent deux types d' "embûches". Le premier est constitué par l'espace géographique dans lequel ils exercent leur activité : ils empruntent très souvent des pistes de brousse et sont ainsi amenés à se faufiler entre les arbustes et dans les champs, sur les chemins

---

1. .*Grand Dictionnaire Encyclopédique Larousse*, 1982, t. II, p. 1839.
2. .Diverses marchandises sont ainsi transportées. Certains cascadeurs transportent uniquement des motos, parce qu'ils estiment que cela leur permet de faire rapidement un grand nombre de voyages entre le Nigeria et les pays de la CEMAC. D'autres maximisent leurs gains en transportant d'autres marchandises en plus. Le transport se fait avec de vieilles motos ou avec des motos neuves, celles-ci étant revendues une fois parvenus à destination.
3. .CEMAC : Communauté économique et monétaire de l'Afrique centrale constituée du Cameroun, de la Guinée équatoriale, du Gabon, du Congo, du Tchad et de la République centrafricaine.

qu'ils empruntent. Le second se trouve aux différents postes de contrôle des douanes, de police et de gendarmerie situés le long des routes empruntées.

Bien que la priorité soit donnée aux motos, les cascadeurs transportent également des marchandises pour d'autres commerçants : motos et leurs pièces détachées, produits de première nécessité, biens de consommation courante, ballots de pagnes et autres tissus, biens d'équipement, appareils électroniques et ménagers, biens intermédiaires, sacs de ciment, bref tout ce qui peut être chargé sur leurs motos et être ensuite revendu. Cette étude s'intéresse aux modes de déplacements transfrontaliers de ces acteurs économiques qui s'illustrent du Nigeria [4] aux frontières du Tchad et de la République centrafricaine en passant par le Nord Cameroun.

Cette réflexion part d'un constat : les cascadeurs refusent de se conformer – sauf s'ils sont contraints – aux code et tarifs douaniers de la CEMAC et de l'UDEAC [5] et à d'autres normes officielles [6]. D'après eux, le respect de celles-ci ne leur permet pas d'obtenir une rentabilité économique satisfaisante. Par conséquent, les lois concernant la douane et l'import-export les poussent plutôt à adopter des moyens de contournement de la législation en vigueur (Tchokomakoua 1991 : 38). Dans ces conditions, les cascadeurs en zone CEMAC déploient diverses "pratiques locales" pour traverser les différentes frontières. Leur activité se définit par la mobilité et vise leur réussite économique (Soulages & Erbetta 2015 : 45). Par ailleurs, les échanges économiques entre différents pays se sont maintes fois appuyés sur des réseaux familiaux ou communautaires accordant des rôles importants à la religion, à la parenté et aux alliances (Grégoire & Labazée 1993 : 6). Un exemple est fourni dans l'étude d'Agnès Lambert sur les réseaux marchands féminins du chemin de fer Dakar-Niger, dont l'organisation est sous-tendue par des logiques de relations de genre et de parenté, ainsi que de rapports entre personnes de statuts différents (Lambert 1993). Aussi, la réussite d'un projet migratoire

---

4. .Le Nigeria est le principal point d'approvisionnement en marchandises pour les cascadeurs de la zone CEMAC, dont les premiers se rendaient jusqu'à Kano, Maiduguri et Djimeta, avant de voir le marché de motos et autres marchandises se reconcentrer à Muby, plus proche du Nord Cameroun. Aujourd'hui, l'instabilité au Nigeria et les exactions de la secte Boko Haram ont amené ces acteurs économiques à ne plus trop s'aventurer à l'intérieur du Nigeria.
5. .Le code des douanes de la CEMAC régit les modalités de circulation des marchandises dans la zone CEMAC. Il détaille les critères à remplir pour transporter des marchandises dans cet espace, y compris pour régler le trafic ou la circulation des motos. Le tarif des douanes de l'UDEAC indique à l'importateur et à l'exportateur la catégorie de chaque marchandise et précise le montant des droits de douane et autres taxes à percevoir. L'acte additionnel n° 08/CEMAC-CCE-05, du 29 juin 2005, relatif à la circulation des personnes en zone CEMAC, fait également partie des textes juridiques qui définissent les différents critères à remplir pour circuler en zone CEMAC.
6. .Les autres normes officielles sont la mise en place des postes de contrôle – de douane, de police et de gendarmerie – pour y faire respecter les textes juridiques.

dépend de la capacité à entreprendre du migrant (Bredeloup 2014). Or, au seuil des années 1990, les travaux sur les migrations africaines ont appréhendé celles-ci comme des causes de développement ou ayant des conséquences sur lui, et moins dans leurs manifestations ou à travers des figures des migrants (Bredeloup 2014 : 7). Plus proche de la présente réflexion, on distingue divers travaux et rapports sur les échanges transfrontaliers et commerciaux entre le Nigeria et quelques pays de la CEMAC, sur l'état des lieux de l'intégration économique dans cette zone. Ceux-ci ont, entre autres, mis l'accent sur le commerce de l'essence entre le Nigeria et le Cameroun (Herrera 1998), la nature des produits et relations commerciales entre le Nigeria et le Cameroun (Herrera 1995 ; INS 2014), ou encore l'état de la convergence des économies de la CEMAC (Laffiteau & Edi 2014).

L'analyse des pratiques locales des cascadeurs dans l'espace CEMAC met en exergue la diversité des moyens mis en place par ceux-ci afin de se mouvoir dans un environnement qui, a priori, leur est peu favorable d'un point de vue économique. À cet effet, cette étude se concentre sur les strategies d'un groupe d'acteurs des échanges transfrontaliers et commerciaux et évalue la capacité des cascadeurs à surmonter les déterminismes officiels, à se conformer certes aux règles de la circulation des biens et des personnes, mais également, à résister et à déjouer les lois qui ne favorisent pas leur épanouissement économique (Haicault 2012 : 12). Ces "stratégies locales" s'entendent également comme des normes pratiques, qui renvoient à un ensemble d'attitudes, comportements et actes de ces cascadeurs, qui s'écartent des normes officielles (Olivier de Sardan 2001 : 61). S'attarder sur ces moyens de contournement revient également à cerner de manière pragmatique le système (Crozier & Friedberg 1977 : 11) sur lequel repose la mobilité transfrontalière de ces acteurs. Ainsi, on décrira les pratiques locales couramment utilisées par ceux-ci pour faciliter les déplacements lors du trafic des motos et autres marchandises. Pour cela, nous évoquerons dans un premier temps la dynamique du trafic des marchandises et les acteurs qui sont impliqués. Dans un second temps, nous étudierons les stratégies permettant aux cascadeurs d'aller et de revenir du Nigeria, pour se rendre ensuite au Cameroun, au Tchad et en République centrafricaine.

Méthodologie

La présente recherche s'inscrit dans le courant de la *Nouvelle Histoire* (Le Goff & Nora 1974), issu de l'école des Annales (Febvre 1992 ; Bloch 1952), qui a la particularité d'intégrer dans le champ historique de nouveaux problèmes à étudier, ce pour privilégier l'écriture d'une histoire économique et sociale plutôt que politique (Duby 1974). Ce défi dans le champ de l'histoire favorise également de nouvelles approches d'étude. À titre d'exemple, les crises économiques sont une variable qui explique les changements, ruptures et continuités dans le cours de l'histoire (Bouvier 1974). Ainsi, l'on se demandera si les crises économiques survenues dans les années 1980 dans la majorité des pays d'Afrique subsaharienne expliquent, au moins en partie, les normes pratiques existant dans cet espace, en l'occurrence celles de contournement des normes officielles par les cascadeurs. Avec l'école des Annales, l'événementiel centré sur l'action des grands hommes n'est plus considéré comme seul objet d'étude en histoire : à cet effet une pluralité d'objets d'étude est proposée, au rang desquels les représentations sociales ou encore les pratiques sociales qui sont examinées dans cette étude. Par ces caractéristiques, l'école des Annales se démarque du courant historique positiviste/méthodique, qui était essentiellement tourné vers l'écriture d'une histoire du pouvoir politique et des grands événements de la société (Langlois & Seignobos 1898). Ainsi redéfinie, l'écriture de l'histoire par les tenants de l'école des *Annales*, et plus particulièrement ceux de la *Nouvelle Histoire*, marque une rupture épistémologique et méthodologique avec l'école positiviste. La présente réflexion rejoint ce courant en s'intéressant aux pratiques propres à rendre effective la mobilité des cascadeurs dans un espace géographique de l'Afrique actuelle. Elle privilégie ainsi une histoire du quotidien d'un groupe de « cadets sociaux », et non une histoire du passé des « grands hommes » de la société, qui est privilégiée par les historiens positivistes. L'école des *Annales* s'identifie également par son ouverture à d'autres disciplines comme l'économie, l'archéologie, la géographie (Braudel 1949). D'où son prolongement vers des disciplines telles que la sociohistoire (Noiriel 2006). C'est dans cette optique que le présent travail adopte une perspective sociohistorique, afin de retracer la dynamique du trafic des motos et autres marchandises en zone CEMAC dans ses différentes séquences spatio-temporelles. Elle s'attelle aussi à faire ressortir les relations de pouvoir, de complémentarité entre les cascadeurs, l'ordre gouvernant et les autres composantes impliquées dans ce trafic concernant les motos et d'autres produits.

Enfin, cette perspective a permis d'expliciter les solutions trouvées par les cascadeurs pour résoudre les difficultés rencontrées dans la circulation des biens et des marchandises, depuis le début de ladite activité. Cette contribution s'appuie sur la littérature scientifique concernant les questions de mobilité spatiale et économique, d'activités transfrontalières et d'économie informelle, ainsi que sur des résultats d'entretiens réalisés d'août à novembre 2015, dans trois régions du Nord Cameroun : l'Adamaoua (Ngaoundéré), l'Extrême-Nord (Maroua) et le Nord (Garoua centre, Lagdo, Guider, Dourbey, Doumo). Ces régions ont été choisies pour deux raisons : d'une part, le Nord Cameroun est l'épicentre de l'activité des cascadeurs et recouvre la majeure partie du trajet qu'ils effectuent ce qui permettait ainsi d'appréhender cette réalité à partir du lieu de départ ; d'autre part, nous avons identifié dans ces régions des cascadeurs d'origine nigériane, tchadienne et centrafricaine, qui font régulièrement les lignes Nigeria-Cameroun-Tchad et Nigeria-Cameroun-République centrafricaine dans le cadre de leur activité et ont été à même de décrire le trafic des motos entre les quatre pays (Nigeria, Cameroun, Tchad et République centrafricaine). Les enquêtes orales ont consisté en la réalisation d'entretiens privés et semi-privés menés auprès d'un échantillon de 45 cascadeurs, qui était uniquement masculin, car ce trafic est exclusivement pratiqué par les hommes. Parmi eux, on distingue des cascadeurs en exercice et d'autres qui se sont reconvertis en revendeur de motos. On a aussi interrogé des personnes qui sont des voisins, des amis ou des frères de cascadeurs, ou des intermédiaires qui rapportent souvent des commandes de motos aux cascadeurs et sont plus ou moins impliquées. Quelques agents et acteurs de l'État camerounais (douaniers, gendarmes et policiers) chargés de la régulation de la circulation des personnes et des marchandises et faisant partie de la chaîne du trafic des motos ont également été sollicités. La majeure partie de ces agents sont complices des cascadeurs quand ils passsent les postes de contrôle dans les zones frontalières et même à l'intérieur des pays. Des observations ont aussi été faites depuis le Nigeria, et plus précisément depuis Muby. Deux des trajectoires empruntées, depuis cette dernière localité jusqu'aux frontières du Tchad et de la République centrafricaine en passant par le Nord du Cameroun, ont été choisies. À l'aller, les cascadeurs empruntent le plus souvent trois voies : Garoua-Guider-Mayo Oulo-Dourbey-Nigeria, Garoua-Gashiga-Dembo ou Bashéo-Djatoumi-Nigeria. Au retour, ils choisissent les mêmes voies, tout en empruntant aussi des routes parallèles. En complément, nous avons aussi collecté auprès d'eux, sur le site géographique des entretiens, des sources iconographiques et des informations qui ont permis de décrire et de comprendre les différentes pratiques locales dont se servent ces cascadeurs pour se mouvoir entre les pays de l'espace CEMAC.

I. Dynamique du trafic des marchandises dans quelques pays de la CEMAC et typologie des acteurs impliqués

S'intéresser à la dynamique du trafic des marchandises entre le Nigeria, le Cameroun, le Tchad et la République centrafricaine nécessite de cerner le contexte et les motivations qui ont conduit à l'éclosion de cette activité. En plus, il est tout aussi nécessaire d'en présenter les acteurs.

A. Du trafic des marchandises entre Nigeria et Cameroun à son extension au Tchad et à la République centrafricaine

Le trafic des motos et autres marchandises dans la zone CEMAC s'inscrit dans le registre des activités dites du secteur informel, pour diverses raisons. D'abord, le secteur informel se définit ici comme l'ensemble des activités plus ou moins légales ou totalement illicites, parfois fondées sur l'initiative individuelle, qui échappent le plus souvent aux comptes statistiques officiels (Kengne 1991 : 13). Rappelons que ce concept a été vulgarisé au cours des années 1970 par le Bureau international du Travail et d'autres organisations comme la Banque mondiale et l'Organisation de coopération et développement économique (OCDE) (De Villiers 1992 ; Igué & Soule 1992). Parmi les subdivisions de ce secteur d'activités, on distingue le « secteur informel de services », regroupant ce qu'on appelle les « petits métiers », et le « secteur informel d'échanges », qualifié aussi d'« économie souterraine », d' « échanges parallèles ou de contrebande » (Igué & Soule 1992 : 13). Le premier est aussi connu comme « l'économie de la débrouille » (Ayimpam 2014 : 25), cette désignation renvoyant ainsi à l'ensemble des petits métiers et aux formes d'auto-emploi très hétérogènes qui sont développées avec peu de ressources. Toutefois, l'économie de la débrouille va au-delà de l'activité économique : elle inclut tous les actes du quotidien qui s'articulent autour de l'activité économique et permettent aux citadins qui la pratiquent de vivre. Les activités qui sont inclues restent légales, mais ne sont pas répertoriées par les statistiques officielles et ne font pas l'objet d'interdiction par les lois (le travail domestique par exemple) (Gourmelen & Le Roux 2011). Par contre, les activités du secteur informel d'échanges sont parfois illégales et interdites. Elles se pratiquent avec un recours à la fraude fiscale et douanière, la contrebande, la corruption et la surfacturation (Ngogang 1991 : 28). Cependant, qu'il s'agisse de l'un ou l'autre secteur informel, on y inclut les formes très diverses d'auto-emploi, développées à petite échelle et pratiquées par des gens pauvres. Ces activités sont surtout non conformes à celles connues dans les modèles culturels du système économique initié et diffusé par l'Occident. Dans la plupart des cas, elles opèrent dans l'illégalité (De Villiers 1992). Ces activités sont classées en métiers de l'agriculture, de l'artisanat de production, en petits métiers de service et en petit commerce (Kengne 1991 : 13). Néanmoins, le secteur informel n'échappe pas à la volonté de contrôle de l'État sur les ressources économiques nationales (Hillebrand 1991 : 2), qui s'observe aussi pour les activités (officielles et parallèles) qui se réalisent dans les zones frontalières et bénéficient parfois du soutien de l'État (Bennafla 1998 : 66). Tout comme dans l'hinterland, les zones transfrontalières enregistrent des flux commerciaux transversaux qui sont plus ou moins contrôlés et enregistrés par l'État (Bennafla 1999 : 25). Ainsi, le déploiement des réseaux commerciaux informels dans les périphéries nationales est l'expression d'une négation des cadres spatiaux hérités de la colonisation (Bennafla 1999 : 29). Aussi, les stratégies de survie du secteur informel dans les centres urbains sont une conséquence de la rigidité et de l'inaccessibilité aux lois et règlements en matière économique (Tchokomakoua 1991 : 36). C'est précisément dans ces deux logiques que s'inscrivent et s'opèrent les pratiques locales de contournement des normes officielles dans l'espace CEMAC. Comme on le note dans la littérature, le trafic des motos rejoint ici plus précisément la pléthore d'activités du secteur informel d'échanges. Il se définit comme une activité transfrontalière à la fois informelle et illégale, ce pour diverses raisons. Certains cascadeurs transportent uniquement des motos ou diverses autres marchandises. D'autres rajoutent des produits dont le transport est prohibé par la législation, telles les piles, les médicaments[7]. Notons que les motos sont une marchandise au même titre que les ballots de pagnes, les appareils électroniques et ménagers, les biens de consommation divers. Comme autre acte illégal, les cascadeurs pratiquent le change des monnaies en dehors des circuits officiels, en l'occurrence des banques (De Villiers *et al.* 2002 : 11). Aussi, ils ne s'acquittent pas souvent des taxes douanières sur les marchandises transportées du Nigeria vers la zone CEMAC. Malgré ce caractère informel et illégal, le trafic des motos s'est imposé dans la sphère des métiers de la débrouille, particulièrement au Nord Cameroun et, par extension, dans d'autres pays tels le Tchad et la République centrafricaine. Les débuts de cette activité entre le Cameroun et le Nigeria post-indépendance remontent aux années 1990[8]. Toutefois, les échanges commerciaux entre le Cameroun et le Nigeria sont antérieurs. Dès 1930, des produits comme la gomme arabique, les noix de karité, la cire d'abeille, les peaux, étaient exportés du Nigeria vers le Cameroun (Engola-Oyep & Harre 1992 : 8) : ils partaient depuis Port Harcourt au Nigeria à destination de Garoua, par la voie fluviale Bénoué-Niger. Jusqu'en 1967, le ciment, le carburant, les produits de consommation courante se sont ajoutés à ceux qu'exportait déjà le Nigeria au Cameroun. Par la suite, la voie fluviale Bénoué-Niger a été fermée au profit de la voie routière, après la guerre du Biafra. En janvier 1982, un accord commercial[9] est conclu à Lagos entre le Nigeria et le Cameroun (Herrera 1995 : 72), qui est ratifié à Yaoundé en juillet de la même année et dont le but était de favoriser les échanges commerciaux de marchandises produites dans ces deux pays. C'est ainsi qu'en 1982/1983, on note les motos parmi les marchandises

---

7. .Ces produits, considérés comme "délicats" par les autorités, doivent par conséquent bénéficier de bonnes conditions de préservation et de transport. Les autorités estiment que les aléas auxquels sont soumis les cascadeurs lors de leur retour du Nigeria ne sont pas toujours propices à une bonne conservation des produits transportés, dont le bon état doit être vérifié avant qu'ils soient admis dans un territoire. Cependant, les cascadeurs réussissent parfois à déjouer les contrôles et à faire entrer clandestinement dans différents territoires d'autres produits, comme des médicaments et des piles.
8. .Entretien réalisé le 24 octobre 2015, à Lagdo (Garoua), avec Michel Lumo, âgé de 55 ans, le plus vieux de tous les cascadeurs interviewés. Né à l'extrême Nord du Cameroun, il a commencé le trafic des marchandises en 1989, à l'âge de 17 ans, à la suite d'un oncle qui faisait déjà la route Cameroun-Nigeria. Au début, il importait de la paille, des chaussures, des pièces de vélo, du carburant et disposait de l'âne comme moyen de transport, puis du vélo. Michel Lumo bénéficiait surtout de la proximité de son village natal Bouara et de Muby (33 kms). En 1998, il arrive dans la région du Nord Cameroun et commence – en fonction de la demande et de la rentabilité du trafic – par importer des motos, en plus des autres marchandises qu'il importait déjà. On lira également Herrera (1995 : 31) qui évoque le commerce à petite et moyenne échelle entre le Nigeria et le Cameroun, portant sur les produits essentiellement manufacturés et circonscrit autour des marchés frontaliers. Les acteurs (commerçants) de cette activité recouraient aux cascadeurs pour contourner les forces de l'ordre et de douane et pour passer les frontières soit à vélo ou encore à moto.
9. .Décret n° 82-294 du 8 juillet 1982 paru au *Journal officiel* du 1er août 1982. Deux listes détaillant les produits qui devaient faire l'objet des échanges accompagnaient les articles du décret (Herrera 1995 : 72).

exportées du Nigeria vers le Cameroun (Us-Tchinda 1983 : 37-39)[10]. Par ailleurs, la dynamique du trafic des motos est intimement liée à l'activité de transport par motos taxis[11]. À cet effet, le transport par motos s'est intensifié au Cameroun aux lendemains des mouvements dits "villes mortes"[12], qui ont eu lieu au Cameroun de mai à juin 1991 et dont le mot d'ordre était la désobéissance civile et l'objectif la déstabilisation de l'ordre gouvernant. Lors de ces événements, des motos ont été utilisées et ce moyen de transport a ensuite été adopté pour devenir le moyen de transport le plus utilisé par la majorité de la population. Cependant, dès 1988, on observe l'utilisation des motos comme moyen de transport dans certaines villes du Cameroun, en l'occurrence Ngaoundéré dans la région de l'Adamaoua (Abdoulkarim 2005). La floraison de l'activité des motos-taxis et du trafic des motos s'inscrit également dans un contexte de crise de l'emploi au Cameroun dans les années 1990[13]. L'augmentation progressive de la demande en motos a ainsi accéléré puissamment le trafic des motos au Cameroun. À cette date, la plupart des motos utilisées pour le transport commun venaient du port de Douala et coûtaient très cher. Il s'agissait de motos de marque Suzuki. Une moto dédouanée s'obtenait pour environ 1 200 000 F CFA[14]. Toutefois, dans une logique d'échanges entre les populations du Nord Cameroun et du Nigeria, des motos ont commencé à être importées au Cameroun à un prix relativement bas. Par la suite, les cascadeurs ont ajouté le trafic d'autres marchandises, telles les ballots de pagne, des biens électroniques, des biens de consommation, des sacs de ciments. C'est plus précisément de cette manière qu'on a assisté à l'explosion du trafic des marchandises dans le Nord Cameroun. De même, le coût d'achat des motos a connu des variations et parfois des baisses considérables. À ce jour, une moto non dédouanée peut s'acheter en moyenne de 300 000 à 500 000 F en fonction de sa marque. Il n'est pas du ressort du cascadeur de dédouaner la moto ou les marchandises transportées, mais c'est à l'acheteur

---

10. .Cité par Herrera 1995 : 23.
11. ."Moto-taxi" est le nom attribué aux engins à deux roues, qui sont massivement utilisés comme moyen de transport au Cameroun et sont surtout choisis parce qu'ils atteignent plus facilement les destinations que les taxis ou les cars. La préférence pour les motos-taxis s'explique par un coût pas trop élevé, ce qui les rend donc accessibles à toutes les couches sociales. Leurs conducteurs sont également connus sous le nom de "moto-taxi", de "clando" ou "clandestin" dans le Nord Cameroun (Owona Ndounda 2009) ou de "benskineurs" dans le Sud Cameroun. Ce moyen de transport est aussi utilisé dans d'autres pays de l'Afrique de l'Ouest, à l'exemple du Bénin (Agossou 2004), du Togo (Guezere 2008) et du Sénégal (Morice 1981 ; 2000).
12. .Les opérations « villes mortes » au Cameroun étaient surtout une réponse populaire au refus du président Paul Biya d'organiser une conférence nationale souveraine, comme celles qui ont eu lieu dans la plupart des États d'Afrique subsaharienne francophone et dont l'objectif était la transition de régimes "dictatoriaux" vers des régimes "démocratiques".
13. .Cette crise de l'emploi a été causée par la crise économique survenue au Cameroun en 1987 (*cf*. Touna 2008).
14. .Entretien avec le cascadeur Ousmaila Babba, le 6 novembre 2015, à Ngaoundéré.

ou au commerçant de le faire une fois que les marchandises arrivent à destination. Cette distinction des obligations du vendeur et de l'acheteur est fondamentale pour justifier l'activité des cascadeurs. Ceux-ci rapportent des motos ou d'autres marchandises sans les dédouaner, quand ils réussissent à contourner la législation en vigueur. Or, pour qu'une marchandise entre dans un espace économique quelconque, des droits de douanes et autres taxes doivent obligatoirement être prélevés. La CEMAC, qui est une union économique, n'échappe pas à cette règle. Mais les cascadeurs et les commerçants trouvent les frais de douanes et autres taxes sur les marchandises trop élevés et cherchent les moyens de ne pas s'en acquitter. Au Cameroun, les services de la douane utilisent la mercuriale des prix pour identifier et prélever les frais de douane sur les marchandises transportées. Le prix du dédouanement d'une moto varie de 60 000 FCFA à 100 000 FCFA, en fonction de la puissance cylindrique du moteur. Dans le cas où le cascadeur ne réussit pas à contourner la douane et se trouve contraint de dédouaner les marchandises, ces charges seront supportées par l'acheteur ou le commerçant commanditaire. Le trafic des motos s'est accru par la suite dans le Nord Cameroun. Les motos et autres marchandises vont au-delà du territoire camerounais et atteignent le Tchad et la République centrafricaine [15]. D'activité crainte et jugée dangereuse autour des années 1990, le métier de cascadeur est aujourd'hui l'un des plus pratiqués par les jeunes déscolarisés sans emploi dans le Nord Cameroun [16], dont certains parviennent à alterner les études et le trafic de motos. Beaucoup d'entre eux ont intégré cette profession à partir de 1996-1997 [17] et 2002-2003 [18]. D'autres ont massivement opté pour cette activité plus récemment, vu son ampleur [19] et la réussite sociale d'anciens cascadeurs. De plus, dans un contexte où les situations de vie deviennent de plus en plus précaires, le trafic des marchandises dans les trois pays de la CEMAC accueille encore plus de nouvelles recrues aujourd'hui. Toujours est-il que le contexte poussant les jeunes à pratiquer cette activité est marqué par la pauvreté, l'abandon de l'école et la recherche d'une activité rémunératrice.

---

15. .Entretien avec Abakar (à Maroua le 5 novembre 2015), un cascadeur faisant la ligne Nigeria-Cameroun-Tchad et Abdel-Aziz (à Ngaoundéré, le 27 octobre 2015), également cascadeur sur la ligne Nigeria-Cameroun-République centrafricaine.
16. .Entretien avec Michel Lumo, le 24 octobre 2015, à Lagdo (Garoua).
17. .Entretien avec Abakar, de nationalité tchadienne, vivant au Cameroun depuis 1991.
18. .Entretien avec le cascadeur Ousmaila Babba, le 6 novembre 2015, à Ngaoundéré.
19. .Toutefois, nous ne disposons pas de statistiques permettant de quantifier la réalité du trafic des motos et des autres marchandises au sein de la zone CEMAC.

B. Les acteurs du trafic des marchandises entre le Nigeria, le Cameroun, le Tchad et la République centrafricaine

De manière générale, cinq acteurs interviennent dans le circuit du trafic des marchandises en zone CEMAC. Il s'agit de l'ensemble des personnes achetant les motos auprès des cascadeurs, des commerçants qui font transporter leurs marchandises par les cascadeurs, les cascadeurs qui vont au Nigeria et rapportent les différentes marchandises. Il y a enfin ceux qui accompagnent le déroulement du trafic (à savoir certains douaniers, gendarmes et policiers) et des populations riveraines installées le long des routes et des villages où passent les cascadeurs.

1. Le client : commanditaire des motos et d'autres marchandises

La clientèle des cascadeurs est d'abord constituée des particuliers et des "moto-taximen" qui se servent des motos pour le transport personnel et commun. Il est courant de voir des jeunes professeurs de lycée s'acheter des motos quand ils perçoivent leurs *rappels*[20]. Il suffit également d'essayer de compter le nombre de motos utilisées par des particuliers pour se déplacer dans les villes comme Garoua, Maroua ou encore Ngaoundéré, pour se demander où ils se les procurent. La plupart ont été apportées par des cascadeurs. Une demande très importante est à la base de l'expansion de l'activité des cascadeurs. À côté des personnes qui achètent directement leurs motos auprès des cascadeurs, il existe une autre catégorie de clients : ceux qu'on retrouve dans les marchés informels et revendent les motos apportées par les cascadeurs. Parfois, ils ne font que commissionner les cascadeurs et se chargent de la vente. Certains commerçants font également transporter leurs marchandises par les cascadeurs, à un coût généralement moins élevé. Ce moyen permet de dédouaner leurs marchandises à un coût faible, voir nul.

---

20. .Le rappel désigne communément la somme cumulée des premiers mois du salaire que reçoivent les fonctionnaires de l'État. Le cas des professeurs de l'école normale supérieure après leur prise effective de service comme professeur de lycée est très en vue dans le contexte camerounais. L'un des signes distinctifs indiquant qu'ils ont perçu leurs rappels est de les voir s'acheter une moto, en passant, dans la plupart des cas, par les cascadeurs.

2. Les cascadeurs de motos : des acteurs *iceberg*

Cascadeurs de motos est le terme émique utilisé pour désigner ces conducteurs d'engins à deux roues (les motos), qui sont aussi appelés les *motos demsa*, toujours par identification aux engins qu'ils conduisent et font rouler à vive allure. L'imaginaire collectif leur attribue cette appellation, car ils passent très souvent par Demsa lorsqu'ils sortent du Cameroun pour entrer au Nigeria. Il en est de même quand ils quittent le Nigeria pour rentrer au Cameroun. Demsa[21] est situé sur l'une des principales voies qu'ils utilisent régulièrement. Pour l'approvisionnement en motos et autres marchandises, ils se rendent à Kano, Maiduguri, Djimeta ou encore Muby. Les pratiques de contournement commencent dès qu'ils entrent en possession des marchandises, c'est-à-dire depuis le Nigeria, avant d'atteindre l'espace CEMAC. Il convient aussi de préciser que ce sont essentiellement des hommes de 20 à 50 ans, dont la majorité commence l'activité dès l'adolescence[22]. Ces jeunes Camerounais, Tchadiens, Centrafricains et Nigérians ont pour la plupart abandonné l'école ou n'y ont jamais été, faute de soutiens financiers. Toutefois, certains élèves et étudiants camerounais parviennent à pratiquer cette activité sans quitter les bancs de l'école. Il y en a également qui abandonnent volontairement les études pour s'impliquer dans la vie active. Leur principal défi socio-économique devient alors l'insertion dans la vie active afin de subvenir à leurs besoins quotidiens, ce qui est d'autant plus difficile que le niveau d'études de la plupart d'entre eux est faible. Dans ce contexte, les mobilités vers le Nigeria en vue de faire le commerce des motos et autres marchandises peuvent être considérées comme des voies de sortie pour pouvoir survivre (Mbembe 1985 : 29-31). Ainsi, le trafic des marchandises, permet de nourrir plus ou moins bien la catégorie sociale qui la pratique. Les cascadeurs en font une profession. Les plus jeunes sont initiés, formés et encadrés par les plus anciens. Pour certains, ils la pratiquent le temps de trouver une autre activité plus lucrative. D'autres, par contre, y demeurent et construisent leur vie autour de la profession[23]. Celle-ci n'est pas réservée aux musulmans, puisque des chrétiens la pratiquent aussi. Elle n'est pas non plus propre à une ethnie précise du Nord Cameroun. Aussi, figure-t-elle parmi les activités les plus faciles à exercer dans un contexte marqué par l'évolution des moyens

---

21. .Situé à la frontière du Nigeria, Demsa est à la fois un arrondissement et un lamidat. L'organisation territoriale et administrative du Cameroun distingue les régions, les départements et les arrondissements. L'arrondissement de Demsa se trouve dans le département de la Bénoué et la région du Nord. Du point de vue traditionnel, Demsa est également un lamidat, créé vers 1830 par les Peuhls Wollarbé, dont la capitale a été transférée à Gaschiga (Boutrais *et al*. 1984 : 130).
22. .Entre 17 et 18 ans, voire 14 et 15 ans pour d'autres.
23. .Nous avons pu constater lors de nos entretiens avec certains cascadeurs de motos, qu'ils ont pu améliorer leur niveau de vie en pratiquant le trafic des motos entre le Nigeria, le Cameroun, le Tchad et la République centrafricaine.

de communication modernes. L'existence d'un tissu de routes plus nombreuses et praticables ainsi que de la téléphonie mobile offre ainsi des avantages réels dont ne bénéficiaient pas les premières générations de cascadeurs.

3. Les agents de l'État dans le trafic des marchandises en zone CEMAC

Les agents de l'État impliqués dans le trafic des motos en zone CEMAC sont entre autres les douaniers, les gendarmes et les policiers. Leur implication concerne deux aspects. Une partie des agents veille à assurer le travail qui leur incombe, mais la majeure partie aide plutôt les cascadeurs à contourner les normes officielles. Ce sont les actes de ces derniers qui intéressent l'étude.

Mais en fait, quelle tâche incombe à la douane ? Au Cameroun, elle est l'administration qui a pour but de percevoir les droits imposés sur des marchandises à l'entrée et à la sortie d'un pays [24]. Ce droit peut être forfaitaire ou équivalent à un pourcentage du prix de la marchandise. On parle alors de droit de douane *ad valorem*. La valeur de la marchandise, l'espèce tarifaire, l'origine de la marchandise et le prix du transport sont les quatre éléments qui entrent dans le calcul des droits de douane. En contexte camerounais, les gendarmes interviennent également pour le contrôle des personnes à l'entrée et à la sortie du Cameroun, en vue d'assurer l'intégrité du territoire national. Ils peuvent aussi jouer le rôle des douaniers quand ceux-ci sont absents dans une zone frontalière ou dans un poste de contrôle. Les policiers assurent également le contrôle des identités à l'intérieur du territoire. Tous ces agents ont un droit de regard sur les cascadeurs afin de veiller sur tout ce qu'ils transportent. Mais la conjoncture ambiante au Cameroun a précisément amené ces forces de l'ordre à soudoyer les cascadeurs, au détriment de leur travail supposé. Avec les répercussions sociales de la crise économique de 1987 au Cameroun en termes d'aggravation de la pauvreté (Touna 2008 : 335), la plupart des fonctionnaires de l'État n'assurent plus leurs fonctions régaliennes. Le parcours des « déflatés » [25] de la fonction publique renseigne sur les conditions dans lesquelles se sont retrouvées la plupart des fonctionnaires camerounais suite à cette crise (Edjenguélé 1999 ;

---

24. .Les autres missions de la douane sont entre autres : protéger l'économie nationale en régulant la concurrence commerciale étrangère et en promouvant les produits nationaux, renseigner sur l'équilibre des échanges et de la balance des paiements, ainsi que sur la criminalité frontalière.
25. .Les « déflatés » sont les agents de la fonction publique et du secteur parapublic qui ont été victimes de l'opération de renvoi des personnels administratifs. L'état camerounais a commencé à appliquer dès les années 1990 une politique de dégraissage (de licenciement/allégement) des effectifs de l'État et à opérer des restrictions budgétaires drastiques, suite à la crise économique de 1987.

Nzhie Engono 1999). Depuis celle-ci, les revenus familiaux ont connu partout en Afrique subsaharienne des régressions importantes et prolongées (Winter 2001 : 11). Ce contexte a poussé certains fonctionnaires camerounais à pratiquer des activités parallèles pour pouvoir couvrir leurs besoins et ceux de leurs familles. D'autres se sont reconvertis dans la corruption (Titi Nwel 1999 : 64). Les expressions telles *arrondir le mois, donner l'argent de la kola ou de la bière, joindre les deux bouts* désignent ces pratiques de corruption (Metangmo-Tatou 2000). L'attitude et les actes des douaniers, gendarmes et policiers qui aident les cascadeurs à contourner la législation en vigueur s'inscrivent dans cette logique. Cette attitude et ces actes s'opèrent aussi en fonction de la logique d'accumulation des richesses due aux positions de pouvoir de ces agents de l'État (Titi Nwel 1999 : 61-62).

4. Les populations riveraines : complices des cascadeurs dans le trafic des motos et autres marchandises en zone CEMAC

L'implication de la population dans le trafic des motos en zone CEMAC s'explique en premier par ce qu'on appelle « *l'informalité de la société* » (Ayimpam 2014), qui est une dimension importante de la réinvention constante des normes et des formes d'organisation sociale (Ayimpam 2014 : 32). C'est aussi une variable essentielle de la production quotidienne de l'état, donc à prendre nécessairement en compte pour comprendre les modes de construction de l'état, le fonctionnement au quotidien de la société, les modes d'organisation de l'activité sociale (Eyebiyi 2016 : 78 & 81). Elle est de ce fait une caractéristique générale de la société qu'on retrouve aussi bien dans l'économie que dans les relations familiales et sociales, dans la société civile, le fonctionnement de l'État et dans l'exercice du mandat de ses agents (Ayimpam 2014 : 33). Winter rappelle aussi que la régression des revenus familiaux d'une grande partie de l'Afrique depuis 1980 ne peut pas ne pas y avoir transformé en profondeur les comportements des individus et les paysages sociaux (Winter *et al.* 2001 : 12). Plusieurs stratégies individuelles, familiales et collectives ont ainsi vu le jour dans l'objectif d'atténuer les effets de la baisse du revenu global (Winter *et al.* 2001 : 15). Ces raisons expliquent en partie l'implication d'une population mal en point, qui a besoin de vivre dans le trafic des marchandises. C'est dans cette mesure que certaines populations s'impliquent dans le trafic des motos en contrepartie d'une récompense de la part des cascadeurs. Néanmoins l'hospitalité des populations et la solidarité sont également des raisons expliquant leur implication dans le trafic des marchandises. Les cascadeurs se retrouvent souvent hébergés par des familles ou des autorités traditionnelles locales dans les villages qu'ils traversent.

II. Stratégies locales de contournement des normes officielles

Deux types de stratégies locales de contournement des normes officielles existent : celles dites "techniques", car elles sont inhérentes à la personne du cascadeur et à son environnement physique, et celles dites "sociales", qui se fondent sur des arguments sociaux. Mais avant de les présenter, il faut d'abord souligner les grandes lacunes des textes juridiques sur la circulation des biens et des personnes, qui poussent les cascadeurs à ériger d'autres règles pour faciliter leur circulation.

A. Les lacunes des textes juridiques sur « la libre circulation des biens et personnes » en zone CEMAC

Quelques failles ressortent de l'application des textes juridiques et autres normes officielles portant sur la libre circulation des biens et des personnes. Tout d'abord, que disent précisément les textes juridiques liés à la circulation des biens et personnes dans cet espace et à quoi renvoient les autres normes officielles ? Une norme est avant tout un ensemble des pratiques comportementales, qui renvoient à des modes de régulation partagés et fortement dépendants des formes locales de la reconnaissance sans leur imputer une « essence » particulière (Chauveau et al. 2001 : 148). Cette essence peut s'inspirer des normes sociales juridiques ou encore des normes sociales (les bonnes mœurs). D'un point de vue juridique, les normes renvoient à l'ensemble des lois et règlements qui codifient la société ou un domaine bien précis de la société. Elles sont établies par les autorités législatives et trouvent leurs applications à travers les différentes réglementations prises par les autorités administratives. Nous considérons ici les normes juridiques qui renvoient à l'ensemble des lois et règlements régissant la libre circulation des biens et des personnes. Il s'agit donc de l'ensemble des textes et dispositions officielles qui donnent corps aux différents comportements et attitudes à adopter dans ce domaine. Elles s'inspirent ainsi des normes sociales juridiques, des normes sociales professionnelles et des normes sociales tout simplement. De ce fait, le code des douanes de la CEMAC et le tarif des douanes de l'UDEAC sont les premières normes officielles, en l'occurrence des textes juridiques indiquant aux cascadeurs les modalités de circulation de leurs marchandises, les types de marchandises et les taux de pourcentage de dédouanement de chacune d'elles. Si, en aval, les premières normes officielles sont écrites, les secondes ne le sont pas. Ce sont non seulement les normes professionnelles ou déontologiques liées aux professions de douane, de la police et de la gendarmerie, mais aussi les bonnes mœurs qui permettent l'application de ces textes. Toutefois, on note d'abord un écart dans le respect de ces normes de la part des agents de l'État aussi bien que des cascadeurs. La pratique du tarif extérieur commun[26] par les États membres de la CEMAC demeure imparfaite à cause des changements introduits à l'initiative personnelle de chaque État respectif et aussi des initiatives prises par les agents de l'État sur le terrain (Laffiteau & Edi 2014 : 33). Au Cameroun, les frais de dédouanement s'appliquent en suivant la mercuriale des prix et la catégorisation des marchandises (produits d'origine animale ou végétale, métaux), au détriment du tarif des douanes de l'UDEAC[27].

Cet écart dans le respect des normes établis s'explique aussi par l'attitude et le comportement des cascadeurs. Environ 98 % d'entre eux ne respectent pas les normes officielles[28] et considèrent qu'ils n'ont pas à contribuer à l'épanouissement d'un État qui n'a aucunement œuvré pour leur bien quotidien (Mbembe 1985 : 146-150). Certains ignorent volontairement les normes officielles, alors que d'autres suivent l'exemple de leurs prédécesseurs dans l'activité, qu'ils voient circuler sans tenir compte des normes officielles. Il s'agit aussi et surtout de la mauvaise circulation de l'information ; les populations vont et viennent d'un pays à un autre sans savoir qu'il faut au préalable faire établir des pièces officielles comme le passeport pour pouvoir circuler. Elles se sentent partout chez elles et s'autorisent à se déplacer librement[29]. Par ailleurs, les lenteurs des services de police (pour la délivrance d'un passeport) et des services de douane (lors de la déclaration de la catégorie des marchandise, des prises en charges à fin de prélèvement des droits de douanes et taxes, ou pour l'obtention d'un titre de transit et le placement de la marchandise sous un régime douanier) font considérer ces formalités comme autant d'étapes rendant difficile l'application de la législation communautaire en vigueur et faisant considérer celle-ci comme tracassière et lourde. À la perte de temps, s'ajoute le fait que le prix pour l'établissement d'un passeport est jugé élevé par certains cascadeurs. En outre, ceux qui parviennent à se le procurer ne sont pas exemptés pour autant du monnayage qu'exigent certains douaniers, policiers et gendarmes aux postes de contrôle officiels et officieux. C'est pourquoi ces cascadeurs ne trouvent pas nécessaire

---

26. .Il s'agit d'un ensemble de taxes à prélever sur les marchandises importées ou exportées, Le tarif s'applique aux motos et à la plupart des marchandises qui circulent en zone CEMAC. Il prend effet lorsque les marchandises qui entrent en zone CEMAC ont pour pays d'origine et de provenance un pays d'une autre zone communautaire. Dans ce cas précis, les motos viennent de la CEDEAO, avec pour pays de provenance le Nigeria, et pour pays d'origine les pays de l'Asie. On distingue aussi le tarif préférentiel généralisé, qui s'applique uniquement aux produits d'origine communautaire, c'est-à-dire aux produits émanant uniquement de la zone communautaire (CEMAC). Son taux est de 0 % et vise à favoriser les échanges intra-communautaires. Mais certains, sinon tous les États membres de la CEMAC, appliquent à leur niveau le tarif national, pour des raisons économiques propres à chaque État et suivant le niveau de vie des populations des États respectifs.
27. .Entretien avec un douanier camerounais.
28. .Propos recueillis auprès du même douanier camerounais.
29. .Propos recueillis auprès du cascadeur Hamadou Ousmanou, le 17 novembre 2015, à Dourbeye.

de respecter l'acte additionnel n° 08/CEMAC-CCE-05 du 29 juin 2005, qui exige de présenter un passeport spécifique pour circuler dans l'espace CEMAC. Ce sont là autant de raisons qui poussent les cascadeurs à chercher des moyens de contournements pour faire fonctionner leur activité et fructifier leurs revenus respectifs. Ils mettent ainsi en œuvre des stratégies et des moyens propres avec ingéniosité et inventivité, tout en tirant profit de leur milieu social et géographique. L'objectif principal est d'échapper au contrôle des marchandises et au prélèvement des taxes sur les marchandises transportées. Ces stratégies révèlent la capacité des cascadeurs à transformer en un atout ce qui au départ ne jouait pas en leur faveur[30]. Il est important de noter que le trafic des motos en zone CEMAC repose entièrement sur ces pratiques de contournement.

B. Les stratégies techniques

Les stratégies dites techniques sont directement mises en exergue par le cascadeur. Ce dernier connaît à l'avance les difficultés que peuvent lui créer la police, la gendarmerie et la douane du fait qu'il n'est pas en conformité avec les lois et règlements communautaires. À cet effet, la formation des réseaux des cascadeurs est nécessaire pour pouvoir échanger des informations, se protéger des autorités douanières, passer sans encombre les autres postes de contrôle (police et gendarme) ou encore « pactiser » avec certaines des autorités mentionnées et avec les pouvoirs traditionnels. Deux autres pratiques s'observent également : les déviations hors des routes officielles et la pratique dénommée le système des éclaireurs et des renseignements.

1. Le fonctionnement en réseaux des cascadeurs

Le réseau migratoire est un système d'acteurs sociaux qui favorise la transmission de ressources (informationnelles, relationnelles ou statutaires) à l'intérieur d'une structure migratoire (Alladatin 2012). Il se constitue sur la base d'un capital social, sur lequel les cascadeurs s'appuient pour pratiquer leur activité (Alladatin 2012). De plus, ce capital social, une fois accumulé, leur permet d'abaisser les coûts migratoires, de réduire les risques liés à leur voyage et d'accroître la rentabilité de leur activité (Bredeloup 2014). Leur réseau est généralement constitué de regroupements qui se font entre des personnes qui se connaissent très bien,

---

30. .Le concept d'*agency* désigne la capacité d'un groupe marginalisé à pouvoir transformer en atouts des dispositions qui ne lui sont pas favorables dans un contexte bien précis et ne lui permettent pas d'en jouir favorablement.

se côtoient régulièrement dans le cadre de leur activité, et même en dehors, et peuvent être du même quartier, de la même ville ou encore avoir l'habitude d'aller au Nigeria et de revenir ensemble. Les groupes se forment surtout en fonction des alliances et jeux d'intérêts : ils s'étendent à toute personne susceptible d'apporter une aide et de protéger leurs intérêts. Ces réseaux sont à l'exemple d'un quelconque groupe de commerçants où des amitiés se nouent et des intérêts sont partagés par les membres qui s'entraident. Ils ne se limitent pas aux cascadeurs, mais peuvent s'étendre à des agents de la douane, ainsi qu'à des policiers, des gendarmes, des autorités traditionnelles et même à la population, en regroupant tous ceux qui peuvent aider de près ou de loin les cascadeurs en leur apportant des informations susceptibles d'améliorer la rentabilité des opérations (Grégoire & Labazée 1993). Appartenir à un réseau est donc bénéfique à plus d'un titre : cela permet une forte hiérarchisation des activités, mais aussi une structuration de celles-ci en termes de responsabilité et de dispositions à prendre (Herrera 1995 : 32). Cette appartenance sert aussi à mieux connaître les itinéraires, routes et pistes à emprunter, à maîtriser les circuits du marché, la qualité des motos et des autres marchandises. Elle profite surtout aux nouveaux venus, parce qu'ils bénéficient ainsi de la compagnie et de l'expertise des aînés pendant le voyage et trouvent aussi des avantages dans les alliances établies par les anciens avec les agents de l'État impliqués dans la chaîne du trafic des motos. C'est d'ailleurs un avantage fort important, car il permet d'améliorer la rentabilité : les bénéfices augmentent si les charges du dédouanement diminuent. Les cascadeurs peuvent cheminer individuellement quand ils vont au Nigeria, mais il est de leur intérêt de rentrer ensemble, surtout quand ils sont obligés de passer par les routes officielles. Le voyage en groupe, de 2 à 6 personnes, permet de mieux affronter les contrôles successifs, de négocier plus avantageusement et de se trouver privilégié pour des raisons de sécurité, de quiétude et de soutien mutuel durant le voyage, car les routes sont parsemées de bandits de grand chemin (Ankogui-Mpoko *et al.* 2010 : 2). Dans le cas d'un voyage en groupe, un représentant expérimenté est nommé chef de convoi, avec la charge de négocier avec les services de la douane les modalités du dédouanement des marchandises au tarif le moins élevé possible, voir nul. Les membres du groupe s'engagent à respecter ses instructions avant la négociation et les clauses prévues. Les accords officieux établis sont désignés par l'expression « remplir les formalités », ce qui ne signifie aucunement payer des droits de douane et autres taxes, mais plutôt de s'acquitter des divers pots de vins [31] exigés par les différents agents de l'État impliqués dans la chaîne du trafic des marchandises. Cette pratique s'observe dès le Nigeria, quand les cascadeurs entrent en possession des marchandises. Lors de l'aller vers le Nigeria, les « formalités » sont moins onéreuses qu'au retour et il y a plus de chance de passer les postes de contrôle en présentant simplement les cartes d'identité nationales. Au retour, les pots de vin varient selon les exigences imposées par les différents agents de l'État, voire par les autorités

---

31. .Nous avons estimé ces pots de vins en francs, comme l'ont fait les cascadeurs interrogés.

traditionnelles. Les militaires et les autorités traditionnelles reçoivent respectivement 500 à 1 000 FCFA par individu et si le groupe est constitué de plusieurs personnes, la somme totale réclamée est revue à la baisse. Selon les cascadeurs, ils remettent de l'argent aux autorités traditionnelles et militaires, car ces derniers sont responsables de leur sécurité dans les brousses. Les gendarmes et policiers quant à eux, ne sont pas « récompensés » pour les mêmes raisons. Ils reçoivent également entre 500 et 1 000 FCFA par personne, en vue d'annuler le droit d'inspecter et d'évaluer les marchandises transportées. Il en est de même des douaniers, qui peuvent renoncer à leur droit de regard ou au prélèvement des taxes sur ces marchandises, en échange d'une somme de 2 000 FCFA par personne et par moto. Ces montants ne sont pas fixes : ils peuvent varier en fonction des enjeux liés aux circonstances et au volume des marchandises. Le nombre des postes de contrôle est fluctuant, avec des créations et de suppressions selon les décisions des autorités. Par exemple, entre Garoua et Demsa, nous en avons dénombré neuf, avec des postes de douane à Gashiga, à l'entrée de Demsa, à Demsa et à la frontière entre Demsa et le Nigeria, ainsi que des postes de police et de gendarmerie à la sortie Garoua pour Gashiga, à Gashiga, entre Gashiga et Demsa, à Demsa et à la frontière entre Demsa et le Nigeria. Il en est de même sur l'itinéraire de Garoua à Maroua, où l'on a noté plus de dix postes de contrôle, dont cinq postes de douane respectivement à Pitoa, Carrefour Sorawel, Carrefour Bidzar, Batao et Gasawa. Les autres postes de contrôle (police et gendarmerie) se trouvent à la sortie de Garoua, à Pitoa, au Carrefour Badjengo, à l'entrée de Figuil, Carrefour Bidzar, à Batao, au pont Salak, à Gasawa et à l'entrée de Maroua. Un cascadeur peut dépenser en moyenne de 25 000 à 30 000 FCFA en frais de négociation avec les douaniers, policiers et gendarmes, quand il navigue entre les routes officielles et les déviations. Selon la plupart des personnes interviewées, le gain est fixé sur la base de 10 000 FCFA par moto transportée. En fonction de leurs dispositions physiques, chacun peut en moyenne transporter deux à quatre motos par voyage : une moto sert de moyen de transport au cascadeur, qui est lui-même conducteur, les autres étant démontées et attachées comme bagages ; elles seront remontées et livrées après l'arrivée à la destination finale. La durée d'un voyage est de 24 heures au maximum quand les marchandises transportées sont peu nombreuses, mais elle est plus longue si elles sont abondantes[32]. Le transport des marchandises pour d'autres commerçants se négocie à l'avance et en tenant compte de la valeur des biens. Dans le cas où les cascadeurs réussissent à passer tous les postes de contrôle, les dédouanements

---

32. .Les cascadeurs dont le voyage n'excède pas 24 heures sont ceux qui achètent une seule moto et transportent un léger bagage comme marchandise en supplément. Leurs destinations finales sont le plus souvent les villes de Maroua, Garoua ou Ngaoundéré. D'autres cascadeurs, par contre, font une à deux semaines de voyage, incluant le voyage aller-retour, le séjour au Nigeria et l'achat en quantité des marchandises, dont le transport délicat et plus pénible rend le voyage plus long : leurs destinations finales sont le Tchad ou la République Centrafricaine.

se font à l'arrivée à destination, Pour le cas des motos, ces dédouanements sont effectués immédiatement, pour éviter des éventuelles possibilités de saisie des biens par les autorités compétentes[33]. Les autres marchandises se glissent plus facilement dans les circuits du marché ou ne sont dédouanées que lorsqu'elles sont interceptées par les services de l'ordre. Les déplacements individuels sont généralement le fait d'anciens qui ont des liens étroits avec les services de la douane : ils bénéficient très souvent de passavants [ou laisser-passer], dont la définition diffère pour chacun. Selon le code des douanes de la CEMAC, c'est une certification délivrée par les services de douane aux transporteurs[34] de marchandises, les autorisant à passer lorsqu'ils ne peuvent pas dédouaner leurs marchandises à l'entrée du territoire ou attestant qu'une avance de dédouanement a été donnée et sera complétée une fois parvenu à destination. Mais son application peut prendre une autre forme : les cascadeurs et les agents de douane le considèrent comme un simple laisser-passer. Le prix varie d'un poste de douane à un autre, et aussi en fonction des affinités entre le transporteur et le douanier, qui, après voir reçu un grand nombre de pots de vin d'un cascadeur, peut lui délivrer le document sans frais. Parfois, des affinités de longue date amènent les douaniers à supprimer « les formalités », qui sont cependant respectées dans la plupart des cas.

L'appartenance au réseau permet aussi aux cascadeurs d'être complémentaires. Ainsi Mocktar affirme :

> Quand nous nous rendons au Tchad, d'autres cascadeurs et personnes nous y attendent déjà. Ne maîtrisant pas très bien les routes à emprunter pour éviter les autorités tchadiennes, des Tchadiens impliqués dans l'activité nous aident à acheminer les motos jusqu'à destination. Ils se chargent ensuite d'apporter les motos aux marchés ou chez ceux qui les ont commandées. Moi et les autres Camerounais nous attendons simplement notre dû. Et quand nous traversons le Lac Tchad, nous travaillons toujours ensemble pour éviter de tomber sur les autorités. Tout cela est le fruit de la complicité de plusieurs personnes, camerounaises et tchadiennes[35].

---

33. .Toutefois, nous avons identifié des marchés informels de motos non dédouanées et rapportées par les cascadeurs depuis le Nigeria dans les trois régions camerounaises où nous avons effectué nos entretiens. Ces marchés se trouvent respectivement derrière la BEAC (Garoua), au quartier Dougoye (Maroua) et au carrefour Beyrouth (Ngaoundéré). Ils sont bien connus des autorités camerounaises et sont ici qualifiés de « marchés informels », parce que, parallèlement, il existe d'autres points de vente « officiels », enregistrés par les autorités camerounaises.
34. .Le terme "transporteur" est utilisé dans ce contexte pour désigner celui qui est en possession de la marchandise : le cascadeur. Il peut en être le propriétaire ou non, quand il a simplement été commissionné. Toujours est-il que c'est à lui qu'est délivré le passavant, après paiement ou non des frais de douanes.
35. .Entretien avec Yaouba Moctar, le 1er août 2015, à Garoua Centre.

On distingue ainsi différents réseaux de cascadeurs en fonction des pays impliqués dans le trafic des marchandises : ceux du Nigeria, du Cameroun, du Tchad et de la République centrafricaine. Chaque grand groupe a pour défi d'identifier et de clarifier les différents circuits liés à l'activité, d'identifier les potentielles difficultés et de trouver les moyens de les surmonter. La coopération entre les différents groupes est toujours requise pour mieux affronter les autorités. Les membres d'un réseau peuvent aussi se retrouver en position de mésentente et être amenés à ne pas se soutenir face aux autorités. Par exemple, les Nigérians sont censés protéger les cascadeurs camerounais des autorités nigérianes. Hamadou Ousmanou[36], représentant des cascadeurs et des moto-taximen à Dourbeye, a ainsi fait comprendre qu'il participe régulièrement à des réunions entre commerçants nigérians et cascadeurs, qui ont pour objectif d'élucider les freins au marché de manière générale et y trouver des solutions afin de garantir un minimum de gain à chacun des acteurs impliqués. À l'issue de ces concertations, les commerçants nigérians disposant d'une large marge de manœuvre prennent très souvent l'initiative de rencontrer les autorités nigérianes afin de faciliter la voie aux cascadeurs. Mais, si les deux groupes ne parviennent pas à s'entendre sur un quelconque point, les Nigérians, étant en position de force sur leur territoire, peuvent dénoncer les cascadeurs ou du moins les laisser affronter seuls les difficultés en territoire nigérian. À l'intérieur de chaque pays, le grand réseau se subdivise en plusieurs sous-groupes, car les cascadeurs ne travaillent pas tous à l'unisson. Lors de nos enquêtes, nous avons identifié deux groupes de cascadeurs dans la ville de Garoua : ceux de Yaouba Mocktar et d'Issa Souaybou. Deux ont été repérés dans la ville de Ngaoundéré : ceux d'Ousmaila Babba et d'Abdel Aziz. Un autre, celui de Hamadou Ousmanou, l'a été à Dourbey. Ces groupes sont généralement constitués de cinq à vingt personnes et ont les mêmes modes opératoires. De plus en plus, avec l'explosion de l'activité, ils se forment en fonction des amitiés et des lieux de résidence. Les membres se doivent surtout d'être très solidaires, honnêtes et loyaux les uns envers les autres. Les différents groupes viennent souvent à se concurrencer à cause des gains que les uns peuvent obtenir au détriment des autres et qui proviennent d'inégalités dans le volume des opérations effectuées.

2. L'utilisation des routes parallèles et les avantages de la maîtrise du terrain

Une des principales pratiques locales de contournement des normes officielles consiste à éviter les routes les plus usitées. En fait, les cascadeurs n'empruntent les routes officielles que lorsqu'ils n'ont pas d'autres choix. En se détournant ainsi des routes principales, ils cherchent à

---

36. .Entretien avec Hamadou Ousmanou, le 17 novembre 2015, à Dourbey.

éviter les autorités – douaniers, policiers et gendarmes. Ils privilégient au maximum les routes secondaires, mais ces déviations, par ailleurs très nombreuses, exigent une connaissance de l'ensemble des petits villages et des routes y conduisant, jusqu'à la destination finale. Ils doivent aussi bien connaître les heures où les préposés chargés du contrôle sont présents. Quand ils se trompent et tombent sur les agents en activité, ils forcent ou négocient leur passage, ou encore sont contraints de se conformer aux normes officielles. Leurs routes habituelles sont généralement des pistes créées dans les champs ou dans les brousses par les troupeaux de bœufs. Les déviations empruntées sur le terrain sont nombreuses[37], puisque les cascadeurs savent profiter du fait que le Cameroun et le Nigeria partagent une frontière longue de 1 600 km (Herrera 1995 : 22), dont la porosité est fort importante. Il existe ainsi plusieurs voies secondaires par lesquelles il est possible d'entrer au Nigeria et d'en sortir. Quant au Tchad, on peut s'y rendre, à partir du Cameroun, en entrant par le Lac Tchad et les localités de Kousseri, Bongor, Moundou, Pala, Gore, Mbaiboum. Il en est de même de la République centrafricaine où des points d'entrée existent à Bouar, Bang, Berberati et Ngaoui.

3. Le système des éclaireurs et des renseignements

La pratique nommée « système des éclaireurs et des renseignements » n'est pas considérée comme une pratique locale de contournement des normes officielles à part entière, mais est imbriquée avec les deux précédentes, car les renseignements pris à l'avance ou pendant le voyage consolident les deux pratiques déjà évoquées. Elle est utilisée pour se déplacer plus facilement d'un point à un autre : on peut par exemple communiquer via des outils traditionnels (observer la circulation ou le mouvement d'autres cascadeurs et des passants) ou modernes (le téléphone) pour échanger des informations au sujet de l'état de la route, des emplacements le long de la route où se trouvent les services de douane, de police ou de gendarmerie et même les bandits de grand chemin.

Les éclaireurs sont parfois des cascadeurs qui ont déjà pris la route de retour ou la population. Ils donnent à ceux qui les suivent des renseignements sur l'état de la route. Ainsi, un cascadeur se rendant compte qu'il n'a rencontré aucun collègue, ni une quelconque personne, considère cela comme un signe indiquant que la route n'est pas praticable, et le plus souvent que des agents de la douane ou des bandits de grand chemin sont présents. Dans ce cas, il peut soit appeler d'autres cascadeurs pour avoir une idée précise de l'état de la route, soit s'arrêter et attendre de constater une reprise de la circulation.

---

37. .Un cascadeur à lui seul peut en connaître au moins une dizaine.

C. Les stratégies dites "sociales"

La double nationalité, la filiation, l'utilisation des langues locales ou de la « casquette » de paysan et l'aide de la population sont aussi couramment utilisées par les cascadeurs pour passer d'une frontière à une autre.

1. La double nationalité et la filiation

Sur les 45 cascadeurs enquêtés, dix détiennent une double nationalité : camerounaise et nigériane, camerounaise et tchadienne, camerounaise et centrafricaine. Comment l'ont-ils acquise ? Dans la plupart des cas, ils ont de la famille de part et d'autre de la frontière. Plusieurs ont séjourné soit au Nigeria, au Cameroun, au Tchad ou en République centrafricaine avant de débuter le trafic des motos. D'autres ont plutôt quitté leurs pays et se sont installés au Cameroun. C'est l'exemple de Harouna (à Guider) et de Djibrilla (à Garoua) qui ont quitté le Nigeria pour s'installer au Cameroun. Abakar (à Maroua) a également quitté le Tchad pour venir vivre au Cameroun. Ayant déjà leur nationalité d'origine, ils se sont fait établir une carte d'identité camerounaise et c'est avec celle-ci qu'ils circulent. Par exemple, Abakar (de l'ethnie sara, au Tchad), que nous avons rencontré à Maroua, vit au Cameroun depuis 1991. D'origine tchadienne, il s'est établi au Cameroun et il lui est très facile d'apporter les motos au Tchad via sa double casquette de Tchadien ou de Camerounais qu'il présente selon le moment, quand cela est nécessaire. C'est aussi le cas de Harouna et de Djibrilla, rencontrés respectivement à Guider et à Garoua. Tous deux Nigérians, ils ont de la famille au Nigeria et ont effectué de longs séjours au Cameroun. Harouna a pratiquement grandi au Cameroun et va régulièrement au Nigeria visiter sa famille. Djibrilla a un parcours similaire. Après une enfance au Cameroun, il est reparti au Nigeria pour revenir ensuite au Cameroun. Dans tous les cas présentés, les longs séjours dans un pays étranger et le fait d'avoir de la famille de part et d'autre de la frontière permettent aux cascadeurs d'acquérir parfois une nouvelle nationalité. Dans chaque pays, la nationalité concernée est brandie pour pouvoir bénéficier des avantages propres aux nationaux.

2. L'aide de la population, la maitrise des langues locales et la « casquette du paysan »

Certains jeunes, installés dans les villages par lesquels passent les cascadeurs, se sont retrouvés dans le trafic des motos. Ils sont une aide sur laquelle les cascadeurs n'hésitent pas à s'appuyer. Abakar (rencontré à Maroua) affirme par exemple :

> Il y a des « perroquets[38] » installés dans les villages par lesquels nous passons régulièrement. Ils nous informent des mouvements de la douane, de la police et de la gendarmerie. En contrepartie, nous ne manquons pas de leur donner entre 1 000 à 2 000 quand nous le pouvons[39].

Certains autochtones se sont également transformés en hôtes des cascadeurs quand ceux-ci ne s'arrêtent pas dans les brousses des villages pour dormir. D'autres par contre ont transformé leurs maisons en dépotoir de motos. En tenant compte des questions de sécurité au Nigeria, les motos sont de moins en moins montées au Nigeria, mais dans des villages du Cameroun frontaliers avec le Nigeria[40]. Cette réalité a davantage permis aux cascadeurs de se familiariser avec les populations riveraines. Deux autres moyens permettent très souvent aux cascadeurs d'entrer au Nigeria et montrent, comme le souligne Sylvie Bredeloup, que les migrants africains développent des tactiques diversifiées, aux apparences parfois paradoxales pour continuer d'accéder aux ressources ou pour les faire accroître (Bredeloup 2014 : 51). Elles consistent à « porter la casquette de paysan » et à parler des langues locales. La plupart des cascadeurs entrant au Nigeria s'arrangent pour donner l'impression aux autorités nigérianes présentes aux postes de contrôle qu'ils ne viennent pas de loin. Djibrilla affirme « qu'il dit toujours qu'il vient du village le plus proche du poste de contrôle dans lequel il se trouve ». Cela laisse l'impression qu'il est un simple paysan, quittant son village pour se rendre à un autre[41]. « Celui qui vient de loin » attire l'attention des autorités et suscite de la méfiance. À cette stratégie "de passage", s'ajoute la maîtrise de quelques langues locales, qui est un atout pour les cascadeurs, car elle leur permet de se familiariser avec les autorités au niveau des postes de contrôle et de la population. Cette familiarité diminue surtout le niveau de méfiance des autorités envers les cascadeurs. En plus du français que les cascadeurs manient, en fonction de leur niveau de maîtrise, les langues les plus utilisées sont le haoussa et l'anglais (entre le Cameroun et le Nigeria) ; l'arabe choa (entre le Cameroun et le Tchad) et le mbaya et le français (entre le Cameroun et la République centrafricaine).

---

38. « Perroquets » renvoie aux personnes qui leur donnent, le long des routes parcourues, des informations en rapport avec les agents des douanes.
39. Entretien avec Abakar, le 27 octobre 2015, à Maroua Centre.
40. Ce phénomène s'observe depuis que le gouvernement nigérian a interdit la circulation des motos au motif que ces engins à deux roues sont aussi utilisés par les membres de la secte Boko Haram pour commettre leurs actions. À cet effet, les cascadeurs achètent au Nigeria les motos qui sont ensuite transportées jusqu'à la frontière entre le Nigeria et le Cameroun, où elles sont montées ; par exemple dans le village nigérian frontalier d'Ouro Alhadji.
41. Nous avons pu expérimenter cela au Nigeria dans le cadre de nos différentes observations.

Conclusion

La mobilité transfrontalière des cascadeurs de motos entre le Nigeria, le Cameroun, le Tchad et la République centrafricaine est un fait. Elle a surtout été possible à travers des pratiques locales que ces acteurs économiques ont instituées comme nouvelles règles de la circulation des biens et personnes en zone CEMAC. Par ces pratiques locales, ceux-ci ne désavouent pas totalement les normes officielles qu'ils respectent par moment et par contrainte, mais se réfèrent à des « normes pratiques » qu'ils ont mises en place. La réussite de leur mobilité repose également sur la conjugaison des efforts de plusieurs autres acteurs : les agents de douane et autres services de l'ordre des différents pays impliqués, les populations vivant au long des routes empruntées et la clientèle, à l'origine de la demande des marchandises. Tous ces acteurs participent à la constitution du réseau et du système sur lequel repose l'ensemble des pratiques permettant à ces derniers de se mouvoir dans l'espace CEMAC. Le respect intégral des règles officielles est d'ailleurs assez difficile, parce qu'il s'agit avant tout d'une activité du secteur informel. Rappelons que l'incapacité des États de l'Afrique subsaharienne à créer des emplois justifie dans une certaine mesure les activités économiques dans ce secteur. Par conséquent, les populations, les plus pauvres sont contraintes de trouver par eux-mêmes des moyens de survie. À travers des pratiques locales de contournement des normes officielles, les cascadeurs cherchent avant tout à trouver une activité rémunératrice et à accumuler des richesses. L'analyse de ces pratiques permet de comprendre la marge de manœuvre dont ils disposent. Ils ont réussi, avec le concours d'autres acteurs, à instaurer un système sur lequel repose leur mobilité transfrontalière. Toutefois, le faible engagement des États de la CEMAC à appliquer véritablement le code des douanes et les tarifs prévus, le non-suivi dans l'application des textes juridiques et autres normes officielles liées à la circulation des biens et des personnes, participent davantage à assoir les « normes pratiques » évoquées ici. À cet effet, les États de cette sous-région n'auraient-ils pas intérêt à respecter leurs propres engagements pour l'épanouissement et l'intégration économique de leur Communauté ? Ils devraient aussi collaborer avec la CEDEAO, particulièrement avec le Nigeria, afin de créer des *zones franches, sans taxes* sur leurs frontières.

L'activité des cascadeurs s'avère importante pour la lutte contre la pauvreté et la création d'emploi pour la jeunesse. Elle mérite d'être réorganisée par les différents pays concernés afin de rendre effectif un véritable contrôle des entrées et sorties, qui permettrait aux différents États touchés par le trafic des motos et autres marchandises de jouir des intérêts économiques liés à cette activité. Ainsi, à ce trafic illégal pourrait se substituer un travail réglementé, qui serait en mesure de servir ouvertement aussi bien les intérêts des États que ceux des populations et comporterait aussi des risques atténués.

Bibliographie

Abdoulkarim Sadou, 2005, « Le taxi moto et l'insécurité urbaine dans le Nord-Cameroun. Le cas de la ville de Ngaoundéré », Rapport d'initiation à la recherche, Université de Ngaoundéré, Département d'Histoire.

Ankogui-Mpoko Guy-Florent *et al*, 2010, « Insécurité, mobilité et migration des éleveurs dans les savanes d'Afrique Centrale », *in* L. Seiny-Boukar, P. Boumard (dir.), Actes du Colloque « Savanes africaines en développement : innover pour durer », 20-23 avril 2009, Garoua, Cameroun – Prasac, N'Djaména, Tchad, Cirad, Montpellier, France, cédérom.

Agossou Noukpo, 2004, « Les taxi-motos *Zemijan* à Porto-Novo et Cotonou », *Autrepart*, 32, pp. 135-148.

Alladatin Judicaël, 2012, « Les réseaux familiaux 'Hloua' de la côte béninoise dans les migrations de pêche en Afrique de l'Ouest et du Centre : entre continuité et rupture », *études caribéennes*, 21, http://etudescaribeennes.revues.org/5785.

Ayimpam Sylvie, 2014, *économie de la débrouille à Kinshasa. Informalité, commerce et réseaux sociaux*, Paris, Karthala.

Bennafla Karine, 1998, « Mbaiboum : un marché au carrefour de frontières multiples », *Autrepart*, 6, pp. 53-72.

—, 1999, « La fin des territoires nationaux ? État et commerce frontalier en Afrique centrale », *Politique Africaine*, 73, 1999-1, pp. 25-49.

Bloch Marc, 1952, *Apologie pour l'histoire ou métier d'historien*, Paris, Armand Colin, 2e édition.

Boutrais Jean *et al.*,1984, *Le Nord du Cameroun : des hommes, une région*, Paris, ORSTOM.

Bouvier Jean, 1974, « Les crises économiques », *in* Jacques Le Goff & Pierre Nora (dir), *Faire de l'histoire. Nouvelles approches*, tome 2, Paris, Gallimard.

Braudel Fernand, 1949, *La Méditerranée et le monde méditerranéen à l'époque de Philipe II*, Paris, Armand Colin.

Bredeloup Sylvie, 2014, *Migrations d'aventures. Terrains d'Afrique*, Paris, éditions du Comité des travaux historiques et scientifiques.

Chauveau Jean Pierre *et al.*, 2001, « La pluralité des normes et leurs dynamiques en Afrique : implications pour les politiques publiques », *in* Gérard Winter (dir.), *Inégalités et politiques publiques en Afrique : pluralité des normes et jeux d'acteurs*, Paris, IRD & Karthala, pp.146-163.

Crozier Michel, Friedberg Erhard, 1977, *L'acteur et le système*, Paris, Seuil.

Duby Georges, 1974, « Histoire sociale et histoire des sociétés », *in* Jacques Le Goff et Pierre Nora (dir), *Faire de l'histoire. Nouveaux problèmes*, tome 1, Paris, Gallimard.

Edjenguélé Mbonji, 1999, « Les 'déflatés' du développement. De la tradition de dépendance à l'auto-gestion », *in* Cornelius Bayie Kamanda (dir.), *Itinéraires des 'déflatés' au Cameroun*, Bulletin de l'APAD, n° 18, pp. 19-27.

Engola-Oyep Jean, Harre Dominique, 1992, « Le Cameroun sous l'emprise du Nigeria ? Le cas des produits alimentaires », Montpellier-Cotonou-Paris, INRA-UNB-IRAM, Club Sahel, Ministère de la Coopération et CILSS.

Eyebiyi Elieth, 2016, « Étudier l'état à partir de l'informalité. Répression et résistances autour du commerce informel de carburant », *Lien social et politiques*, 76, pp. 77-95.

Febvre Lucien, 1952, *Combats pour l'histoire*, Paris, Armand Colin, 2e édition.

Grégoire Emmanuel, Labazée Pascal, 1993, *Grands commerçants d'Afrique de l'Ouest. Logiques et pratiques d'un groupe d'hommes d'affaires contemporains*, Paris, Karthala-ORSTOM.

Gourmelen Bernard, Le Roux Jean-Michel, 2011, *Petits métiers pour grands services dans la ville africaine*, Paris, L'Harmattan.

Guezere Assogba, 2008, *"Oléyia" (taxi-moto) : Acteurs et usagers d'un mode de transport artisanal récent à Lomé*, Thèse de Doctorat, Université de Lomé, Département de Géographie.

Haicault Monique, 2012, « Autour d'*agency*. Un nouveau paradigme pour les recherches de genre », *Rives méditérranéennes*, 41, pp. 11-24.

Herrera Javier, 1995, *Les échanges transfrontaliers entre le Cameroun et le Nigeria*, Rapport final de l'Observatoire OCISCA, sl, OCISCA.

—, 1998, « Du "fédéral" et des "Koweitiens" : la fraude de l'essence nigériane au Cameroun », *Autrepart*, 6, pp. 181-202.

Hillebrand, 1991, « Le secteur informel : une approche institutionnelle », *Le secteur informel au Cameroun : importance et perspectives*, Débats économiques de la Fondation Friedrich-Ebert, n° 2.

Igué John O., Soule Bio Goura, 1992, *L'État-entrepôt au Bénin. Commerce informel ou solution à la crise ?*, Paris, Karthala.

INS – République du Cameroun, Institut National de la Statistique (du Cameroun), 2014, *Monographie des échanges transfrontaliers de marchandises au Cameroun*, Yaoundé, Institut National de la Statistique.

Kengne Fodouop, 1991, « Les activités informelles dans les centres urbains : l'exemple de petits métiers de la ville de Yaoundé », *Le secteur informel au Cameroun : importance et perspectives*, Débats économiques de la Fondation Friedrich-Ebert, n° 2.

Laffiteau émilie, Edi Serge Jean, 2014, « Les pays de la CEMAC convergent-ils ? », *STATECO*, 108, pp. 31-43.

Lambert Agnès, 1993, « Les commerçantes maliennes du chemin de fer Dakar-Bamako », *in* Emmanuel Grégoire & Pascal Labazée (dir.), *Grands commerçants d'Afrique de l'Ouest. Logiques et pratiques d'un groupe d'hommes d'affaires contemporains*, Paris, Karthala-ORSTOM, pp. 37-70.

Langlois Charles-Victor, Seignobos Charles, 1898, *Introduction aux études historiques*, Paris, Hachette.

Larousse, 1982, *Grand Dictionnaire Encyclopédique Larousse*, Paris, Larousse.

Le Goff Jacques, 1974, « Les mentalités : une histoire ambigue », in Jacques Le Goff & Pierre Nora (dir), *Faire de l'histoire. Nouveaux objets*, tome 3, Paris, Gallimard.

Mbembe Achille, 1985, *Les jeunes et l'ordre politique en Afrique noire*, Paris, L'Harmattan.

Metangmo-Tatou Léonie, 2000, "Lorsque la cola n'est plus le fruit du colatier". Cryptonymie et évolution diachronique du lexique de la corruption au Cameroun, Communication au Colloque international "De la corruption au Cameroun – Intelligence du phénomène et itinéraire d'éradication" (3-5 avril 2000, Ngaoundéré, Cameroun), Yaoundé, Centre d'appui à la recherche en sciences sociales – http://www.unice.fr/ILF-CNRS/ofcaf/15/Metangmo.html.

Morice Alain, 1981, *Les petites activités urbaines. Reflexions à partir de deux études de cas : les vélos taxis et les travailleurs du métal de Kaolack (Sénégal)*, Paris, IEDES-Paris I, Rapport de recherche, 198 p. [pagination multiple].

—, 2000, *Recherches sur le paternalisme et le clientélisme contemporains : méthodes et interprétations*, Paris, EHESS, 227 p. (Mémoire pour l'habilitation à diriger des recherches).

Ngogang Samuel, 1991, « Le secteur informel : une approche institutionnelle », *Le secteur informel au Cameroun : importance et perspectives*, Débats économiques de la Fondation Friedrich-Ebert, n° 2.

Noiriel Gérard, 2006, *Introduction à la sociohistoire*, Paris, La Découverte [Coll. Repères-Histoire].

Nzhie Engono Jean, 1999, « Les "déflatés" de la fonction publique au Cameroun : du rêve de la réussite sociale au désenchantement. Étude de cas sur l'itinéraire des "déflatés" du Minrest », in Cornelius Bayie Kamanda (dir.), *Itinéraires des 'déflatés' au Cameroun, Bulletin de l'APAD*, n° 18, pp. 29-39.

Olivier de Sardan Jean Pierre, 2001, « La sage-femme et le douanier. Cultures professionnelles locales et culture bureaucratique privatisée en Afrique de l'Ouest », *Autrepart*, 20, pp. 61-73.

Owona Ndounda Nicolas, 2009, « La « vie de nuit » dans la ville de Ngaoundéré au Cameroun de 1952 à 2009 », Mémoire de Master, Université de Ngaoundéré, Département d'Histoire.

Rey Alain (dir.), 2001, *Le Grand Robert de la langue française*, Paris, éditions Dictionnaires le Robert, 2e édition.

Seiny-Boukar L., Boumard P. (dir.), Actes du Colloque « Savanes africaines en développement : innover pour durer », 20-23 avril 2009, Garoua, Cameroun – Prasac, N'Djaména, Tchad, Cirad, Montpellier, France, cédérom.

Soulages François, Erbetta Alejandro, 2015, *Frontières et migrations. Allers et retours géoartistiques et géopolitiques*, Paris, L'Harmattan.

Tchokomakoua Venant, 1991, « Esquisse d'un cadre juridique pour le secteur informel au Cameroun », *Le secteur informel au Cameroun : importance et perspectives*, Débats économiques de la Fondation Friedrich-Ebert, n° 2.

Titi Nwel Pierre (dir.), 1999, *De la corruption au Cameroun*, Yaoundé, Friedrich-Ebert-Stiftung Cameroun.

Touna Mama, 2008, *L'économie camerounaise : pour un nouveau départ*, Yaoundé, éditions Afrédit.

Us-Tchinda Jean, 1983, *Les marchandises dites sensibles et courants de fraude dans l'Union douanière et économique de l'Afrique Centrale (UDEAC) : le cas du Cameroun*, Rapport de stage de l'école nationale d'Administration et de Magistrature, Douala, Cameroun.

Villiers Gauthier de, 1992, « Petite économie marchande et phénomènes informels en Afrique », *économie populaire et phénomènes informels au Zaïre et en Afrique*, Collection "Les Cahiers du CEDAF"-ASDOC Studies, 3-4, pp. 1-14.

Villiers Gauthier de, Jewsiewicki Bogumil, Monnier Laurent (dir.), 2002, *Manières de vivre. Économie de la « débrouille » dans les villes du Congo/Zaïre*, Paris, L'Harmattan [Coll. "Cahiers africains" 49].

Winter Gérard (dir.), 2001, *Inégalités et politiques publiques en Afrique : pluralité des normes et jeux d'acteurs*, Paris, IRD-Karthala.

9. Mobilité quotidienne et pratiques locales autour du poste de contrôle juxtaposé entre le Bénin et le Niger

A. AZIZ MOSSI

Les sciences sociales ont produit une abondante littérature sur les migrations comprises comme les déplacements de populations quittant un point de la planète (milieu de départ) pour s'établir en un autre endroit (lieu d'accueil). Mais très peu d'auteurs se sont intéressés aux mobilités quotidiennes des ressortissants d'États frontaliers qui représentent des déplacements réguliers entre deux points, dont le but n'est pas nécessairement de s'établir en un lieu. Encore moins d'attention a été accordée aux interactions quotidiennes entre usagers d'un espace frontalier entre deux pays. Le débat sur les migrations est, du reste, très actuel et préoccupe les décideurs de tous les continents. Il génère l'élaboration de nombreuses politiques publiques, qui font l'objet d'études variées. Certaines insistent sur la manière dont les pays occidentaux traitent les dynamiques migratoires sous l'angle exclusif d'un problème social et d'une menace (Palidda 2011). D'autres, par contre, essaient de montrer la dépendance ou les formes d'arrimage des politiques des pays sous-développés en matière d'immigration à celles des pays occidentaux (Koff 2014). D'autres encore se focalisent sur les rapports entre les mouvements migratoires et le développement, en insistant sur les bénéfices économiques de ces migrations (Boesen & Marfaing 2014a). Elles s'intéressent souvent aux transferts de l'argent des migrations, ainsi qu'aux dynamiques sociales, économiques et politiques générées dans les pays d'accueil et les pays d'origine des migrants. Elles montrent parfois comment le transfert de l'argent tiré des migrations contribue à modifier le paysage social, économique et politique des pays de destination et comment il permet d'interconnecter différentes cultures financières, sur la base de denses réseaux internationaux de mobilisation des ressources des migrants (Chort & Dia 2013 ; Manou Nabara 2015). On peut aussi rappeler les travaux qui montrent pourquoi les migrations transfrontalières constituent des facteurs d'intégration économique des États, notamment en Afrique (Diakité 1997 ; Diapol 2007). Ces travaux apportent des éléments importants pour la compréhension des migrations aussi bien en Afrique que dans le monde. Ils renseignent sur les masses de migrants, leurs conditions de vie, les trajectoires de migrations ainsi que sur les retombées économiques, politiques et sociales positives ou négatives.

Cependant, une problématique peu abordée concerne les déplacements des citoyens de divers pays considérés certes sous l'angle de la migration, mais non en termes de mobilité quotidienne. De même, on peut regretter que la masse de ces travaux contraste avec une faible disponibilité d'études de cas à une échelle locale. Ainsi, il existe très peu de descriptions empiriques des pratiques quotidiennes et des trajectoires de mobilité dans un même espace communautaire.

Cette contribution s'intéresse justement aux déplacements quotidiens de citoyens de différents pays qui traversent la frontière entre le Bénin et le Niger, pour diverses raisons (Sougué 2016). On retrouve ici des migrants qui se déplacent dans le but de s'installer dans un pays d'accueil pour une période plus ou moins longue, mais également des non-migrants qui partent de leur milieu de résidence pour quelques heures ou quelques jours, sans l'intention de s'installer dans le milieu d'accueil. L'ensemble de ces mouvements est étudié ici sous l'angle de la « mobilité quotidienne », dont les conditions et les modalités sont analysées. Ainsi, on décrira les conditions de la traversée, en s'intéressant aux différents acteurs impliqués dans le processus, à leurs discours, leurs pratiques, leurs stratégies et aux contraintes auxquelles ils sont soumis. Dans cette perspective, est mobilisé un corpus de données essentiellement qualitatives, produites exclusivement à Malanville[1], qui ont été collectées soit lors d'entretiens individuels approfondis ou d'entretiens de groupe, soit par des études de cas et des observations directes pour prendre en compte toutes les catégories de personnes impliqués dans ces déplacements quotidiens. Ce corpus a permis de décrire les conditions de traversée de la frontière et d'examiner les stratégies, les pratiques et les comportements des usagers, en écoutant les discours pour saisir les perceptions qui les sous-tendent. Ainsi, cette étude décrit d'abord les acteurs autour du poste frontalier en insistant sur leurs relations fonctionnelles. En effet, ceux-ci sont nombreux et entretiennent des rapports qui rendent la mobilité complexe

---

1. .Malanville, chef-lieu de la commune du même nom est la dernière ville au nord du Bénin sur l'axe Cotonou-Niamey. La commune est essentiellement rurale avec une population estimée par le quatrième Recensement général de la Population et de l'Habitat (RGPH4) à 168 000 habitants en 2013. Son dynamisme économique est fortement lié à son marché, qui est le deuxième du Bénin (après Dantokpa à Cotonou), et à sa position frontalière de transit entre le Bénin et le Niger. Ces deux éléments lui donnent une attractivité tendant à accroître les facteurs d'urbanisation. La commune connaît une forte croissance urbaine, de 4,55 % par an en moyenne entre 2002 et 2013, qui est supérieure à la moyenne nationale (3,5 % par an). Sa principale fonction dans la hiérarchie urbaine est une fonction commerciale. Son marché centralise la plupart des productions de l'espace rural environnant et même de tout le nord et du centre du Bénin. À cause de cette attraction, des fortes migrations pendulaires relient Malanville aux autres communes et villages environnants, tels que Karimama, Guéné, Madecali (*cf.* Sougue 2016 : 4).

et requièrent de ceux qui se déplacent des ressources de diverses natures. Ensuite, seront analysées leurs pratiques et leurs stratégies quotidiennes mises en place autour de la frontière, ainsi que les effets de celles-ci sur la mobilité. Enfin, on s'interrogera sur la fonction régulatrice du poste de contrôle juxtaposé (PCJ) en rapport avec les attentes, mais aussi avec les inquiétudes des différents usagers et des institutions impliqués dans sa gouvernance, dans un contexte de promotion de politiques d'intégration au niveau sous régional.

1. Une multiplicité d'acteurs autour de la frontière

L'espace frontalier regroupe des localités du Bénin et du Niger, mais aussi du Nigeria. Cependant l'étude se focalisera sur la frontière entre le Bénin et le Niger, où interagissent trois catégories d'acteurs, caractérisées toutefois par une hétérogénéité interne : des agents des forces de défense et de sécurité officiant dans la commune de Malanville, qui s'occupent du contrôle et de la sécurité dans l'espace frontalier, des usagers (civils) qui s'y meuvent pour des raisons économiques ou sociales, des prestataires de services divers installés de part et d'autre de la frontière.

Les agents des forces de défense et de sécurité (FDS) et les pratiques de racket

Ces agents assurent des fonctions diverses, complémentaires et parfois contradictoires, avec en toile de fond des conflits d'attributions. On compte parmi eux :

- les agents de la douane, qui assurent le dédouanement des marchandises et luttent contre la fraude et les trafics illicites ; ils sont principalement postés dans la ville et aux frontières avec le Niger et le Nigeria ;

- les agents de la police, faisant également partie des forces de défense et de sécurité, qui sont des acteurs de front dans la régulation de la circulation et le maintien de la sécurité à la frontière ; leur rôle est d'assurer la sécurité des biens et des personnes à la frontière et à l'intérieur de la ville. Mais ils se rencontrent aussi au-delà de la frontière et hors de la ville, où se trouvent plusieurs postes de contrôle le long des différents axes routiers ;

- les agents de la gendarmerie, dont la mission essentielle est d'assurer la défense et l'intégrité du territoire, ainsi que la sécurité des populations. Dans l'exercice de leur mission, ils sont présents non seulement sur les axes routiers, mais aussi à la frontière et en ville, ainsi qu'à plusieurs postes de contrôle. Ils exercent leur fonction en étroite collaboration avec les autres éléments des forces de défense et de sécurité ;

- enfin les agents des renseignements, communément appelés "enquêteurs" par les populations locales, qui font partie du décor sécuritaire de la frontière. Ils assurent le recueil et la transmission des informations secrètes ou non à la hiérarchie. Leur fonction est censée s'accomplir dans la plus grande discrétion sur toute l'étendue du territoire de la commune. Mais ils sont tout aussi visibles et connus de la population que les autres agents publics. Comme ces derniers, ils sont présents à toutes les barrières installées çà et là sur les axes routiers partant de la commune.

À ces catégories d'agents publics militaires ou paramilitaires, s'ajoutent d'autres catégories d'agents civils qui ne sont pas moins présents sur les axes routiers et prennent une part active à la gestion de la mobilité quotidienne. Il s'agit des agents de la santé, du service phytosanitaire, du service de conditionnement et des contrôleurs de prix. Ces agents publics travaillent en parfaite connivence avec les agents militaires et paramilitaires, chacun agissant dans son domaine respectif. Ils sont aussi présents aux différentes barrières que dans le marché pour participer aux prélèvements des différentes taxes et aux divers rackets sur les axes routiers.

Les usagers de l'espace frontalier, entre l'illégal et la tracasserie

Les populations riveraines constituent la plus grande composante des acteurs autours de la frontière qu'elles traversent quotidiennement pour les activités économiques ou sociales (petits commerces entre les deux pays, visites de famille, cérémonies diverses, soins médicaux, etc.). La traversée de la frontière représente pour la majorité d'entre elles une activité quotidienne, qui ne nécessite pas forcément l'utilisation de pièces d'identité. En général, beaucoup de riverains n'en disposent pas et leur mobilité semble se réaliser sans heurts véritables, à condition qu'ils parviennent à prouver d'une manière ou d'une autre leur provenance. Mais tout cela reste aléatoire, en fonction des agents présents au poste frontalier ou des relations particulières qu'ils parviennent à nouer avec ces derniers. C'est d'ailleurs, en partie, la raison qui fonde leur inquiétude face à la mise en service du PCJ. Ils craignent que celui-ci perturbe cette possibilité de circuler assez librement.

Parmi les personnes traversant régulièrement la frontière figurent également les commerçants et les revendeurs, très nombreux, constituant un groupe hétéroclite. On y distingue les petits commerçants ambulants qui s'illustrent dans la vente de marchandises de consommation courante et ordinaire. Ce sont par exemple des vendeuses de bouillie venant de Tara (département de Gaya, au Niger), des vendeurs de lait, de glace ou d'eau fraîche, de fruits et tubercules divers, de poissons, etc. Ils appartiennent à la population riveraine et font la traversée dans les deux sens, tous les jours. Bien qu'ils soient des habitués, ils rencontrent souvent des difficultés, en fonction des agents en poste de part et d'autre. Ils se plaignent des rackets et des autres formes de commissions auxquelles ils sont quotidiennement soumis. Généralement, ils ne disposent pas de pièce d'identité et sont souvent tenus de soudoyer les agents des FDS pour assurer leur mobilité et leurs petites activités commerciales. Pour ce faire, ils paient de modiques sommes allant de 200 FCFA à 1 000 FCA selon la quantité de la marchandise ou le motif de la traversée de frontière.

Mais parmi les commerçants, figurent surtout les importateurs/exportateurs, qui se plaignent des multiples actes de rançonnement et de racket, ainsi que de la lenteur de l'administration en charge de la gestion de la mobilité à la frontière. À l'instar des petits commerçants, la plupart d'entre eux pratiquent le commerce informel, ce qui les oblige aussi à s'adonner aux pratiques corruptives pour assurer leur passage et celui de leurs marchandises. Certains sollicitent des réseaux de parents, amis et connaissances. Ils sont en relations étroites avec une autre catégorie d'usagers, celle des transporteurs, qui font partie des grands usagers de l'espace frontalier et se plaignent des difficultés de mobilité et des relations conflictuelles avec les agents des FDS. Ils dénoncent l'implantation anarchique et illégale de nombreuses barrières, au mépris des textes de l'Union économique et monétaire ouest-africaine (UEMOA) et de la Communauté économique des États de l'Afrique de l'Ouest (CEDEAO). À chacun de ces postes, ils sont soumis, au quotidien, à divers péages informels, ce qui suscite quelquefois des altercations avec les agents des FDS pour s'opposer aux paiements. La fréquence de ces incidents a entraîné une désaffection totale des transporteurs vis-à-vis de ces agents étatiques, en raison des impositions illégales qu'ils subissent. Mais il faut aussi souligner que la plupart des transporteurs traversant la frontière n'ont pas de véhicules en règle et en bon état, disposant des documents de voyage exigés (vignette, permis de conduire, carte grise, attestation d'assurance et de visite technique, etc.), respectant les limites de chargement prévues.

La gestion des conflits résultant des interactions entre les agents de sécurité et les usagers de la frontière est parfois assurée par une autre catégorie d'acteurs d'interface : les autorités locales, qui interviennent comme médiatrices pour surmonter certaines crises. Celles-ci occupent une position non négligeable dans la configuration des acteurs gravitant autour de la frontière. Elles administrent le territoire abritant les infrastructures du PCJ et de la frontière. Ce sont leurs administrés qui font partie des usagers réguliers de la frontière et sont concernés par la mise en service du PCJ. Elles se préoccupent surtout de la libre circulation des populations riveraines. Elles s'investissent pour éviter que le fonctionnement actuel de la frontière ainsi que la mise en service du PCJ mettent en péril ce principe et bloquent les activités économiques des populations. Elles luttent pour que les dispositifs de gestion de la mobilité à la frontière ne rompent pas non plus les relations sociales séculaires existant entre les populations des deux communes voisines, Malanville (au Bénin) et Gaya (au Niger).

Les prestataires de services ou les acteurs d'interface

Les prestataires de divers services constituent aussi un maillon important de la configuration des acteurs dans cet espace. Ils sont multiples et vont des petits commerçants de produits alimentaires, installés tout au long de la frontière, aux vendeurs de téléphones mobiles et autres accessoires de technologies de l'information et de la communication (TIC), en passant par les conducteurs de taxi et de taxi-moto. Ils jouent des rôles d'interfaces entre les agents des FDS et les usagers. Parfois, beaucoup d'entre eux deviennent des usagers au même titre que les autres. Ils sont tous des riverains qui peuvent être amenés à traverser la frontière tous les jours, soit dans le cadre de l'exercice de leurs activités commerciales, soit pour des motifs autres que professionnels. Ils comptent dans leurs rangs des acteurs opportunistes qui, eux, vivent des transactions autour de l'espace frontalier. On peut y mettre les transitaires, les gestionnaires de parking ou les divers syndicats représentent les usagers de la frontière, et aussi un nouvel acteur non moins important : l'opérateur Bolloré, chargé de la pose du chemin de fer qui reliera le Bénin au Niger, dont l'arrivée peut bouleverser les pratiques et générer de nouveaux enjeux. Sa présence est à la fois souhaitée par les jeunes, qui espèrent trouver un emploi, et crainte par certains opérateurs économiques locaux, qui le perçoivent comme un concurrent. Dans tous les cas, sa venue va désorganiser la structure actuelle du marché local par la disparition et l'émergence conjointe d'activités et d'acteurs nouveaux. Une restructuration s'opérera et changera ainsi la configuration actuelle des acteurs. Chacun développera des pratiques et des stratégies de repositionnement en fonction du rôle particulier qu'il joue dans le dispositif et les dynamiques de mobilité dans cet espace. Tout cela engendrera enfin une transformation des pratiques actuelles pour assurer la gouvernance de la mobilité transfrontalière.

2. Une circulation problématique des personnes et des biens à la frontière

La circulation des personnes et des biens à travers la frontière est rendue difficile par l'existence de pratiques non réglementaires ou de « comportements non observants » (Olivier de Sardan 2014), aussi bien des citoyens que des agents administratifs postés de chaque côté de la frontière. Ces pratiques sont de trois ordres : l'absence de pièces d'identité et de documents de voyages pour la majorité des usagers provenant des deux pays, la multiplicité des postes de contrôle dans l'espace frontalier et les pratiques de prédation entretenues par les agents de contrôle, aussi bien à Malanville qu'à Gaya. Pour faire face à ces difficultés, ou pour les contourner, les différents acteurs développent, selon qu'ils sont des usagers ou des agents publics, des stratégies qui leur permettent d'assurer une mobilité la plus aisée possible, sans conflit.

Des comportements non observants érigés en normes de mobilité : Des citoyens généralement « sans papiers »

Il existe deux catégories de personnes traversant quotidiennement les deux postes frontaliers : d'une part, des populations riveraines qui exercent des activités professionnelles dans l'une des deux communes ou y ont leur famille ; d'autre part, des citoyens venus d'ailleurs que Malanville ou Gaya. Généralement, ces derniers disposent d'une pièce d'identité (carte d'identité nationale, carte d'électeur, permis de conduire, passeport). Par contre, les premiers circulent, en grande majorité, sans les pièces d'identité recommandées. L'exercice de leurs activités professionnelles, l'accomplissement de certaines obligations sociales (visites de familles, mariages, baptêmes, soins de santé, etc.), la double résidence de certaines familles, font que leurs déplacements transfrontaliers sont quotidiens. Cela crée une certaine familiarité avec la frontière, qui leur confère une légitimité sociale et géographique pour circuler librement entre les deux localités. C'est pourquoi, ils ne jugent pas nécessaire de disposer de pièces d'identité pour circuler entre les deux pays. Dans ces conditions, ils parviennent souvent à se déplacer librement sans être inquiétés, même s'il arrive qu'ils soient quelquefois interpelés par les agents de sécurité. Cependant, beaucoup sont obligés de payer entre 500 et 1 000 F CFA aux agents de sécurité avant de pouvoir traverser les postes établis des deux côtés de la frontière.

La multiplicité des barrières et des postes de rackets

Dans cet espace frontalier, on remarque une multiplicité de postes de contrôle et de péage sur les axes routiers et fluviaux. La plupart de ces postes de paiement sont illégaux et officieux. On en compte à peine trois légaux où doivent se dérouler des opérations de dédouanement et de contrôle des documents de voyage. Les paiements y varient en fonction du bien transporté, de la détention ou non par l'usager ou le voyageur d'un titre à jour. La caractéristique fondamentale est que les montants peuvent être négociés. Les paramètres entrant en jeu dans les interactions sont fluctuants selon les acteurs, les types de biens concernés, l'humeur des agents, les relations entre agents et usagers, le pays d'origine, l'apparence de l'usager ou son statut, etc. Dans tous les cas, qu'il s'agisse de postes légaux ou non, y compris au niveau de la douane, le respect des textes n'est pas la pratique courante. Tout se négocie et chaque catégorie d'agents des forces de défense et de sécurité impose des paiements aux commerçants, ce qui entrave le libre-échange et la libre circulation. On considère donc ces pratiques comme des rançonnements multiples des usagers de la route, qui sont parfois des sources de conflit entre agents et usagers.

> « Il existe plusieurs postes sur les axes. Quand on prend l'axe Iloua-Madécali-Bodjékali-Malanville, on retrouve les postes de Iloua, de Madécali, de Garou et de Gada. Il y a [au niveau de ces postes] des individus représentant la police, la douane, la gendarmerie, les renseignements, les responsables phytosanitaires, qui jouent aux petits corrupteurs actifs. Il y a des touristes à qui on demande 200, 300, 400 nairas [monnaie du Nigeria]. Il y a aussi les convoyeurs de produits agricoles suivant le goudron qui sont rançonnés ». (Une autorité de la commune de Malanville, le 22 mai 2016).

L'installation de nouveaux postes de contrôle est devenue si fréquente que certains syndicats des transporteurs ont dû mettre sur pied des brigades de veille pour dénoncer la pratique.

> « à Malanville, il y a trop de postes : postes de police, postes de gendarmerie, postes de douane, postes des enquêteurs [2]. On a dû renvoyer la douane mobile de N'Dali à *Gouba-Faari* à cause des difficultés qu'elle nous créait. C'est à cause de toutes ces tracasseries de la frontière de Malanville que les passagers du Niger passent par Boumba. Ici même les agents de santé prennent 5 00 F CFA » (...). (Secrétaire à UCTIB[3], le 9 avril 2015).
>
> « Aujourd'hui, ce que nous voulons, c'est que le poste guérite situé devant l'Hôtel Relais du Soleil soit levé. C'est ce poste qui boque la circulation et crée des accidents ». (Chargé du contentieux à UCTIB, le 9 avril 2015).

Pour illustrer l'ampleur financière des paiements effectués par les usagers, on peut considérer l'exemple des transporteurs qui chargent les produits vivriers sur l'axe Iloua-Gada-marché de Malanville (nommé axe n°1 : 40 km) et l'axe marché de Malanville-fleuve Niger (nommé axe n° 2 : 3 km).

---

2. .C'est le terme populaire utilisé à Malanville pour désigner les agents de renseignements.
3. .Union des conducteurs et transporteurs interurbains du Bénin.

Tableau 1. Montants payés sur l'axe n° 1

Axe n° 1

Lieux d'implantation des postes	Catégorie d'agents receveurs	Montants perçus
Iloua	Douane	variable [68]
	Police	30 000
	Gendarmerie	15 000
	Service de renseignements	30 000
	Service phytosanitaire	8 000
Garou	Police	5 000
Gada	Police	30 000
	Gendarmerie	15 000
	Commandant de la gendarmerie	20 000
	Service de renseignements	
Marché central de Malanville	Agent contrôleur de prix	10 000

Axe n° 1 de 40 kilomètres

Cet axe commence à la frontière entre Nigeria et Bénin et se termine au marché central de Malanville. Les montants payés aux différents postes par camionnette d'environ 6 tonnes se répartissent comme suit :

Ainsi, au total, sur les 40 km de route parcourus à l'intérieur de la commune de Malanville, chaque camion paie de façon illégale la somme de 193 000 F cfa [4] aux divers agents de contrôle postés çà et là sur l'axe. En plus, les commerçants doivent s'acquitter des taxes de

---

4. .Le paiement de ce montant a fait l'objet de nombreuses plaintes adressées par les opérateurs économiques à l'autorité communale. Celle-ci a réuni l'ensemble des acteurs concernés, au cours du mois d'avril 2016 pour obtenir un consensus autour du montant à payer par les commerçants. À l'issue de cette rencontre, il a été convenu de réduire le montant à 83 000 F CFA.

développement local (TDL) récupérées par la mairie, dont le montant varie entre 8 000 et 15 000 F cfa. S'ajoutent les montants versés aux postes installés par les structures syndicales des transporteurs, où les véhicules chargés paient entre 200 et 2000 F CFA.[5]

Tableau 2. Montants payés aux différents agents sur l'axe no 2

Catégories d'agents receveurs	Montants perçus
Syndicats des transporteurs	500 à 2000
Service du conditionnement	15 000
Mairie	20 000 à 30 000
Gendarmerie	20 000
Commandant Gendarmerie (chef de brigade)	20 000
Police	30 000
Service de renseignements	15 000
Agent contrôleur de prix	30 000

Sur l'axe n° 2, le commerçant doit payer entre 150 500 et 162 000 F cfa aux postes permanents. Mais il existe aussi des barrières conjoncturelles ou circonstancielles mobiles, implantées en fonction des jours de marchés locaux ou de la densité du trafic sur les axes routiers considérés. Mais qu'il s'agisse des postes permanents ou conjoncturels, officiels ou officieux, les commerçants sont soumis à une multitude de taxations.

Plusieurs facteurs d'ordre structurel, expliquant ces taxations multiples, sont à relever :

- la méconnaissance des textes de la sous-région (UEMOA, CEDEAO) ;
- le mépris de ces textes par les agents publics chargés de leur mise en application (les agents de contrôle) ou les difficultés liées à leur application du fait des diverses interventions ;

---

5. .Le commerçant ou le transporteur déclare la marchandise à la douane, qui lui délivre une quittance. Le montant dépend de la marchandise, de la négociation et des réseaux de connaissances du commerçant ou du transporteur. Il semble qu'après ce dédouanement, les agents de douane n'interviennent plus dans le circuit jusqu'au marché de Malanville. Toutefois, les observations ont montré que beaucoup de paiements se font en réalité sans quittance.

- le défaut de documents de voyage pour les usagers et les véhicules ;
- les pratiques corruptives.

Dans ce contexte, les textes communautaires sont simplement mis de côté par les agents de contrôle censés les faire respecter et par les usagers. Ils ne servent plus de référence dans dans la régulation de la mobilité au niveau de la frontière, à la fois par les usagers et par les agents de contrôle censés les faire respecter. Cette situation engendre des « normes pratiques » (Olivier de Sardan 2008) qui régissent de façon concrète la circulation dans l'espace frontalier.

Les agents de contrôle : un recours systématique à des pratiques de prédation

À la frontière entre le Bénin et le Niger, des deux côtés du fleuve, une ponction systématique d'argent auprès des usagers est opérée par les agents des FDS. Ceux-ci sont plus orientés vers la quête de ressources financières par les pratiques de corruption que vers la garantie de la sécurité des personnes et des biens, selon les propos des usagers de la frontière. En effet, dès que le citoyen arrive à un quelconque poste frontalier, il est orienté vers un couloir de passage situé à l'intérieur des bâtiments, au cas où il arrive à pied ou s'il descend d'un moyen de transport en commun ou d'un taxi-moto. Il est astreint à y payer un droit de passage [6], sauf s'il est détenteur d'un passeport et d'une carte de vaccination à jour. Même ceux qui ont une pièce d'identité, mais sans carte de vaccination à jour, paient « quelque chose » [7] avant de passer. Une minorité est exemptée de paiement : ceux qui ont un passeport et une carte de vaccination à jour, détiennent un ordre de mission, sont dans un véhicule personnel ou conduisent des taxi-motos, ont réussi à tisser des relations privilégiées avec les agents de sécurité ou bénéficient de l'intervention d'une tierce personne.

« On nous fait payer au pont au même titre que les personnes étrangères au poste de Gaya ». (Entretien avec une vendeuse de bouillie à Malanville, le 7 avril 2015).

Globalement, à la frontière, les usagers, y compris les riverains qui se déplacent pour des motifs sociaux (santé, cérémonies familiales, visites de familles, etc.), sont soumis au paiement systématique de droits de passage auxquels sont astreints les usagers. Les commerçants et les

---

6. .Le montant payé varie de 200 à 1 000 F CFA.
7. .Expression fréquemment employée par les interlocuteurs pour signifier que le passager doit payer une somme avant de passer.

transporteurs sont les plus exposés à ces pratiques et des conflits surgissent parfois, comme l'illustrent les exemples suivants.

Un premier cas est rapporté par un syndicaliste de transporteurs

> Pendant le mois de Ramadan en 2014, une dame est allée acheter de la glace à Gaya parce qu'il n'y en avait pas à Malanville, en raison des coupures répétées et de longue durée de l'énergie électrique. Au retour, les policiers béninois saisissent le sac de glace et réclament 2 000 francs à la dame. Celle-ci ne s'est pas exécutée. Elle dit n'avoir pas une telle somme et affirme que toute sa marchandise ne coûtait pas autant à l'achat. Il n'y a pas eu d'accord entre les policiers et la dame, chaque partie étant restée sur sa position. Finalement, toute la glace a fondu au poste de police sous l'effet de la chaleur.

Un deuxième cas est présenté par une autorité communale :

> Au mois d'avril 2016, un groupe de ressortissants Nigériens du village de Kouanza traverse le fleuve Niger avec à bord de leur barque un malade qu'ils amenaient aux soins à Koara-Tédji [commune de Malanville]. À leur accotement à la rive droite [côté Bénin], ils sont interceptés par les éléments de la Marine basés à Karimma. Ceux-ci leur enjoignent de payer une taxe. Ils refusent d'obtempérer, indignés par le comportement des agents de la Marine. Ils tentent de raisonner ces derniers en invoquant leur esprit d'humanisme face à leur situation. Ils les implorent de leur permettre d'aller soigner leur malade, tout en leur faisant comprendre que celui-ci souffre et qu'il n'est pas une marchandise. Mais les agents de la Marine restent intraitables et sourds aux supplications des parents du malade. Les conciliabules perdurent et la tension monte de part et d'autre. La situation finit par dégénérer et les protagonistes en viennent aux mains. Les éléments de la Marine sont molestés, avec la complicité des riverains béninois qui se sont aussitôt montrés solidaires des parents du malade. Les armes des Marins sont arrachées et déportées jusqu'à Dosso. Un des éléments de la Marine est également déporté à Tara, chef-lieu de la commune nigérienne dont relève le village de Kouanza. Finalement, le conflit est réglé grâce à l'intervention des maires de Malanville, de Karimama (Bénin) et de Tara (Niger). (Entretien avec une autorité de la commune de Malanville, le 22 mai 2016).

Un troisième cas est évoqué par le protagoniste d'un incident :

> « Il y a quelques semaines, un camion a tué un apprenti chauffeur à Gaya. Nous sommes allés chercher le corps pour venir l'enterrer à Malanville. À la frontière béninoise, un agent de police nous arrête. Il nous demande ce que nous transportions. Nous lui avons dit qu'il s'agissait d'un cadavre. Puis il nous demande de descendre le corps. Nous avons fait descendre le corps et avons démarré la voiture en leur laissant le cadavre à leur

poste. Ils ont dû nous poursuivre pour nous demander de retourner chercher le cadavre. (Entretien avec un syndicaliste transporteur à Malanville, le 8 avril 2015).

Il est clair que dans les dynamiques de la mobilité quotidienne, les usagers de l'espace frontalier font face à une multitude de situations qui freinent ou entravent leur déplacement pour des raisons diverses. Les trois exemples précédents reflètent les goulots d'étranglement à la mobilité des citoyens de l'espace UEMOA ou de la CEDEAO, qui est promue par les organisations sous-régionales. Les malentendus sont quotidiens aux postes frontaliers et sont à la l'origine du mécontentement que manifestent les populations vis-à-vis des agents des forces de défense et de sécurité. Mais, ces malentendus constituent aussi des obstacles importants à la libre circulation et à la libre entreprise entre les États frontaliers.

La récurrence de ces conflits amène certains usagers à souhaiter une mise en service rapide du PCJ, qui pourrait permettre, selon eux, de réduire les « souffrances », en contribuant à limiter les actes de rackets et à éviter la multiplicité des points de paiement de « faux frais ». Ces usagers ont une perception très positive de la fonction du PCJ, même s'ils ignorent, pour le moment, les modalités de passage retenues pour cette infrastructure. Par contre, d'autres essaient dès à présent de développer des stratégies pour assurer une mobilité « sans problème » en créant des réseaux, soit en nouant des relations privilégiées et amicales avec les agents de contrôle au prix de quelques gestes de générosité ou d' "offrandes" volontaires, soit en mobilisant un réseau de personnes ressources locales pour intervenir en leur faveur.

Les stratégies de mobilité dans l'espace frontalier : entre "petite corruption" et interventionnismes : La corruption comme "facilitateur" de mobilité

Face à la culture de prédation visible dans le comportement des agents de contrôle positionnés à la frontière, on note que la majorité des usagers préfèrent engager des transactions informelles, au détriment des procédures et normes officielles. Il est frappant de constater à quel point ils ont une grande propension à ne pas se conformer aux règles pour la raison que la fraude est perçue positivement dans l'« éthique populaire » (Bako-Arifari 2006 : 13). Ainsi, la "petite corruption" est actuellement structurelle et endémique tout au long des axes routiers et de part et d'autre de la frontière. Elle est la principale règle du jeu pour traverser la frontière. En effet, la mobilité dans l'espace frontalier semble s'organiser largement autour de ce que Mathiot appelle la « reconnaissance de rôles objectivés » où les pratiques et les comportements des acteurs reposent largement sur des routines intériorisées et acceptées par l'ensemble des acteurs qui entrent en interaction (Mathiot 1998 : 12) : les choses sont toujours faites ainsi et chacun a tendance à agir comme cela s'est toujours fait.

La mobilité transfrontalière quotidienne engendre donc l'émergence de « normes pratiques » qui régissent la circulation des biens et des personnes. Celles-ci se caractérisent par la négociation des règles du « jeu » de la mobilité, le marchandage et la flexibilité dans leur application, la multiplicité des points de rackets. Ainsi, la mobilité se négocie à la frontière à l'image d'une marchandise au marché. Mais en raison de la routine, les montants sont généralement connus par les usagers habitués à l'espace frontalier et le paiement se fait sans débats. Tout se passe comme s'il y avait un consensus ou un *modus operandi* de part et d'autre de la frontière par lequel les usagers et les agents publics s'entendent sur les « prix » de la mobilité pour permettre le passage des biens et des personnes. Cela est possible surtout grâce à la négociation et à la flexibilité qui caractérisent les rapports entre les agents publics en charge de l'application des règles communautaires dans l'espace frontalier et les usagers. Quand ces négociations aboutissent à un consensus, la circulation est facilitée. Par contre, en cas de rigidité d'un côté ou de l'autre, cela génère des conflits ouverts, qui peuvent être fréquents et même quotidiens. Ils nécessitent parfois les interventions des autorités locales, des responsables des syndicats ou des associations de commerçants, des politiciens, des notables locaux ou des responsables hiérarchiques des agents en poste. Ces interventions visent à assurer un processus de médiation entre les protagonistes.

Le recours aux réseaux d'interventionnisme comme stratégie de facilitation de la mobilité

Pour faciliter leur mobilité dans l'espace transfrontalier, les citoyens ont souvent recours à la mobilisation de réseaux d'interconnaissances. Ils mobilisent ainsi des parents, amis et connaissances, des réseaux politiques ou parfois des personnes relevant de la hiérarchie administrative. Les cas suivants illustrent « les difficiles relations » entre les agents de contrôle à la frontière (des deux côtés) et les "usagers" (Jaffré & Olivier de Sardan 2003). Ils révèlent aussi les formes d'interventionnismes en jeu.

Le premier cas est rapporté par une autorité communale :

> « Des paysans de Malanville sont allés acheter dix-huit têtes de bœufs à Tara (département de Gaya) pour le labour. Au retour, les douaniers du Niger les arrêtent et réclament 80 000 francs par tête de bœuf. Les paysans ont contesté et les animaux sont saisis. Ils sont allés me voir et j'ai dû me déplacer pour négocier avec les douaniers en leur faisant comprendre que ce sont des animaux destinés au labour. Mais, malgré ça, ils ont exigé que les paysans paient 5 000 francs par tête de bœuf. Ce qui fut fait avant que les bœufs ne soient libérés ». (Entretien avec une autorité de la commune de Malanville, le 6 avril 2015).

Il s'agit bien ici d'une intervention d'un acteur politico-administratif qui a permis de dénouer le conflit.

Le deuxième cas est présenté par la victime :

> « à la veille de la fête de Tabaski de 2014, j'ai acheté deux moutons que j'ai fait transporter par les taxi-motos de Gaya pour Malanville. À la frontière, les policiers béninois arrêtent les deux moutons et me réclament 1 000 francs CFA par mouton. J'ai dit que ce sont des moutons destinés au sacrifice. Mais, rien n'y a fait, l'agent de police ne voulait pas entendre raison. J'ai dû aller voir son supérieur hiérarchique avant que les moutons ne soient relâchés ». (Entretien avec un citoyen de la commune de Malanville, le 9 avril 2015).

Dans ce cas, l'usager a dû faire appel au responsable hiérarchique de l'agent en poste pour se tirer d'affaires. Parfois, les agents d'exécution placés à la frontière font preuve d'une grande rigidité dans l'exigence de paiement, ce qui engendre des conflits. Dans ces cas, certains usagers s'adressent à leurs responsables, qui, par contre, sont plus flexibles et essaient de régler les conflits au cas par cas. Mais en général, la mobilisation des réseaux d'interventions constitue une des stratégies adoptées par les usagers pour faciliter leur mobilité. Elle permet de réduire les coûts des déplacements et de passer du statut de personne anonyme à celui de privilégié. Cette stratégie est adoptée par des personnes qui ont des relations particulières avec les personnes ressources locales susceptibles d'intervenir et jouissent d'une culture personnelle et d'un statut (par exemple des cadres) et de relations sociales ou politiques dans la zone frontalière ou au niveau national.

Toutefois, même si la capacité de faire appel à un réseau d'intervention apparaît comme un capital stratégique important dans le cadre de la mobilité transfrontalière, il n'en demeure pas moins que les usagers souhaitent passer la frontière sans avoir à l'entamer. Ils considèrent que ni l'usage de la corruption, ni le recours aux réseaux ne sont des « pratiques normales ». Certains d'entre eux y ont recours malgré eux, pour faciliter leur mobilité. Dans ces conditions, la mise en service du PCJ est fortement attendue par les populations qui y voient un facteur de réduction de la corruption rampante pratiquée dans l'espace transfrontalier. Dès lors, le défi majeur est que le fonctionnement de cette infrastructure assure la préservation de la liberté de circuler.

3. Le PCJ et la facilitation de la mobilité à la frontière : entre espoir et inquiétude Le PCJ de Malanville, une infrastructure à la fois désirée et redoutée

Depuis quelques années, la Commission de l'Union économique et monétaire ouest africaine (UEMOA), a entrepris une politique de construction et d'exploitation de Postes de contrôle juxtaposés (PCJ) dans les espaces frontaliers entre certains pays [8]. L'objectif de ces infrastructures est de faciliter la libre circulation des personnes et des biens entre les pays membres, en accélérant les opérations de fouille, de contrôle, de dédouanement et de transit. Dès lors, il s'agit de réduire les tracasseries subies par les usagers des frontières, de faciliter leur mobilité et d'accélérer le processus d'intégration sous régionale. Ainsi, après le poste pilote de Cinkansé, à la frontière entre le Togo et le Burkina-Faso, d'autres PCJ ont vu le jour, comme celui de Malanville. Leur mise en service est cependant problématique au regard des nombreuses difficultés constatées au niveau du poste de Cinkansé.

Concernant le Bénin, trois PCJ sont prévus, à Hillacondji, Sèmè et Malanville. Pour le moment, seule la construction de celui de Malanville est achevée, mais il attend d'être mis en service. Alors qu'il n'est pas encore officiellement fonctionnel, il se trouve au cœur de diverses pratiques et controverses entre agents publics et usagers de la frontière, qui ont une incidence sur sa mise en service.

Dans les discours de certains acteurs locaux, notamment les usagers, le PCJ de Malanville est un moyen de lutte contre les tracasseries infligées aux usagers. Il faciliterait la circulation et permettrait de lutter contre les pratiques de corruption.

« Nous attendons impatiemment que le poste soit vite ouvert pour que nos difficultés cessent ». (Entretien avec un responsable de syndicat des transporteurs à Malanville, le 9 avril 2015).

« Pour nous, le Poste est supposé éliminer la corruption. C'est pourquoi nous souhaitons qu'il soit vite ouvert à la circulation, pour que nos difficultés finissent. Parce que notre problème fondamental ici à Malanville, c'est la corruption des agents porteurs de tenues. On s'est plaint plusieurs fois aux ministres qui arrivent ici, mais nos doléances n'ont jamais porté ». (Contrôleur au sein d'UCTIB, le 9 avril 2015).

« Quand vous allez à la frontière, au niveau du poste de police, vous verrez trois différents sacs où les agents recueillent de l'argent reçu des rackets des usagers : ils ont un sac pour recevoir les nairas, un sac pour les billets de francs CFA, et un sac pou les pièces de monnaie CFA. (…) Nous subissons trop de tracasseries. La douane nous rançonne, la police fait pire que la douane et elle fait même le travail de la douane. Avec tout ça, le PCJ risque de ne pas atteindre ses objectifs si les attitudes des agents ne changent pas. Les agents cherchent à remplir leurs poches : les gendarmes, les policiers, les douaniers sont tous pareils. Les petites recettes des petits commerçants sont rançonnées. La douane prend 100 F, 200 F, 300 F, 500 F, 1 000 F aux petits

---

8. .Décision n° 08/2001/CM/UEMOA du 26 novembre 2001, portant adoption et modalités de financement d'un programme communautaire de construction de postes de contrôle juxtaposés aux frontières entre les États membres de l'UEMOA.

véhicules ». (Entretien avec un responsable de l'Union des conducteurs et transporteurs interurbains du Bénin (UCTIB) à Malanville, le 9 avril 2015).

Le poste est aussi perçu comme un dispositif qui pourrait favoriser l'application des textes communautaires sur la liberté de circuler, puisqu'il doit y avoir une sorte de surveillance mutuelle entre agents publics des deux pays, une accélération des procédures (les guichets des deux pays étant au même endroit), une formalisation et harmonisation des pratiques des agents publics officiant aux frontières : tout cela en lieu et place des pratiques informelles en cours actuellement, qui ralentissent et alourdissent les procédures.

Toutefois, beaucoup de personnes se plaignent de n'être associés ni en amont, avant la construction du PCJ, ni en aval, après celle-ci. C'est le cas par exemple des représentants des commerçants ou des transporteurs qui constituent pourtant d'importants maillons de la chaîne de mobilité dans l'espace frontalier. Certains revendiquent ainsi leur implication dans la gestion quotidienne du PCJ, afin de défendre les intérêts de leur corporation. C'est le cas notamment de la mairie qui se préoccupe du cas des riverains, dont la plupart traversent la frontière tous les jours et n'ont pas de pièce d'identité. Elle souhaite donc que la mise en service du PCJ ne soit pas un obstacle à leur libre circulation.

De même, les syndicalistes représentant les transporteurs revendiquent leur place dans le dispositif, car ils pensent que s'ils ne sont pas présents, ils ne sont pas assurés que de bons traitements seront assurés à leurs syndiqués par les agents des forces de défense et de sécurité qui travailleront au PCJ. Certains parmi eux font de cette position dans l'enceinte du PCJ une condition *sine qua non* de sa mise en service. Plusieurs syndicats des transporteurs rencontrés ont déclaré suivre les choses avec attention, en promettant même de s'installer de force si on ne leur attribuait pas une place. D'autres disent qu'ils pourraient créer un blocage ou un boycott si leur revendication n'est pas satisfaite. Disposer d'une position dans le dispositif apparaît pour eux comme la seule manière de défendre leurs syndiqués contre les tracasseries infligées par les agents des FDS.

Les expériences quotidiennes d'interactions entre ces agents positionnés aux frontières et les usagers semblent prouver aux seconds qu'ils ne peuvent pas faire confiance aux premiers pour assurer un traitement correct aux transporteurs. C'est pourquoi leur présence leur semble dissuasive et peut éviter que de mauvaises pratiques pénalisant les usagers voient le jour dans le PCJ.

« (...) Et si on n'y prend pas garde, si on ne nous donne pas une place au sein du PCJ, notre souffrance va augmenter avec la mise en service de cette infrastructure. Parce que là-bas, les choses vont se passer à hui-clos et on ne pourra pas intervenir ». (Entretien avec responsable de UCTIB en charge du contrôle à Malanville, le 9 avril 2015).

« Nous sommes pressés de voir cette infrastructure fonctionner. Ils ont dit que ça devrait commencer début 2015, mais jusque-là rien ! Nous avons dit que ça nous préoccupe de voir le poste en service, mais jusque-là rien n'a démarré et on ne sait pas pourquoi. Mais ce qui est grave, c'es que rien n'a été prévu pour les transporteurs dans le dispositif du PCJ. On a toujours plaidé pour la place des syndicats. Nous allons monter un comité mixte avec Gaya pour exiger notre place. Si on ne nous installe pas officiellement, nous allons mobiliser nos camions pour bloquer le passage, et cela jusqu'à ce que nous obtenions gain de cause. Parce que nous estimons que tu ne peux pas vendre une marchandise à quelqu'un en son absence. Car, avec ce que les corps kaki nous font voir, on n'est pas prêt à se laisser faire. Si au lieu de 1 000 F, on te demande 2 000, ça veut dire que tu ne circules pas librement ». (Entretien avec un membre de la Fédération des transporteurs du Bénin (FETRANS-Bénin), le 8 avril 2015).

Par ailleurs, pour d'autres acteurs, notamment les agents publics en charge de la facilitation de la mobilité et de la surveillance du territoire (les agents de la douane, de la gendarmerie, de la police, des renseignements, des agents de santé et des agents des services phytosanitaires), la mise en service du poste suscite également des inquiétudes quant aux conséquences de sa mise en service sur l'exercice de leur profession, leur position au niveau de la frontière ou leur libre circulation à l'intérieur du PCJ. Bref, leur inquiétude concerne la survie de ces agents, tant le dispositif est perçu comme un élément qui perturbera les habitudes et les pratiques actuelles, devenues anciennes et structurelles. Ils sont surtout inquiets de perdre leur position à la frontière. Parmi eux, certains ne perçoivent pas l'utilité du poste à Malanville et pensent que, comme l'essentiel du trafic est à sens unique, le poste serait plus utile pour le Niger que pour le Bénin.

« Moi, je ne vois pas l'utilité de ce poste pour Malanville. C'est une circulation à sens unique des marchandises. Il fallait créer le poste dans un seul sens, pour faciliter les échanges, parce que rien ne vient des pays de l'hinterland pour le Bénin. Rien ne quitte le Niger, le Tchad ou le Mali. Il faut donc réfléchir à transformer le poste en un sens unique. Sinon tel que c'est fait là, ça risque d'avoir une incidence négative pour le Niger ». (Un agent des douanes de Malanville, le 21 avril 2015).

Au fond, la grande inquiétude est surtout relative à l'avenir du poste actuel situé au bord du fleuve, sur le pont, qui abrite l'essentiel de ces agents de l'État. Que deviendront ceux qui y travaillent actuellement ? Auront-ils tous de la place à l'intérieur du PCJ ? Quelles responsabilités assureront-ils désormais dans le nouveau dispositif ? Comment travailleront-ils avec leurs homologues du Niger ? D'autres interlocuteurs se demandent pourquoi, dans toute la sous-région, c'est au Bénin qu'il y a le plus de postes de contrôle ou encore pourquoi Malanville a été choisi pour abriter le PCJ ?

Ces différentes interrogations traduisent certes un manque d'information de la part des agents de l'État, mais révèlent aussi bien des inquiétudes de leur part sur le PCJ. L'idée de sa mise en service suscite diverses interprétations parmi ces agents de l'État, dont certains véhiculent l'idée selon laquelle l'UEMOA viendrait avec ses propres agents pour y travailler. Cela écarterait d'office les agents en poste actuellement à la frontière des deux côtés. D'autres, par contre, pensent que l'UEMOA formerait quelques-uns parmi eux pour animer ce poste. Mais, dans tous les cas, il y a deux idées fortes qui s'expriment. La première soutient que les agents actuels ne seront pas impliqués dans la mise en service du poste, ce qui justifierait d'ailleurs selon eux, leur non-implication dans les réunions concernant son ouverture. La seconde est en faveur d'un redéploiement dans la ville des agents actuellement en service à la frontière, qui seraient réduits au maintien de la sécurité à l'intérieur de la ville de Malanville, ce qui les priverait de tout contact avec les usagers de la frontière.

Ces différentes considérations permettent de comprendre que tous les acteurs gravitant autour de la nouvelle infrastructure y ont des intérêts à protéger, en cas de mise en service. Toutefois, cet outil de régulation suscite à la fois espoir et angoisse. Pendant que certains acteurs jubilent quant à l'idée de le voir fonctionner, d'autres sont plutôt inquiets et craintifs. Les uns y voient la solution aux nombreuses difficultés liées à la traversée de la frontière (les commerçants, les transporteurs et même parfois les riverains). Les autres y voient, par contre, un facteur qui pourrait engendrer la perte de leur position actuelle et de certains avantages illicites construits au fil du temps, dans l'exercice de leurs fonctions réglementaires. D'autres encore s'inquiètent de ne pas trouver de place dans le dispositif de fonctionnement du poste.

Mais, au-delà des espoirs suscités chez les uns et de l'angoisse de la perte des avantages et des positions chez les autres, cette infrastructure fait face à d'autres obstacles qui ne faciliteront pas son fonctionnement normal.

Les difficultés entravant la mise en service du PCJ

Plusieurs obstacles sont à lever pour parvenir à la mise en service du PCJ.

La réticence des agents des deux pays à travailler ensemble au sein d'une même concession

Des réticences sont exprimées des deux côtés. En effet, au Niger, les agents restent sceptiques quant à leur sécurité et à leur réelle autonomie vis-à-vis des homologues du Bénin. Quel sera leur statut au sein du PCJ situé dans le territoire du Bénin ? De quelle marge de manœuvre disposeront-ils dans le pays voisin ? Seront-ils autorisés à porter leurs armes à l'intérieur et en dehors du poste (par exemple s'ils doivent aller manger en ville) ? Quel est le statut de la portion du territoire située entre le poste et la frontière ? Qui (du Bénin et du Niger) a la responsabilité des personnes et des biens lorsqu'ils sont sur cette portion de territoire ? Les agents nigériens semblent considérer que des réponses claires sur ces points sont une condition sine qua non pour rejoindre le PCJ. Pour le moment, les différentes rencontres organisées par l'UEMOA pour étudier les conditions de mise en service de l'infrastructure ne leur apparaissent pas convaincantes.

Tout en partageant les inquiétudes de leurs homologues du Niger, au Bénin, les agents de l'État expriment une certaine méfiance. Ils pensent par exemple que, quelles que soient les mesures prises, la cohabitation ne sera pas totalement cordiale ou créera des incompréhensions ou des soupçons entre eux et leurs collègues nigériens. Car, de toutes les façons, les Nigériens ne se sentiraient jamais à l'aise pour travailler sur le territoire béninois. Des tendances nationalistes pourraient engendrer des insatisfactions de part et d'autre et mettraient inévitablement à mal la confiance entre les agents des deux pays.

« Les Nigériens ont l'impression d'aller travailler dans un autre pays. Ils n'ont pas la motivation nécessaire, parce qu'ils n'ont aucun intérêt ». (Entretien avec un agent des douanes à Malanville, le 21 avril 2015).

Pour le moment, les agents de chaque pays travaillent séparément et suivent les procédures et pratiques de leurs pays respectifs. Même si la collaboration est effective, elle se fait à distance et reste limitée du fait de la méfiance réciproque et de procédures administratives lourdes qui finissent par la rendre inefficace.

La différence des pratiques actuelles de contrôle, de fouille ou d'enregistrement des biens et des personnes de part et d'autre de la frontière

Les pratiques en cours des deux côtés de la frontière lors de l'étude sont caractérisées par la lenteur et la lourdeur des procédures. Cela génère souvent de monstrueux encombrements de la circulation sur l'axe Malanville-Gaya, occasionnant des pertes de temps que dénoncent les usagers de la route, mais suscitant aussi des pratiques corruptives. Car, pour ne pas perdre du temps, de nombreux usagers alimentent la corruption active des agents de contrôle (Bako-Arifari 2006).

Cela arrange bien sûr les agents du Bénin et aussi ceux du Niger qui n'ont pas les mêmes pratiques et n'utilisent pas les mêmes moyens technologiques. Dans ces conditions, le délai de traitement des dossiers n'est pas toujours le même. Il est peut-être plus long d'un côté ou de l'autre, ce qui pourrait créer des problèmes entre les agents s'ils devaient travailler en synergie au sein d'un même dispositif de contrôle. Les uns pourraient accuser les autres de bloquer la fluidité du trafic et d'encombrer ainsi les voies de passage.

Les défauts techniques liés au PCJ

Lors de la construction du PCJ, on a constaté plusieurs défauts techniques qui compromettent d'une certaine façon sa mise en service ou, du moins, la ralentissent. Il s'agit de l'étroitesse du parking, de l'absence de grue pour l'enlèvement des véhicules en panne ou des containers, de l'étroitesse des issues de sortie et d'entrée, du mauvais dimensionnement du sens giratoire à l'intérieur du poste, du non-respect de la bande de 10 mètres entre le poste et les habitations, du couloir de passage pour les populations situées dans l'espace menant au fleuve Niger. Tous ces problèmes retardent la mise en service de ce poste. Ainsi, l'étroitesse du parking peut engendrer des stationnements anarchiques sur la route ou le trottoir à l'extérieur ou même à l'intérieur du poste. De même, l'absence de grue peut bloquer le passage en cas de panne de véhicules. Le caractère non approprié du sens giratoire à l'intérieur peut engendrer des dérapages et causer des dégâts matériels importants, par exemple sur les lampadaires qui sont régulièrement brisés. L'étroitesse des portes d'entrée et de sortie fait que le mur est fréquemment endommagé par les gros porteurs et les bus. Par ailleurs, la promiscuité du poste avec les habitations peut engendrer des problèmes de sécurité (vols, incendies, trafics illicites, rejets des déchets ménagers dans l'enceinte du PCJ). En outre, l'absence de couloir de passage bien défini pour les populations situées avant le fleuve peut occasionner la création de voies parallèles et l'organisation de trafics dont le contrôle échappera aux agents du poste.

L'absence d'équipement de travail

Le poste est réceptionné depuis 2013, mais n'est pas encore équipé. Toutes les rencontres du cadre de concertation pour obtenir sa mise en service et assurer sa fonctionnalité sont restées sans effets. De plus, certains acteurs craignent l'installation d'équipements obsolètes ne respectant pas les normes requises, ce qui créerait en pratique d'autres problèmes que ceux qui sont inévitablement attendus. Au moment de l'enquête de terrain, seule la salle informatique était à peu près en état de fonctionnement.

La non-implication de certains acteurs-clés dans les processus de concertation et de prise de décision

Les agents locaux de la police, de la douane, de la gendarmerie et de certains syndicats des transporteurs se plaignent de ne pas être associés aux réunions tenues sur le fonctionnement du PCJ. Parmi eux, figurent ceux qui s'occupent actuellement des procédures de passage et de la sécurisation des personnes et des biens à la frontière. Ils dénoncent leur représentation à ces rencontres par des collègues venus des directions nationales ou départementales, alors même que ces derniers ignorent toute la réalité des pratiques et routines quotidiennes sur les sites. En procédant à cette représentation par le haut des agents des forces de défense et de sécurité, le risque est grand de déboucher sur des décisions inopérantes, puisqu'elles ne tiendront pas compte des réalités du terrain. Or, les opinions, les observations et les engagements des agents d'interface qui sont au poste comptent beaucoup dans la réussite du fonctionnement du PCJ. Un système de représentation par le haut privilégie les discours officiels, les règles et les procédures formelles et tient rarement compte des pratiques réelles des acteurs dans le cadre de la gestion de la mobilité transfrontalière. Ces pratiques réelles relèvent de routines et de rouages construits par les acteurs au fil du temps. Elles ont fini par se sédimenter et s'ériger comme « normes pratiques », largement répandues et partagées par les agents et les usagers. Elles n'ont rien à voir avec les règles et procédures formelles, les accords et les conventions régissant les diverses mobilités entre les pays. Ainsi, par exemple, la libre circulation dans l'espace frontalier n'est réelle actuellement que dans les discours officiels. Dans les faits, elle est toujours désirée par nombre de citoyens de l'UEMOA, mais reste entravée par la non-application des textes sous régionaux régissant la circulation, la multiplicité des *check-points* informels, la prééminence de l'informel sur le formel qui s'explique par la préférence des acteurs pour les transactions informelles au détriment des procédures formelles.

La multiplicité des postes de contrôles dans l'espace frontalier

Les multiples barrières érigées çà et là sur les axes routiers constituent des obstacles à la mobilité dans l'espace frontalier entre le Bénin et le Niger. Celles-ci sont des lieux de divers rançonnements des usagers et des espaces de conflits fréquents entre agents publics et usagers. Leur création fréquente a poussé certains syndicats des transporteurs à mettre sur pied des brigades de veille pour dénoncer la pratique. C'est d'ailleurs l'une des principales raisons pour lesquelles les transporteurs revendiquent *ipso facto* leur présence dans le comité de gestion et un local servant de bureau dans l'enceinte du PCJ.

Dans leur élan de contournement de ces barrières, les usagers se sont frayé plusieurs points de passages clandestins. Beaucoup de biens, de marchandises et de personnes transitent par ces voies informelles. Ainsi, les troupeaux de bétails et certains commerçants et trafiquants d'essence provenant du Nigeria empruntent quasi-exclusivement les voies fluviales pour traverser la frontière. Cela occasionne inévitablement une dispersion des possibilités d'entrée de ressources pour les deux pays. En effet, la situation actuelle est caractérisée par l'existence de plusieurs voies fluviales pour rejoindre chacun des pays et la mise en service du PCJ n'est pas un remède pour éradiquer le phénomène, tant que les pratiques actuelles en cours ne sont pas combattues. La persistance des pratiques corruptives, les conflits récurrents et les diverses stratégies de contournement révèlent, sans nul doute, les enjeux de la mise en service du poste de Malanville.

Conclusion

L'analyse a révélé que des mobilités quotidiennes dans l'espace frontalier au niveau de la commune de Malanville se déroulent dans une situation de non-respect généralisé des règles de la libre circulation. Plusieurs stratégies prolifèrent pour contourner les normes officielles qui la régissent. Celles-ci proviennent à la fois des usagers et des agents publics chargés de l'application des textes. Ces comportements sont érigés en instruments de la régulation des mobilités au quotidien. Ils se traduisent par une structuration de la corruption et des rackets dans une sorte d'ambiance presque consensuelle. Ils rendent difficile le respect des normes officielles et mettent les différents acteurs dans une situation permanente de négociation des conditions de leurs déplacements. La circulation des citoyens dans cet espace se déroule dans un contexte d'écart entre les règles et les pratiques des acteurs (Olivier de Sardan 2001).

Concrètement, il semble bien que l'existence de ces « normes pratiques » soit une condition importante de la mobilité. Elles se caractérisent par leur flexibilité et leur négociabilité. Seuls les usagers qui parviennent à s'y conformer par divers subterfuges peuvent circuler sans heurts.

L'absence ou l'irrégularité des pièces ou des documents exigés pour les usagers sont, sans doute, des facteurs importants qui favorisent ces pratiques. Mais, il y a aussi les difficultés d'application des textes en raison de l'interventionnisme généralisé (hiérarchique, politique) ou des diverses « redevabilités » (administratives, politiques, sociales). À ces facteurs, il faut également ajouter le dénuement symptômatique (matériel, financier) des administrations publiques locales chargées de gérer la mobilité et d'asssurer les contrôles (Mossi 2016 ; Olivier de Sardan 2000). Celles-ci sont globalement sans budget de fonctionnement, sans moyens de travail suffisants (véhicules, équipements informatiques, etc.). Les agents publics y officiant sont abandonnés à eux-mêmes et obligés de se « débrouiller » (Hamani 2014) pour assumer les fonctions régaliennes de l'État. Les pratiques de corruption deviennent les modes de fonctionnement de ces administrations déliquescentes et des moyens de survie dans un État qui, somme toute, les a abandonnées.

Au demeurant, la gestion de la circulation quotidienne à la frontière est assurée par plusieurs agents socialisés dans une « culture professionnelle locale » où les rackets prennent une place importante (Olivier de Sardan 2001). Face à eux, se trouvent des usagers favorables à la pratique de la fraude (Bako-Arifari 2006). Dans ce contexte, les conditions et les modalités des déplacements sont aléatoires, incertaines, personnalisées et soumises fortement à divers marchandages. Elles obéissent, non pas à des règles officielles décontextualisées et définies au sein des organisations communautaires (UEMOA, CEDEAO), mais à des « normes pratiques » flexibles. Cela révèle le caractère inopérant des politiques publiques dans le domaine. Les conventions et accords officiels définis à l'échelle des organisations sous régionales apparaissent inefficaces pour assurer la libre circulation. Sur le terrain, ceux-ci sont globalement ignorés, puisqu'ils se heurtent aux intérêts des acteurs, à leurs valeurs et visions du monde, à leurs perceptions et aux diverses connaissances qu'ils mobilisent. Ils font l'objet de réappropriations diverses, souvent imprévues, qui, au total, produisent des effets concrets défavorables aux objectifs et attentes des décideurs. Cela montre, à l'instar des travaux sur la sociologie des acteurs de l'action publique (Mathiot 2000) et sur les « bureaucraties d'interface » (Lipski 1980 ; Dubois 1999), que le succès des politiques de libre circulation dépend moins de ceux qui les définissent que de ceux qui les mettent en œuvre.

Bibliographie

Bako-Arifari Nassirou, 2006, *La corruption quotidienne au Bénin*. Études et Travaux du Lasdel, n° 43, pp. 1-47.

Boesen Elisabeth, Marfaing Laurence (dir.), 2014a, *Mobilités dans l'espace ouest-africain. Ressources, développement local et intégration régionale*, Paris, Karthala.

Boesen Elisabeth, Marfaing Laurence, 2014b, « Mobilité, développement et intégration régionale. Une introduction », *in* E. Boesen, & L. Marfaing (dir.), *Mobilités dans l'espace ouest-africain. Ressources, développement local et intégration régionale*, Paris, Karthala, pp. 7-18.

Chort Isabelle, Dia Hamidou (dir.), 2013, *L'argent des migrations*, *Autrepart*, 67-68, Paris, Presses de Sciences Po.

Diakité Moussa, 1997, *Le défi de l'intégration économique en Afrique de l'Ouest*, Paris, L'Harmattan.

Diapol Enda, 2007, *Les dynamiques transfrontalières en Afrique de l'Ouest*, Paris, Karthala.

Dubois Vincent, 1999, *La politique culturelle. Genèse d'une catégorie d'intervention publique*, Paris, Belin.

Hamani Oumarou, 2014, "'We Make Do and Keep Going!' Inventive Practices and Ordered Informality of the District Courts in Niamey and Zinder (Niger), *in* T. Bierschenk & J.-P. Olivier de Sardan (eds), *States at Work. Dynamics of African Bureaucraties*, Brill, Leiden, pp. 145-173.

Jaffré Yannick, Olivier de Sardan Jean-Pierre (dir.), 2003, *Une médecine inhospitalière. Les difficiles relations entre soignants et soignés dans cinq capitales d'Afrique de l'Ouest*, Paris, APAD-Karthala.

Koff Harlan, 2014, « Back to the Future? Intra-regional Migration and Development in West Africa », *in* E. Boesen & L. Marfaing (dir.), *Mobilités dans l'espace ouest-africain. Ressources, développement local et intégration régionale*, Paris, Karthala, pp. 21-46.

Lipsky Michael, 1980, *Street-Level Bureaucracy: Dilemmas of the Individual in Public Services*, New York, Russell Sage Foundation.

Malam Moussa Tidjani A., Bio Goura Soulé, Afouda Alix Servais (dir.), 2010, *échanges et réseaux marchands en Afrique*, Paris, Karthala.

Manou Nabara Hamidou, 2015, « Transferts de fonds des migrants et dynamiques socio-économiques à Tchintabaraden (Niger) », *Migrations and Mobilities, Lettres de MIGDEVRI 1*, n° 2, 3.

Mathiot Pierre, 1998, « La décision » (*Support de cours de Sociologie de l'action publique, Première partie, séminaire optionnel, 3ème année*), pp. 1-13, Lille, Institut d'études Politiques.

—, 2000, *Acteurs et politiques de l'emploi en France (1981-1993)*, Paris, L'Harmattan.

Mossi Aziz, 2016, *La négociation de l'action publique entre État et société civile. Une analyse de la mise en oeuvre des politiques d'alphabétisation dans la Commune de Nikki au Nord-Bénin*, Marseille, EHESS, thèse de doctorat.

Olivier de Sardan Jean-Pierre, 2000, « Dramatique déliquescence des États en Afrique : l'espoir toujours repoussé d'une démocratie authentique », *Le Monde diplomatique*, février, pp. 12-13.

—, 2001, « La sage-femme et le douanier. Cultures professionnelles locales et culture bureaucratique privatisée en Afrique de l'Ouest », *Autrepart, 20*, pp. 61-73.

—, 2008, *À la recherche des normes pratiques de la gouvernance réelle en Afrique*, Discussion paper for Africa Power and Politics Programme (APPP) n°5, London, DFID & Irish Aid, 25 p.

—, 2014, *La routine des comportements non observants au sein des services publics nigériens : connaître la culture bureaucratique pour la réformer de l'intérieur*, Niamey, LASDEL & HCME.

Palidda Salvatore (dir.), 2011, *Migrations critiques. Repenser les migrations comme mobilités humaines en Méditerrannée*. Paris, Karthala.

Sougue Edmond, 2016, « Malanville – Gaya, une dynamique de territorialisation à la frontière Benin – Niger », *Territoire en mouvement Revue de géographie et aménagement* [En ligne], 29 | 2016, mis en ligne le 28 octobre 2016, consulté le 19 juin 2017. URL : http://tem.revues.org/3216.

10. Métamorphoses et gouvernement de la figure de l'étranger au Maroc

ALIMOU DIALLO

Depuis son introduction par l'état colonial comme moyen de contrôle de la mobilité interne des étrangers issus des « nations ennemies », puis de l'ensemble de la population étrangère – y compris le colon –, la carte d'immatriculation est devenue aujourd'hui un instrument central dans le gouvernement des migrants au niveau local. Avoir le droit de séjourner légalement sur le territoire marocain exige l'accomplissement d'un ensemble de démarches administratives faisant intervenir les corps administratif, judiciaire et médical. Pour avoir accès à ce papier d'identité l'autorisant à résider légalement sur le territoire, le migrant doit, du moins officiellement, prouver le caractère sain de son corps et s'engager à adopter un certain nombre de comportements. Une grande partie de la littérature des décennies précédentes au sujet du déplacement des individus en Méditerranée voyait en ce vaste espace une zone de transit, alors qu'elle est, historiquement, un espace de circulation et de séjour d'individus venus d'ailleurs. Mais aujourd'hui, elle n'est plus considérée uniquement comme un pays de transit, mais elle est aussi appréhendée comme un espace d'immigration. Les parcours migratoires et identitaires de ces migrants ont fait l'objet de plusieurs analyses collectives et individuelles (Therrien *et al.* 2016), alors que certains auteurs ont traité des conditions juridiques des étrangers dans leurs droits privés et publics consacrés dans la législation nationale et les conventions internationales (Sefrioui 1973). La problématique au cœur de cette contribution est de savoir comment, avec les métamorphoses de la figure de l'étranger, l'administration coloniale et postcoloniale ont organisé, formalisé et institutionnalisé des démarches et pratiques pour gouverner la mobilité et la circulation des étrangers.

Prendre ces démarches administratives comme objet d'enquête conduit à déplacer le regard vers les relations de pouvoir entre l'étranger et la bureaucratie et invite à analyser le Maroc comme un pays d'accueil et d'immigration. Cette problématique nécessite d'aller au-delà de l'interprétation du fait migratoire au Maroc en termes d'« immigration de transit ». La catégorie de « transit » est en effet problématique à plusieurs niveaux.

Au-delà de la catégorie de « transit »

Le premier problème posé par le terme d'« immigration de transit » vient des *usages stratégiques et politiques qu'en font les acteurs*. Ce qualificatif fait partie du vernaculaire politique et journalistique, auquel les acteurs engagés dans la lutte de représentation du « fait migratoire » se réfèrent. Évidemment, que cette catégorie soit une catégorie stratégique et politique ne pose pas de problème en soi ; c'est le sort de toute catégorie. Ce qui l'est, c'est le fait que le discours des acteurs dominants est adopté sans le questionner, l'historiciser ou le déconstruire par une prise en compte de la réalité empirique. Or cette dernière laisse percevoir des logiques d'action et des jeux tactiques qui ne peuvent se comprendre que dans l'histoire et les rapports de force.

En se désignant comme les véritables destinataires des immigrés se trouvant sur le territoire marocain, les États européens ont réinventé cette catégorie dans le but de rallier ces pays tiers, désormais qualifiés de transit, à leur « lutte contre l'immigration clandestine ». Mais ces pays n'ont pas fait que subir cette qualification ; ils se la sont appropriée : ils ont saisi l'opportunité que cette sémantique leur offrait pour nier leur transformation en « pays d'immigration » et arguer que ces étrangers n'étaient pas « les leurs », puisqu'ils étaient en attente, leur objectif étant de traverser la Méditerranée pour atteindre l'autre rive. Les migrants ne sont pas en reste dans cet usage stratégique de la catégorie de transit. Pour échapper aux contrôles bureaucratiques du pays dit de transit, l'immigré fait lui aussi souvent recours à cette catégorie et se construit alors comme « immigré-passant », selon les mots d'une personne interviewée à Rabat le 12 avril 2016. Cela lui permet de jouer sur l'ambiguïté de son statut administratif : tantôt il endosse cette identité d'immigré de transit et met en avant son statut de « passant-naïf », exploité par des « passeurs sans scrupules » ; tantôt il met en avant son statut d'« immigré-résident », désintéressé de tout passage vers l'Europe.

Le deuxième constat est que la catégorie « immigration de transit » est traversée par un type de discours imaginaire qui exprime une *intentionnalité immuable du sujet mobile*. L'imaginaire collectif du « provisoire durable » (Sayad 1999) laisse entendre que « l'immigré » présent sur le territoire n'a pour projet que de traverser la Méditerranée pour atteindre l'autre rive et non pour vivre dans la société marocaine. Même si ce projet de départ devient un rêve illusoire qui se transforme en « nasse » (Pian 2009), l'immigré continue à être jugé par son intention de départ. Un étranger qui vit plus de dix ans sur un territoire reste-t-il « en transit » ? La seule intention de partir justifie-t-elle d'être considéré comme « immigré-passant » ? Poser ces questions n'est pas que rhétorique sémantique. L'usage de ces qualificatifs véhicule des compréhensions particulières de ces étrangers venus du Sud.

Le troisième problème que véhicule l'usage de cette catégorie a trait à son caractère *stigmatisant et essentialisant*. Le plus souvent, « transit » et « Subsaharien » font un ; le transit vise cette catégorie de population originaire de l'Afrique noire, quand bien même d'autres catégories de population, tels les Européens « de passage », sont concernées par la situation de transit. L'assimilation du transit aux Subsahariens accentue et entretient une suspicion généralisée et permanente envers les Noirs. Tout « étranger-noir » vivant sur le territoire marocain est dès lors perçu comme un potentiel candidat au transit, alors même que de nombreux étrangers noirs y travaillent, y étudient, y font des visites (familiales, d'affaires), bref, ont des « motifs légitimes » d'être « ici ». Cette association du « transit » et du « Subsaharien » se trouve ainsi souvent mobilisée par les forces de l'ordre pour justifier leur violence envers les Noirs, comme si elle servait de couverture pour légitimer certains propos racistes et stigmatisants.

Le quatrième et dernier problème est d'ordre méthodologique. La catégorie « transit » est *centrée sur l'Ailleurs plutôt que sur l'Ici*. Les travaux qui prennent cette catégorie pratique comme catégorie d'analyse focalisent l'essentiel de leur développement empirique sur le rapport que l'immigré-passant entretient avec l'Ailleurs (en l'occurrence, l'Europe). Ce rapport avec l'« Ailleurs » est souvent analysé via les politiques européennes : la présence de ces étrangers sur le sol marocain est vue comme une conséquence directe de l'Europe-forteresse, et de ses conséquences en termes d'externalisation des frontières et d'instauration des visas (Bigo 1996). Seules les décisions européennes expliqueraient leur présence mais aussi leur sort au Maroc, ce dernier n'est que le « gendarme de l'Europe » qui fait de la « sous-traitance » en exécutant de décisions prises par Bruxelles (Belguendouz 2003 ; 2005). Or ces étrangers ne vivent pas hors sol, ni dans un *no man's land* sans foi ni loi. Ils sont visibles devant les administrations, sur et au bord des routes, sur les marchés, dans les universités, dans les plages, dans les camps, dans les gares, bref ils vivent quotidiennement au sein de la société marocaine. Ils sont touristes, étudiants, commerçants, travailleurs, mendiants, engagés dans des relations quotidiennes avec la bureaucratie locale et avec les nationaux. Il nous semble important d'analyser l'ensemble de ces relations quotidiennes d'« Ici » sans préjuger, a priori, s'ils sont ou non en situation de « transit » pour aller « Ailleurs ». La question fondamentale, c'est de retracer l'histoire des formes de gouvernements pour comprendre comment ils vivaient au sein de la société marocaine et comment ils sont gouvernés au niveau local, comment ils réalisent leurs démarches administratives de séjour. Décrire ces formes d'expériences bureaucratiques peut s'avérer un premier pas vers une analyse prenant au sérieux le phénomène migratoire au Maroc.

Cette contribution s'appuie à la fois sur une enquête ethnographique et historique menée au Maroc dans le cadre d'une thèse de doctorat. En effet, préconisant d'inscrire ces pratiques de gouvernement dans une temporalité assez longue, nous avons pensé à aller regarder ce qui se faisait au « moment colonial » (Bertrand 2006) pour observer les formes actuelles de circulation et d'usage des techniques d'identification conçues et mises en œuvre à l'époque coloniale.

Pour rendre compte des manières par lesquelles la bureaucratie locale gouverne, contrôle et surveille la mobilité de l'étranger, cet « Autre » au sein du « Nous », deux principaux fils guideront notre démarche. Le premier concerne les transformations de la figure de l'étranger qui, à travers l'histoire, vivait parmi les non-étrangers et parfois qui se déplace d'ici pour aller vivre ailleurs (I). Le deuxième sera d'expliquer comment la transformation de ce *sujet mobile* a entraîné la mise en place par l'État colonial et l'Empire chérifien de tout un ensemble de savoir-faire administratifs et bureaucratiques de contrôle, afin de restreindre et de surveiller ses déplacements dans le temps et l'espace (II).

I. Les métamorphoses de la figure de « l'étranger » : histoire du « Nous » et construction de la catégorie de l'« Autre »

La figure de l'« étranger », ce sujet mobile, dans le monde « arabo-musulman », notamment au Maroc, a une histoire ancienne et difficile à cerner dans son entièreté. Mais à partir de textes religieux et hagiographiques, écrits par des savants musulmans, des archives et documents rédigés par des administrateurs coloniaux et des fonctionnaires indigènes, on peut suivre la métamorphose de cette figure, ses transformations religieuse et économique, sa formalisation comme catégorie juridique et statistique par l'État colonial et l'Empire chérifien.

La question posée ici est : comment, au cours du temps, produit-on socialement, politiquement et juridiquement la figure de l'« Autre » au Maroc ? Autrement dit, qu'est ce qui fait que des individus, à un moment donné de l'histoire, sont considérés comme « étrangers » ou se considèrent comme tels ? Comment des instruments tels que les papiers d'identité, le contrat de travail, sont devenus obligatoires pour avoir un « motif légitime » pour circuler ?

Ainsi, nous allons suivre les grandes étapes des transformations qu'a connues la figure de l'étranger, en évoquant sa place dans la tradition islamique (1), puis en notant comment elle est devenue pendant la colonisation une catégorie de l'action publique relevant du domaine d'action de l'Empire colonial et de l'Empire chérifien (2), avant de distinguer les multitudes de figures qu'englobe cette catégorie aujourd'hui (3).

1. L' « étranger », une figure d'origine religieuse : du ghârib (le nouveau) à ajâ'nib (celui d'à côté)

Avant l'instauration de l'état civil au Maroc par le Protectorat, pour permettre aux étrangers de prouver leur identité, les individus vivant dans les pays musulmans, notamment au Maroc, déclinaient leur identité selon les préceptes du droit musulman. Des études récentes des formes d'identification dans les pays musulmans « des origines de l'islam au XIXe siècle » ont démontré qu'avant l'invention de l'état civil, le « nom arabe », le « titre », « l'habillement », « la gestuelle » et « la langue » étaient les principaux éléments identificateurs des individus dans la cité islamique (Grangaud & Michel 2010). L'identification des individus dans le monde arabo-musulman trouve l'une de ses origines dans la religion. Sans entrer dans le détail d'une généalogie qui demande encore beaucoup de recherches, nous proposons de jeter un regard sur certains textes qui posent les prémisses de cette énonciation : comment est-on passé d'une identification fondée sur la religion à une autre sur la base des papiers ?

Dans son livre *étrangeté et les étrangers,* le juriste Ibn Al Qayyim al Jawziyyah explique que l'étranger (*Ghârib*) était celui qui adhérait à la nouvelle religion (l'Islam) pendant l'Âge d'or islamique. À cette époque, en quittant sa communauté religieuse d'origine pour une nouvelle religion, l'individu devenait un étranger et un paria par rapport à sa communauté majoritaire qui n'y avait pas adhéré. L'étranger faisait ainsi partie d'une religion minoritaire, comme l'Islam à l'époque. Pendant cette période, au Moyen Orient et au Maghreb, les étrangers étaient « le petit nombre de croyants » (Jawziyyah 1235). C'est à cause de leur exclusion au sein de leurs communautés religieuses d'origine que ce petit nombre considéré comme la figure du « nouveau-croyant » décidèrent avec le Prophète de quitter la Mecque en migrant (*Hijrat*) vers Médine (Ageron 1967).

Lorsque l'Islam devint la religion majoritaire, l'étranger est celui qui ne fait pas partie de la « communauté des croyants » (la *Umma* islamique). Il prend la figure de « l'infidèle » qui doit s'habiller sobrement et s'acquitter d'une taxe pour vivre tranquillement en marge de la *Umma*. C'est le cas des Juifs de Médine, qui, religieusement minoritaires, payaient une taxe appelée *dhimma* (tribut) (Tabari 2001). Le non-musulman était perçu comme étranger à la communauté des croyants, même s'il avait les mêmes caractéristiques sociales et ethniques que le musulman ; la religion devient ce par quoi les frontières imaginaires et identitaires entre les individus sont tracées. C'est l'appartenance ou non à une communauté religieuse qui détermine l'étrangeté des individus. Dès le début de l'Islam, la foi et le degré de piété sont devenus des critères fondamentaux de distinction entre les individus, indépendamment de leurs caractéristiques physiques et sociales. Dans la « cité musulmane » (Rivet 2012), on identifiait les individus en fonction de la religion. On pouvait y distinguer les hommes libres (*ahrar*), les gens du Livre qui bénéficient du statut de protégés (*ahl al-dhima*) et les esclaves (*abid*) ». Les hommes libres y étaient les musulmans ; les juifs et les esclaves étaient vus comme des étrangers. Ces derniers n'avaient pas le droit de porter des armes et de faire du cheval ; ils ne pouvaient pas aller librement dans certains lieux sans autorisation préalable. Les juifs étaient obligés de porter des habits sombres pour faciliter leur identification au sein de la société. Quant aux esclaves, chaque propriétaire posait un indice spécifique sur leur front ou leur visage pour les identifier. Les habits, la foi et les signes étaient des éléments essentiels faisant partie de l'identité des individus dans la cité musulmane.

Avec la vocation universaliste de l'Islam, ces *ghârib* pratiquant la nouvelle religion engagent une guerre expansionniste de la foi vers *Al Maghrib Al Aqsa* (Maroc d'aujourd'hui). La mobilité dans cet espace avait aussi pour motif la guerre, au nom de la religion ; c'est ainsi que la figure du *ghârib* prend la forme du *moudjahid* (guerrier). Chaque portion de terroir conquis par « ces guerriers-migrants » consolide la tribu et la *Assabiya* (esprit de clan), générant la sédentarité, en raison de l'appropriation des terres par les populations sédentaires, qui s'organisent en tribu (Ibn Khaldoun 2008).

Par la suite, les apparences physiques s'ajoutent au critère religieux pour former le « nous » et exclure toutes les « autres » personnes ne réunissant pas ces deux caractéristiques de la communauté. C'est par la guerre sainte que la figure du *ghârib* produit le sédentaire pour transformer les populations des territoires conquis et soumis à l'Islam en tant qu'étrangers : le sédentaire devient étranger et le *ghârib* devient le sédentaire. Ce renversement de rôle a été rendu possible par la religion et les armes. Les guerriers mobiles et propagateurs de la foi ont transformé le peuple sédentaire berbère en étranger sur un territoire soumis à l'islamisation du Maroc (Abitbol 2009).

Après l'islamisation du Maroc par ces « guerriers propagateurs de la foi », la figure du *gharib* prend la forme du « commerçant ». En effet, l'islamisation du Maroc a été une occasion pour ces guerriers de créer des vastes routes commerciales (devenues aujourd'hui des routes de l'immigration) en direction du pays des Lemlem (Afrique noire). Le commerce trans-saharien devient l'un des moyens de mobilité entre le Maroc et les royaumes de Ghana et de Gao. Ces derniers ayant besoin de sel, de chevaux et de produits manufacturés, tronquaient leurs ors, leurs esclaves contre les marchandises que leur apportaient les commerçants marocains (Abitbol 2009). Quand aux déplacements des « nègres-païens » venus du pays des « Lemlem » (Afrique noire), ils étaient vus comme une forme de « mobilité esclavagiste ». Ibn Khaldoun dresse le portrait du « Nègre païen » en ces termes :

> « Ce sont des païens qui portent des stigmates sur leurs visages et sur leurs tempes. Les habitants de Ghana et de Tekrour font des incursions dans le territoire de ce peuple pour faire des prisonniers. Les marchands auxquels ils vendent leurs captifs les conduisent dans le Maghreb, pays dont la plupart des esclaves appartiennent à cette race nègre ».

La propagation de la foi religieuse, l'esclavage, le commerce d'objets précieux et d'épices, les conquêtes coloniales ont été les premières formes de mobilité des Subsahariens vers le Maroc. Aujourd'hui, cette forme de mobilité des personnes et des marchandises a pris d'autres formes. L'identification selon les traits du visage, de la couleur de peau, des formes d'habillement devient la pratique qui définit la frontière entre « nous » et les « autres ». On passe ainsi d'une forme d'*identification universaliste* à une forme d'*identification indiciaire* déterminant le rapport à l'autre. Dès 1830, avec la conquête de l'Algérie par les troupes françaises, le Maroc reçoit ses premiers Algériens « exilés pour la foi ». Dans son *Histoire de Tétouan*, Mohamed Daoudi relate le débarquement, dans cette ville côtière marocaine, de deux bateaux remplis d'immigrés algériens. Dans une lettre au *wali* (gouverneur) de cette ville, le Sultan du Maroc ordonna aux autorités locales de bien s'occuper de ces « exilés de la foi » (Aziza 2012). La conquête armée de ce territoire par la puissance coloniale a été un facteur provoquant le déplacement des populations ; la mobilité vers le Maroc pendant cette période s'explique aussi par la volonté de ces populations de fuir les atrocités de cette guerre coloniale menée en

Algérie par la France. Apparaît ainsi une nouvelle forme de mobilité individuelle et collective qui trouve ses racines dans le « désir de protéger » sa foi religieuse vis-à-vis du « colon chrétien ». La conservation de la foi religieuse devint une raison essentielle du mouvement des peuples colonisés fuyant des territoires soumis à l'administration coloniale et à la domination de l'Empire colonial.

La signature du Traité de Protectorat entre la France et le Royaume chérifien en 1912 voit la figure du « colon » intégrer la catégorie d'« étranger » pour donner naissance à la catégorie de « ressortissant » de l'« Empire » et de peuple « indigène » ou de « protégés ». Cette occupation du territoire par une puissance étrangère a engendré une production juridique et bureaucratique visant à instituer des normes et codes régissant la mobilité des étrangers.

2. L' « ajâ'nib », cet autre parmi nous : production juridique et bureaucratique de la figure de l'étranger en contexte colonial

Chaque société bureaucratique (État impérial, État colonial, État-nation, État supranational) produit juridiquement et socialement ses propres étrangers. Pour surveiller la mobilité d'une catégorie d'individus dont les déplacements sont perçus par l'administration coloniale comme un danger pour l'ordre colonial, l'État colonial met en place un ensemble de textes juridiques pour encadrer leur déplacement. Dans le cas du Maroc, trois types de menaces guettant l'ordre colonial ont précipité cette dynamique de production juridique et bureaucratique de l'étrangéité : *les menaces politiques, les menaces sanitaires et les menaces économiques.*

En effet, au nom d'une lutte contre des menaces politiques extérieures, l'administration coloniale tente en 1914 de règlementer la mobilité des étrangers dans un espace territorial dont les frontières sont tracées officiellement. L'institutionnalisation juridique de l'étranger par l'Ordonnance de 1914 a produit deux conséquences majeures dans la constitution d'un savoir administratif. D'abord, ce texte institue trois formes d'étrangers : « sujet d'une puissance ennemie », « sujet d'une puissance alliée » et « sujet d'une puissance neutre »[1]. Il a mis en place une grille d'identification fondée sur le type de relation que le Maroc, à la fois Empire et Protectorat, entretenait avec les États tiers dont les étrangers sont des ressortissants. L'origine nationale de l'étranger, à travers la nationalité qui le lie à un État, détermine son identification à l'une des catégories instituées par ce texte. Ainsi, un étranger titulaire de la nationalité allemande est automatiquement catégorisé comme « sujet d'une puissance ennemie », tandis qu'un citoyen helvétique est un « sujet d'une puissance alliée ». Ce système de classification a

---

1. .Ordonnance du 13 novembre 1914, relative aux personnes arrivant ou séjournant dans la zone française de l'empire chérifien, *Bulletin officiel* n° 110, du 30 novembre 1914.

participé à la fabrication d'une multitude d'images de la figure de l'étranger, donnant naissance à l'idée qu'il y aurait des étrangers ennemis qui menaceraient la sécurité intérieure du Royaume. Pour mieux les contrôler, il faudrait leur imposer une carte d'immatriculation délivrée par leurs consulats respectifs, qu'ils devraient porter de façon permanente sur eux pour être en mesure de prouver leur identité à chaque contrôle de police. Ce système d'identification a eu pour conséquence l'émergence d'une rhétorique coloniale prônant un traitement sécuritaire de l'immigration. Ce *discours sécuritaire* envers cette population a été construit à partir d'un *registre de l'état d'urgence*. Aujourd'hui, le discours sécuritaire caractérise les textes, les débats et les décisions concernant les étrangers. Ce discours institue la violence bureaucratique et redéploye, sous une forme spécifique, la violence au sein du droit de la *cité coloniale* (le droit de vivre et de résider dans l'État colonial). *L'urgence* devient un registre de justification du discours sécuritaire de l'État colonial, mais aussi de celui de l'Empire chérifien. L'essentiel de cette production juridique et bureaucratique avait pour mission première la protection de l'ordre politique de l'État colonial. Comme nous le verrons plus loin, l'étrangéité fut définie en fonction de la menace à l'ordre colonial.

L'autre type de menace qui correspondait à une forme de vivre l'étrangéité au sein de l'État colonial vient du nomadisme interne. Pour comprendre les formes de gouvernement de la mobilité à l'époque coloniale, il est important de se départir de cette vision étatiste de l'étranger qui classe des étrangers en fonction de leur rapport au territoire de l'Empire colonial. À partir d'une analyse d'archives de la ville de Turin au XVIIIe siècle, Simona Cerutti (2012) bouscule l'idée selon laquelle « L'étranger est celui qui vient d'ailleurs » pour menacer l'ordre politique interne. Au-delà de cette vision étatiste prévue par le droit colonial, l'étranger n'était pas celui qui venait d'ailleurs, mais faisait partie des douars et villages du royaume. La bureaucratie coloniale avait donc à faire avec des individus « étrangers à un groupe, non à des patries », car l'origine territoriale des individus n'est pas centrale dans la définition d'une « situation d'extranéité » (Cerutti 2007). Ainsi, le contrôle d'une forme de mobilité interne que les hygiénistes coloniaux considéraient comme dangereuse, à savoir le « nomadisme », participa à forger l'image des individus étrangers à des villes. Ces hygiénistes identifiaient ces nomades selon des critères territoriaux et leurs motifs de mobilité. Ainsi, Remlinger (1912) classait dans le « petit nomadisme » le déplacement d'individus dans les limites territoriales d'une tribu. à cette époque, des « populations nombreuses au Maroc déplaçaient fréquemment leurs tentes, au cours de l'année, dans des courts rayons, à la recherche de terrains [2] ». Les migrations, s'effectuant à « plusieurs centaines de kilomètres » avec le déplacement de tribus entières chassées par la sécheresse, les obligeant à émigrer temporairement vers les grandes villes, constituaient le « moyen nomadisme ». « Le grand nomadisme », quant à lui, était caractérisé par « les migrations des

---

2. .Paul Remlinger, « Les population du Maroc, au point de vue de la propagation des maladies infectieuses », *Bulletin de médecine de la société française*, 1912, p. 311-312, BIU Santé (Paris), cote : 90113, n° 35.

indigènes du Sud qui, durant toute l'année, remontent vers le Nord pour s'embaucher comme ouvriers agricoles, maçons ou terrassiers, et reviennent ensuite au bout de quelques mois [3] ». Ces trois formes de migration doivent être prises au sérieux, selon cet hygiéniste, « au même titre que les eaux d'alimentation » (Remlinger 1912).

« L'esclave nègre », l'« Arabe nomade », « le juif stigmatisé », le « Maure civilisé » et le « Berbère montagnard » sont autant de catégories de classification permettant de déterminer les mesures applicables à chacune. Ce cadre d'observation de la société marocaine eut une incidence sur les formes de gouvernement des menaces sanitaires. Les exigences de « l'hygiène coloniale » et « l'arme sanitaire » (Le Cour Grandmaison 2014) ont participé à cette bureaucratisation de la condition des *ajâ'nib* (étrangers). Excepté le « Maure civilisé », toutes les autres catégories se déplacent vers les villes pour des raisons qui peuvent varier d'une catégorie à l'autre. « L'esclave nègre » se déplace, avec ou sans son maître, vers les grandes villes, « l'Arabe nomade » lui se déplace d'une tribu à l'autre à la recherche de pâturages, le « Juif stigmatisé » est à la recherche de quartiers spéciaux pour échapper à la stigmatisation, « le Berbère montagnard », chassé par la sècheresse, remonte vers le Nord pour s'embaucher comme ouvrier agricole ou maçon, et le « Maure civilisé » pratique le commerce de laine, de céréales, de vêtement, avec les tribus, les villes et les douars. Toutes ces formes de mobilité interne sont qualifiées par les hygiénistes de migrations « dangereuses », qu'il faut contrôler pour éviter la contagion épidémique d'une ville à une autre, d'un douar à un autre et d'un quartier spécial juif à un autre. Donc, pouvait aussi être considéré comme étranger un individu qui vivait au sein du groupe au niveau des douars et des villages, comme c'était le cas des « Juifs stigmatisé », des « Berbères montagnards », des « Arabes nomades » et des « esclaves nègres ».

L'une des caractéristiques du pouvoir colonial était l'exercice d'un contrôle de proximité sur les individus, soit en donnant le pouvoir à un chef de tribu chargé de contrôler les membres de sa tribu sous l'autorité politique des agents coloniaux, soit en déléguant le pouvoir à des commandements locaux capables d'identifier, surveiller, voire réprimer les individus au niveau local. Par exemple, l'administration coloniale confondait parfois « indigène » et « indésirable » pour justifier l'expulsion d'une « catégorie de Marocains » considérés comme étrangers à une ville comme Casablanca. Cette confusion a justifié la subordination de leur déplacement d'une ville à une autre sous l'autorisation préalable de leur chef de communauté, le « *caïd* ». Jusque récemment, en 2005, on pouvait hériter son étrangéité. La question du *bounowa* (filiation paternelle) et de *nassaba* (filiation parentale) peut rendre étranger un individu né d'une mère marocaine et d'un père étranger.

Cette production juridique et bureaucratique de l'étrangeté en contexte colonial a favorisé la formalisation d'un ensemble de démarches administratives obligeant ces étrangers de prouver leur identité et à détenir une autorisation leur donnant un droit de cité. La construction de la

3. .*Ibid.*

figure de l'étranger comme catégorie de l'action publique s'est faite parallèlement à la mise en place d'un ensemble d'instruments de gouvernement (Lascoumes & Le Galès 2004), tels des papiers d'identité, le contrat de travail, la prison pour étranger, ainsi que des savoirs et savoir-faire bureaucratiques pour gouverner ces « nouvelles formes de figures » que la catégorie d'« étranger » englobe.

II. Formalisation des démarches de la mobilité légitime : immatriculer, contracter et enfermer

Pour avoir le droit à une mobilité légitime, le sujet mobile devait se faire immatriculer auprès des services de l'État ou contracter avec une entreprise privée, sinon il risquait de se faire enfermer dans des centres de détention destinés aux migrants irréguliers. Les guerres, les difficultés économiques et les catastrophes sanitaires ont été des *moments propices* permettant à l'administration coloniale de justifier le durcissement des tracasseries administratives pour limiter la mobilité des migrants. Ainsi, immatriculer, compter et enfermer deviennent les outils principaux du système de contrôle et de surveillance de la mobilité des migrants. L'immatriculation, la contractualisation et l'enfermement étaient ainsi des formes de gouvernement de la mobilité des individus en contexte colonial.

À partir de correspondances secrètes, de dahirs, d'actes réglementaires, de circulaires et de documents individuels, il s'agira ici de reconstituer les itinéraires qui conduisirent à l'institutionnalisation d'une carte d'immatriculation et à la formalisation des démarches d'immatriculation à la veille de la Première Guerre mondiale. On fabrique ainsi des papiers d'identité pour l'identifier (1), des statistiques pour le compter, des contrats de travail pour contrôler sa mobilité professionnelle, des passeports sanitaires pour jauger sa capacité physique et sanitaire à circuler librement (2), ainsi que des centres de rétention pour l'enfermer s'il refuse de se conformer aux règles (3).

1. À chaque guerre sa carte : invention de la carte d'immatriculation et usage de la carte d'identité en temps de guerre

Dès la déclaration de la guerre, l'Empire colonial prend un décret en métropole, le 2 août 1914, dans un contexte de suspicion envers les étrangers, qui obligeaient ceux-ci à demander un titre de séjour.

> « (...) Un décret du 2 août 1914 les oblige – ils sont 1 160 000 au recensement de 1911 – à demander un permis de séjour. On réduit le nombre de naturalisations : il y en a encore 2 117 en 1914, il n'y en a plus que 582 en 1915, 803 en 1916, et seulement 418 et 282 en 1917 et 1918. Mais plus que les étrangers en tant que tels, ce sont les citoyens des pays ennemis qui font l'objet des mesures de contrôle les plus sévères ». (Weil 2004 : 102).

C'est dans cette logique guerrière que l'Empire colonial décide d'arrimer les colonies dans sa vocation générale d'identification visant à démasquer « les citoyens des pays ennemis », afin de contrôler et surveiller leurs déplacements à l'intérieur même de l'Empire et en métropole. Au Maroc, l'année 1914 est marquée par le début de la Première Guerre mondiale et la « guérilla » urbaine de certaines tribus qui menacent la stabilité intérieure du Royaume. Dans ce contexte, Lyautey, commissaire résident général et chef de corps d'occupation du Maroc, ancien maréchal de guerre, prend pour la première fois dans l'histoire contemporaine du pays l'ordonnance du 15 novembre 1914, visant à contrôler l'entrée et le séjour des étrangers dans la zone française de l'Empire chérifien.

> « Dans les circonstances actuelles et en raison de l'extension de l'état de guerre entre un grand nombre de puissances, il importe, dans l'intérêt de l'ordre et la sécurité publique, que celui des sujets des puissances alliées et neutres, d'éviter toute confusion quant à la nationalité des étrangers résidents (...) ; toute personne débarquant dans un port (...) devra justifier devant l'autorité locale qui sera déléguée à cet effet, de son identité, de son dernier domicile, de ses moyens d'existence et des motifs de sa venue dans la zone française au Maroc. Faute de quoi, l'autorisation de débarquer pourra lui être refusée [4] ».

Le certificat d'immatriculation a été inventé pendant la Première Guerre mondiale et la carte de résidence pendant la Deuxième Guerre mondiale. Chaque guerre a donc eu sa carte, dont l'invention s'explique à la fois par une logique financière et sécuritaire. Ces pièces deviennent de véritables sources de financement de la guerre, mais aussi un moyen pour contrôler les entrées, les sorties et les séjours de la population étrangère. Elles visaient d'abord à créer une ligne de démarcation entre « sujets ennemis » d'un côté et « sujet alliés » et « neutres » de l'autre, pour éviter toute confusion de nationalité entre ces étrangers. Ce sont les consulats de chaque État qui étaient chargés de matérialiser le rattachement de leurs sujets. Mais l'administration française leur donnait la possibilité de se faire immatriculer auprès du consulat de France à Casablanca en signant le registre des capitulations [5]. La signature de ce registre, qui seule pouvait constater la rupture du lien étatique, fut une stratégie utilisée par les Allemands qui

---

4. .Ordonnance du 13 novembre 1914, relative aux personnes arrivant ou séjournant dans la zone française de l'empire chérifien, § 1, *BO 110*, 30-11-1914.
5. .Sur l'histoire des capitulations, voir Mohamed Kenbib (1996).

avaient des intérêts commerciaux énormes au Maroc. Elle constituait une sorte de répudiation de la nationalité du « pays ennemi ». Si l'étranger se désolidarisait de ce dernier, il devait se faire immatriculer auprès du consulat d'un État neutre ou d'un État allié. Mais la détention de cette carte n'excluait pas la surveillance, le contrôle ou l'internement de ces sujets immatriculés auprès du consulat français à Casablanca.

La carte d'immatriculation était constituée de trois grandes formes d'identifiants : l'état civil, la situation familiale et le signalement d'un ensemble d'éléments caractérisant le migrant. On y notait tous les éléments et traits marquants de son corps, allant de la taille jusqu'aux signes les plus particuliers que l'agent pouvait constater sur le corps du pétitionnaire. Une photo était également nécessaire pour plus de personnalisation du document, qui représentait une sorte de « portrait parlé [6] » relevant toutes les marques corporelles et caractéristiques du visage de son porteur. Si le certificat d'immatriculation est une invention de Lyautey pendant la Première Guerre mondiale, la carte d'identité en temps de guerre imposée aux étrangers est instituée par le *vizir* (équivalent de l'actuel Premier ministre) Mohamed Mokri en 1939, pendant la Deuxième Guerre mondiale. L'une des autres raisons expliquant la création de cette carte réside dans la volonté du Protectorat d'instaurer une taxe sur le droit de résidence afin de pouvoir financer la guerre. À cette époque où la crise financière était manifeste, le Protectorat, en quête de ressources pour guerroyer, faisait ainsi payer les certificats d'immatriculation. Dans le contexte d'après-guerre, marqué par la crise financière, avec une France à reconstruire, le commissaire résident Alphonse Juin « décide » de la perception d'une « redevance » sur les formalités d'immatriculation et les déclarations de résidence. Pour l'organiser, il décide d'appliquer le *dahir* du 15 janvier 1924, en prenant, le 17 septembre 1947, un nouveau *dahir* faisant passer le coût de cette redevance de 20 à 50 francs, soit environ 10 euros, la somme étant perçue par apposition d'un timbre sur les certificats d'immatriculation. Jusqu'en 1939, le certificat d'immatriculation était gratuit et l'administration ne percevait aucune taxe sur cette opération. Mais pour des raisons financières, cette pratique est née pendant le Protectorat et elle est toujours en application. La loi de 2003 et son décret d'application ont gardé le coût de la redevance sans l'augmenter ; elle s'élève encore aujourd'hui à environ 10 euros (100 dirhams). En revanche, les « indigènes » venus de l'Afrique occidentale française (AOF) étaient exonérés pendant leur séjour dans le pays et aujourd'hui encore les Sénégalais sont les seuls migrants à bénéficier de cette exonération. Pour les Algériens et les Tunisiens, quelle que soit la durée de la carte demandée, ils doivent payer 100 dirhams seulement, tandis que les autres nationalités doivent s'acquitter de l'intégralité de cette taxe de séjour. Ce traitement bureaucratique différentiel est justifié par les « liens séculaires » qui lient le Maroc à ces divers pays. Payer une redevance pour avoir le droit de résider légalement à côté des communautés locales dites autochtones n'est pas une invention de l'État colonial au Maroc : c'est lorsque

---

6. .Expression employée par Ilsen About (2004).

l'islam est devenu la religion majoritaire que l'étranger a été celui qui ne faisait pas partie de l'« *umma* islamique ». Il devait déjà à l'époque s'acquitter d'une taxe pour vivre tranquillement en marge de l'« *umma* ». C'était le cas des « Juifs de Médine » qui, payaient la « *dhimma* ». La taxe imposée aujourd'hui aux étrangers comme droit de timbre s'inscrit donc dans une longue tradition islamique précoloniale dont les textes hagiographiques ont fait état. Bien que l'objet de notre étude concerne l'époque coloniale et postcoloniale, on ne peut parfois s'empêcher de briser cette limite chronologique que nous nous sommes imposée au départ.

Dès 1939, l'administration coloniale exige que tous les étrangers sollicitent une carte d'identité en temps de guerre pour remplacer la carte d'immatriculation instaurée en 1914. La guerre et les conflits armés sont des moments de durcissement du contrôle de la mobilité des étrangers au sein de l'Empire colonial. Mais cette loi ne définissait pas les démarches et procédures d'encartement que les étrangers devaient remplir pour en bénéficier. Elle s'alignait dans la continuité de l'ordonnance de 1914, en confiant sa délivrance aux commandements de division locaux. Au niveau local, ces commandements gouvernaient le séjour des étrangers à coup d'« arrêtés spéciaux » par lesquels chacun déterminait les démarches à suivre pour avoir le droit de séjour. Les formes bureaucratiques de demande de la carte variaient d'une division administrative à l'autre. Par exemple, à Rabat, jusqu'en 1949, un étranger pouvait effectuer sa demande sur un simple papier timbré en écrivant à la main les motifs de sa demande, le caractère sain de son corps et de son esprit, etc.

Cette forme bureaucratique de formulation des demandes de séjour caractérisait la procédure d'immatriculation des étrangers dans cette division administrative. Il n'y avait pas de formulaire spécifique à remplir et ceux qui ne savaient pas écrire en français pouvaient formuler leur demande dans leur langue natale (arabe, anglais, russe, espagnol, etc.). Un service spécial dédié à la traduction existait au sein de cette administration des étrangers. La demande devait impérativement être faite sur un papier timbré de 10 francs et être adressée au directeur de la sécurité publique sous couvert du contrôleur civil du lieu de résidence. L'analyse des dossiers de demande de titres de séjour de cette période donne l'impression que les démarches bureaucratiques d'immatriculation étaient moins contraignantes que celles appliquées aujourd'hui. Or, la réalité reste toute autre. Certes, le dossier ne contenait pas trop de documents de preuves, car la déclaration du « pétitionnaire » restait la première source d'informations sur son identité et ses conditions d'existence ; mais l'administration sécuritaire exigeait une enquête approfondie sur le demandeur de la carte de séjour. Cette enquête était réalisée par les agents contrôleurs civils. Dix jours après avoir déposé sa demande, le « pétitionnaire » français faisait l'objet d'une enquête pour confronter les déclarations contenues dans sa demande à sa « condition réelle d'existence ». Ensuite, l'agent adressait son rapport au contrôleur civil (l'équivalent de l'actuel *caïd*, qui le transmettait au directeur de la sécurité publique pour décision.

Le destin résidentiel de ce « pétitionnaire » français se jouait donc au niveau de son quartier, car la décision d'accepter ou non sa demande était tributaire du rapport établi par l'agent local de l'administration centrale. Un rapport négatif signifiait un refus automatique de la demande de séjour. Le commandant de la brigade chargé par le contrôleur civil d'enquêter sur l'exactitude des informations fournies par le demandeur de l'autorisation de séjour avisait ainsi :

> « Monsieur Trachesel (René), 33 ans, Français employé de bureau, né le 23 mars 1913 à Nancy (Meurthe-et-Moselle), fils de Joffroi et de feue Sigorn (Ann), est marié à Zubillaga (Angèle), 2 enfants. (…). Rien ne semble s'opposer à la demande formulée par le pétitionnaire [7] ».

L'enquêteur ne se limitait pas à vérifier les informations : il se permettait de suggérer à son supérieur qu'aucun élément ne pouvait motiver un refus à la demande de séjour. Les agents contrôleurs civils locaux avaient d'énormes pouvoirs pour influencer la décision du directeur de la sécurité publique, car celle-ci dépendait de leur rapport.

L'autre dispositif créé par l'administration coloniale fut la mise en œuvre du « passeport sanitaire », qui devint un instrument fondamental dans la surveillance sanitaire de la mobilité des étrangers. La construction coloniale de la tuberculose et du trachome comme menaces sanitaires pour le Maroc et la métropole ou les autres territoires colonisés a occasionné la promulgation de la loi du 13 juillet 1938, subordonnant la mobilité des nationaux et étrangers à la détention d'un « carnet sanitaire à jour ». Officiellement, personne ne pouvait aller travailler, temporairement ou en permanence, en France, en Algérie et dans les autres colonies, sans l'avis de l'Office marocain de la main-d'œuvre chargé de sélectionner en fonction de la capacité professionnelle et de l'aptitude sanitaire. Avant cette date, ce service ne s'intéressait qu'à l'immigration, mais à partir de la promulgation de ce texte il s'occupe à la fois du placement des étrangers sur le marché du travail local et de la sortie des travailleurs hors du pays. À partir de ce *dahir*, il ne suffira plus d'avoir un contrat de travail pour avoir le droit d'entrer sur le territoire et d'y circuler librement : on demande désormais à l'étranger de prouver qu'il n'est pas une menace pour la santé publique, ni un individu à risque pour la quiétude sociale. Il doit donc être muni :

> « (…) d'un passeport, d'un carnet sanitaire, d'un contrat de travail visé par les services du pays d'immigration, de l'extrait de la fiche anthropométrique constatant que le travailleur émigrant n'a pas été condamné d'une infraction grave, d'un reçu délivré par le Trésor général du Protectorat, constatant le versement par ledit travailleur d'une somme à titre de garantie pour le remboursement des frais que le Protectorat pourrait être amené à engager pour assurer le rapatriement de l'émigrant » [8].

---

7. .Pour plus d'informations sur ce rapport, voir archives du MAE Nantes, carton 197, cote 1MA/200.
8. .Voir l'article 4 du *dahir* de 13 juillet 1938 portant réglementation de l'émigration des travailleurs marocains.

L'établissement du carnet sanitaire était du ressort des agents de la Direction de la santé publique et de l'hygiène. Le carnet comportait la liste de toutes les maladies existantes dans la région de provenance du migrant, notamment les tuberculoses et le trachome. Il précisait aussi que le candidat avait subi toutes les vaccinations nécessaires à son départ. L'autorisation de départ était annexée au dos de la carte d'identité de travailleur. Cette exigence sanitaire pour obtenir le droit de résider sur le territoire marocain est restée d'actualité. En effet, aucun étranger ne peut bénéficier d'une carte d'immatriculation ou de résidence s'il n'est muni d'un certificat d'aptitude physique et d'un extrait de casier judiciaire.

2. Le contractualisation comme motif légitime de mobilité : invention du contrat de travail

Jusqu'en 1934, une simple déclaration de résidence au contrôleur civil de son lieu de résidence suffisait à l'étranger pour s'établir au Maroc et y exercer une profession. Un détenteur d'un certificat de résidence ou d'immatriculation pouvait intégrer librement le marché du travail, s'il ne constituait pas une menace à l'ordre public. À cette date, l'accès des étrangers au marché du travail n'était pas réglementé ni conditionné. Cependant, au cours des années 1933-1936, la politique migratoire prit une nouvelle tournure à l'arrivée d'un nouveau Résident général à la tête du Protectorat, Henri Ponsot. Âgé de 56 ans à l'époque, cet ancien diplomate à la sous-Direction des Affaires d'Afrique du quai d'Orsay avait été nommé en août 1933. Dès son arrivée, l'administration marocaine du travail et de l'assistance est confrontée à une arrivée massive sur le marché du travail d'Espagnols et d'Italiens fuyant la guerre d'Espagne et la dictature de Mussolini. Ainsi, les Espagnols sont passés de 15 141 en 1926 à 22 684 en 1931 et à 23 330 en 1936 ; les Italiens de 10 300 en 1926 à 12 602 en 1931 et à 15 521 en 1936. Dans la semaine du 10 au 16 août 1934, l'Office marocain de la main-d'œuvre publie, dans le *Bulletin officiel*, un « état du marché du travail » et des statistiques sur des opérations de placements des travailleurs étrangers et marocains. Ce rapport tire la sonnette d'alarme en soulignant l'incapacité de ce marché à absorber les étrangers qui arrivaient sur le territoire. Dans ce contexte, Henri Ponsot prépare le 15 novembre 1934 à Marrakech une proposition de loi qu'il soumet au Sultan le 17 novembre 1934, pour signature. Promulgué le jour même de sa signature par le Sultan, le texte subordonne l'immigration à la loi du marché du travail. Il restreint l'accès des étrangers au marché du travail en le subordonnant aux aléas et aux possibilités offertes par la situation économique du pays :

> « Les personnes immigrant en zone française pour y exercer une activité professionnelle, de quelque nature qu'elle soit, salariée ou non, pour son propre compte ou pour le compte d'autrui, doivent obtenir du bureau de travail une autorisation préalable. Cette autorisation est accordée dans la limite des possibilités que la situation économique

laisse à la profession considérée, après avis d'une commission spéciale instituée par arrêté du secrétaire général du Protectorat pour chaque catégorie professionnelle »[9].

Pour la première fois, le contrat de travail devient indispensable pour l'accès au territoire d'un immigré qui voudrait y travailler. L'étranger muni d'une simple promesse d'embauche voit son passeport retenu par la police des frontières. Il doit présenter au Commissariat de police de son domicile, sous 15 jours, un contrat de travail dûment signé par son employeur. Après avoir accompli toutes ces formalités, son passeport lui est remis par la police de son domicile. Ce *dahir* offre à « l'étranger travailleur » une possibilité de faire venir les membres de sa famille en zone française, mais avec une autorisation de travail pour les personnes ayant plus de 18 ans s'ils désirent y exercer une activité professionnelle. Cette loi pose donc le principe de regroupement familial. Un autre principe affirmé par ce texte est celui de la sélection des travailleurs en fonction des « possibilités » économiques du pays. Le jour même de l'entrée en vigueur de la loi, Robert Merillon, secrétaire général du Protectorat, prend, sur proposition du Service de l'administration générale du travail et de l'assistance, un arrêté déterminant le modèle du contrat de travail à présenter.

La nature des liens contractuels que ce document laisse transparaître implique une forme de « privatisation » (Hibou 1999 ; 2013) de la sélection des formes légitimes de la mobilité. Ce document lie trois acteurs. Une fois rempli par l'employeur, le contrat est déposé au bureau de placement de la municipalité du lieu de résidence de l'employeur qui le transmet au bureau du travail à Rabat, pour visa. Une fois visé, il est envoyé par l'employeur à son « ouvrier » afin de lui permettre d'avoir le visa sur son passeport pour pouvoir rentrer au Maroc. Cependant, le chauffeur, la gouvernante, les nurses, les domestiques qui accompagnent leur maître ne sont pas tenus de présenter un contrat de travail à la frontière pour accéder au territoire marocain. Hormis ces catégories, l'étranger entrant sans contrat de travail est expulsé et l'employeur qui embauche un étranger sans contrat est passible d'une amende de 100 à 500 francs pour chaque infraction. À partir de ce texte, une forme de mobilité devient légitime (« l'immigration régulière ») et une autre devient illégitime (« l'immigration irrégulière »). Pour gouverner la *mobilité illégitime*, l'État colonial met en place des lieux d'enfermement pour étrangers.

---

9. .Voir article 3 du dahir du 15 novembre 1934, réglementant l'immigration en zone française de l'Empire chérifien.

3. Apparition des « centres de résidence forcée », des mesures « d'éloignement » et « d'interdiction de séjour »

Une autre pratique inventée par l'Ordonnance de 1914 est celle du régime des expulsions et des enfermements. Comme tout le monde ne peut pas « travailler » ou « résider légalement », il fallait inventer des lieux d'enfermement d'une catégorie d'étrangers qualifiés d'« irréguliers », de « pauvres », de « sans travail », d' « expulsés de la métropole ». L'étranger qui n'arrive pas à présenter, à la demande de la police, son certificat d'immatriculation peut se voir expulsé par les autorités militaires. Toutefois, si l'Ordonnance de 1914 a inventé cette pratique, c'est le *dahir* (loi) du 8 décembre 1915 qui l'organise, en désignant clairement les catégories d'étrangers pouvant faire l'objet d'« expulsion », d'« éloignement » et d'« interdiction de séjour ». En effet, en pleine guerre, par le biais du ministère de l'Armement français, sont recrutés des travailleurs nord-africains, notamment marocains, pour participer à la guerre. Suite à l'afflux massif d'étrangers fuyant la guerre pour venir se réfugier au Maroc, le maréchal Lyautey prépare un projet de *dahir* qu'il soumet à la discussion du Conseil des ministres le 11 décembre 1915, en présence de sa Majesté le Sultan Molay Youssef, en vue de son approbation. Ce *dahir* détermine les catégories d'étrangers pouvant faire l'objet d'expulsion et pénalise pour la première fois une « entrée sans autorisation » sur le territoire. Ainsi, pouvait être interdit ou expulsé du pays, par arrêté du commissaire résident de la République française au Maroc, un « étranger expulsé » ou « interdit de séjour en France », celui qui fait l'objet de rapatriement consulaire ou d'éloignement. Donc, une personne qui est considérée comme *non grata* en France l'est aussi au Maroc, au nom du principe de l'Effet corolaire des menaces entre métropole et colonie.

Si le *dahir* du 8 décembre 1915 se limitait à pénaliser les entrées illégales sur le territoire, le ministre plénipotentiaire délégué auprès du commissaire résident général, Charles Naguès, soumet au Conseil du gouvernement un texte permettant la création de centres d'enfermement des « immigrés illégaux ». Après l'approbation du texte, le 8 mars 1939, par le Sultan et le Conseil, J. Morize, ministre plénipotentiaire, organise l'exécution de ce *dahir* en créant deux centres de « résidence forcée » : l'un pour l'enfermement d'immigrés dans la ville de Safi et l'autre pour résidence forcée dans la ville de Missouri. Cette loi pénalise aussi l'entrée sur le territoire sans autorisation. L'étranger pouvait se voir immédiatement arrêté et traduit devant un tribunal pour y être condamné à une peine d'un mois à un an de prison, avant de se voir expulsé. Cette volonté de réprimer certaines catégories d'étrangers est justifiée par le maintien de l'ordre public et la sécurité civile.

Enfermer les migrants irréguliers dans des « institutions disciplinaires » (Foucault 1975) devient une pratique courante au sein de l'État colonial. Ces endroits clos étaient des lieux de punition de ceux qui ne respectaient pas la procédure légitime de mobilité et de résidence. L'enferment dans des endroits clos n'était pas le seul moyen pour châtier « l'illégalisme », car l'appareil sécuritaire a mis aussi sur pied un régime d'expulsion et de rapatriement des migrants illégaux et indésirables des grandes villes. Certains Marocains indigènes étaient même déclarés étrangers, en raison de leur statut social et de leur origine tribale, et on les expulsait des grandes villes comme Casablanca pour les ramener vers leurs « tribus d'origine ». Ces pratiques d'expulsion des « indésirables » de la ville de Casablanca vers les « tribus d'origine » ont contribué à façonner le régime d'expulsion des étrangers (Occidentaux / Européens) vers leurs « pays d'origine ».

Dès le départ, le but de la législation coloniale en matière d'immigration visait d'abord à protéger l'entreprise coloniale des troubles politiques pouvant être provoqués par des citoyens des puissances coloniales concurrentes (Allemagne, Italie, Espagne et Angleterre). Pour consolider l'Empire, ces mesures contre les ennemis sont aussi appliquées directement aux citoyens français se rendant aux colonies, et aux indigènes marocains désirant se rendre en métropole. Le contrôle de cette *mobilité d'import-export* devient un enjeu majeur dans la consolidation de la domination coloniale. Les centres d'enfermement et de résidence forcée ont joué un rôle fondamental dans ce processus. Après l'indépendance, l'État postcolonial devient à la fois le garant de la *constance* et de la *rupture* des pratiques coloniales au niveau local, en déclenchant un mouvement de marocanisation et de nationalisation des pratiques de contrôle de la mobilité des étrangers. Ces pratiques seront réinventées, normées, codifiées et reconnues par l'État postcolonial.

Conclusion

Il ressort de cette étude trois grandes idées. Analyser la mobilité, c'est aussi étudier les transformations historiques de la figure du sujet mobile, ainsi que les logiques historiques qui sous-tendent l'invention des instruments par lesquels ce sujet se déplace de façon légitime ou illégitime. Il ne suffit pas de se contenter seulement d'expliquer les raisons qui le poussent à aller et venir.

Nous avons noté que le processus de monopolisation du pouvoir pour tracer des frontières entre le « nous » et les « autres » était marqué de luttes permanentes pour le renversement de ce pouvoir de dire qui est étranger et qui ne l'est pas. Malgré ses tentatives pour détenir ce monopole, l'état colonial a été confronté aux résistances de certains chefs tribaux de l'Empire chérifien.

Des nombreux travaux réalisés en France et ailleurs portant sur l'héritage colonial ont analysé le devenir des anciens colonisés. Après l'indépendance de leurs pays, ils sont devenus pour la plupart des étrangers en métropole. Ces travaux décrivent comment des catégories et des pratiques bureaucratiques forgées en situation coloniale ont transité vers le monde de l'immigration dans le but de gouverner le colonisé d'hier devenu l'immigré d'aujourd'hui (Spire 2005). Cependant, rares sont ceux qui ont analysé comment l'ancien colon, qui avait le statut de citoyen au sein de l'Empire colonial, est devenu, après les indépendances, un étranger au sein de l'État national. Le cas du Maroc illustre ce passage du statut d'indigène à celui de national et de celui de colon à celui d'étranger au sein de l'État postcolonial. L'une des principales préoccupations de ce dernier a été alors de savoir comment retourner contre les anciens colons devenus étrangers les règles et législations sur l'immigration produites par l'État colonial. La marocanisation des démarches d'immatriculation a placé l'ancien colon resté sur le territoire dans une situation d'étranger soumis à cette législation coloniale qui demeure inchangée jusqu'en 2003, date de la promulgation d'une « nouvelle loi » portant sur l'immigration.

Plusieurs travaux et déclarations officielles justifient l'origine de cette loi par une nécessité de « décoloniser » une législation « anachronique » (Belguendouz 2005). Mais suffit-il qu'une nouvelle loi soit adoptée par un Parlement national pour qu'il y ait une rupture totale avec le passé colonial ? En tout cas, l'approche historique dément cette thèse de décolonisation totale, de rupture totale et de table rase. Cette tendance que nous qualifions « d'illusion du commencement » néglige d'inscrire cette loi dans une trajectoire historique assez longue allant au-delà de l'émergence d'un espace Schengen qui aurait produit un effet à distance pour imposer au Maroc l'adoption d'une « nouvelle loi ». Certes, ce texte a décolonisé certains symboles en nationalisant diverses expressions juridiques, mais il reprend une grande partie des pratiques produites par l'administration coloniale.

Par ailleurs, en intégrant la Communauté économique des États de l'Afrique de l'Ouest (CEDEAO), qui prône une liberté de circulation des personnes et des biens au sein de cette zone, comment le Maroc s'y prendra-t-il pour réinventer un nouveau modèle de gouvernement de la mobilité et du séjour des ressortissants issus des pays membres de ladite communauté ?

Bibliographie

Abitbol Michel, 2009, *Histoire du Maroc*. Paris, Perrin [Coll. "Pour l'histoire"].
About Ilsen, 2004, « Les fondations d'un système national d'identification policière en France (1893-1914). Anthropométrie, signalements et fichiers », *Genèses*, 54, 2004-1, pp. 28-52.
Ageron Charles-Robert, 1967, « Les migrations des musulmans algériens et l'exode de Tlemcen (1830-1911) », *Annales, économies, Sociétés, Civilisations*, 22, 5, pp. 1047-106.
Aziza Mimoun, 2012, « Colonisation et migration au Maghreb (1830-1962). Les flux migratoires entre le Maroc et l'Algérie à l'époque coloniale », Centre Jacques Berque [http://books.openedition.org/cjb/226 ?lang=fr] [consulté le 10 avril 2016].
Belguendouz Abdelkrim, 2003, « Le Maroc, vaste zone d'attente ? », *Plein droit*, 57, 2003-2, pp. 35-40.
—, 2005, « Expansion et sous-traitance des logiques d'enfermement de l'Union européenne : l'exemple du Maroc », *Cultures & conflits*, 57, pp. 155-219, https://conflits.revues.org/1754.

Bertrand Romain, 2006, *Les sciences sociales et le « moment colonial » : de la problématique de la domination coloniale à celle de l'hégémonie impériale*, https://hal.archives-ouvertes.fr/hal-00091738.

Bigo Didier, 1996, *Police en réseaux. L'expérience européenne*, Paris, Presses de Sciences po.

Cerutti Simona, 2007. « À qui appartiennent les biens qui n'appartiennent à personne ? Citoyenneté et droit d'aubaine à l'époque moderne » *Annales. Histoire, Sciences Sociales*, 62, 2, pp. 355-383.

Cerutti Simona, 2012. *Étrangers. Étude d'une condition d'incertitude dans une société d'Ancien Régime*, Paris, Bayard.

Foucault Michel, 1975, *Surveiller et punir. Naissance de la prison*, Paris, Gallimard, coll. "Bibliothèque des histoires".

Grangaud Isabelle, Michel Nicolas, 2010, « Introduction » au dossier *L'identification, des origines de l'islam au xixe siècle*, *Revue des monde musulmans et de la Méditerranée (REMMM)*, 127, 2010-1, pp. 13-27

Hibou Béatrice (dir.), 1999, *La privatisation des États*, Paris, Karthala.

Ibn Khaldoun, 2008, *Les prolégomènes*, t. 1, traduits en français et commentés par Mac Guckin de Slane, http://classiques.uqac.ca/classiques/Ibn_Khaldoun/Ibn_Khaldoun.html.

Kenbib Mohamed, 1996, *Les protégés. Contribution à l'histoire contemporaine du Maroc*, Rabat, Faculté des Lettres et Sciences Humaines ;

Lascoumes Pierre, Le Galès Patrick, 2004, *Gouverner par les instruments*, Paris, Presses de Sciences Po [Collection académique].

Le Cour Grandmaison Olivier, 2014, *L'Empire des hygiénistes. Vivre aux colonies*, Paris, Fayard.

Pian Anaïk, 2009, *Aux nouvelles frontières de l'Europe. L'aventure incertaine des Sénégalais au Maroc*, Paris, La Dispute.

Remlinger Paul, 1912, « Les population du Maroc, au point de vue de la propagation des maladies infectieuses », *Bulletin de médecine de la société française*, 1912, pp. 311-312, BIU Santé (Paris), cote : 90113, n° 35.

Rivet Daniel, 2012, *Histoire du Maroc*, Paris, Fayard.

Sefrioui Houcine,1973, *La condition des étrangers au Maroc*, Casablanca, Dar El Kitab.

Sayad Abdelmalek, 1999, *La double absence. Des illusions de l'émigré aux souffrances de l'immigré*, Paris, Le Seuil.

Spire Alexis, 2005, *Étrangers à la carte. L'administration des étrangers en France*, Paris, Grasset,

Tabari Mouhamed ibn Jarir, 2001, *Chronique de Tabari* tome 1, *Histoire des prophètes et des rois* (traduit par Hermann Zotenberg), Arles, Actes Sud.

Therrien Catherine (dir), 2016, *La migration des Français au Maroc. Entre proximité et ambivalence*, Casablanca, La Croisée des Chemins.

Weil Patrick, 2004, *Qu'est-ce qu'un Français. Histoire de la nationalité française depuis la Révolution*, Paris, Gallimard.

Résumés / Abstracts

Chapitre 1. Sylvester KOHOL

A Historical Trajectory of Cross-Border Migration between Nigeria and her West African Neighbours

Human migratory study is one area of scholarship that has continued to attract the attention of researchers from across the globe. Indeed, in most countries in the African continent, particularly in West Africa, there is the apparent indication of an over-concentration of social services in the main cities. This situation has caused not only rural-urban migration, but more importantly, cross-border migration in the West African region. Thus, this research attempts to examine the historical antecedents of unskilled West African immigrants in Lagos, Nigeria, with particular focus on the challenges encountered by these migrants. Lagos is the commercial capital of Nigeria, with a high flow of West African migrants. The conventional historical qualitative narrative, as well as analytical method was adopted in this study. Data collection was based on interviews, popular culture, newspaper commentaries and opinions, archival materials and other relevant secondary literature gathered through a multidisciplinary approach.

Keywords: Cross-border Migration; Indentured Service; Immigrants; Labour Force; Host Country.

Trajectoire historique de la migration transfrontalière entre le Nigeria et les pays voisins d'Afrique de l'Ouest

L'étude des migrations est un domaine d'étude qui n'a cessé d'attirer l'attention des chercheurs de par le monde. En effet, dans la plupart des pays du continent africain, particulièrement en Afrique de l'ouest, on remarque une apparente surconcentration des services sociaux dans les villes majeures. Cette situation avait causé non seulement la migration rurale-urbaine, mais encore une migration transfrontalière plus importante dans la région ouest-africaine. Ainsi, cette recherche tente d'examiner les antécédents historiques de l'immigration d'Africains de l'Ouest non spécialisés à Lagos, au Nigeria, en accordant une attention particulière aux défis rencontrés par ces immigrés. Lagos est la capitale commerciale du Nigeria, caractérisé par un important afflux de migrants ouest-africains. Cette étude utilise aussi bien la narration historique conventionnelle qualitative que la méthode analytique. Elle se fonde sur les données tirées de diverses sources et rassemblées dans une approche multidisciplinaire : entretiens, expressions de la culture populaire, commentaires et opinions dans les journaux, matériaux d'archives et toute autre littérature secondaire pertinente.

Mots-clefs : migration transfrontalière, service d'engagement par contrat, immigrés, population active, pays d'accueil.

Chapitre 2. Mutiat Titilope OLADEJO

Togolese-Yoruba Women Relations in Ibadan, 1990-2012

Towards the end of 20th century, precisely the last decade, the city of Ibadan, Nigeria, had become a complex and cosmopolitan city with phenomenal economic changes induced by structural adjustments. There were large influx of immigrant Togolese girls from the West African sub-region, who were actively involved in rendering sales service in business. This paper explains the nexus in the culture of migration and sustainable livelihood. The Togolese women contributed significantly to the informal economy since the 1990s, especially in the city of Ibadan, the role of their work in the process of regional integration remained for a long time underestimated. Therefore, this contribution examines the historic trends of their migrations and their economic activities, in a perspective of integration. The historical approach was adopted, which included the use of primary and secondary data. Primary data involved interviews with Togolese and other West African migrants in Ibadan.

Keywords: Ibadan; Togolese Women; Informal Economy; Integration.

Les relations entre femmes togolaises et yoruba à Ibadan, 1990-2012

Vers la fin du XXe siècle, la ville d'Ibadan, au Nigeria, était devenue une ville cosmopolite sujette à des changements économiques complexes. À ce titre, elle a accueilli d'importants flux de filles et de femmes togolaises, qui ont intégré les secteurs du commerce et de la prestation de divers services. Ce texte étudie le lien entre la culture de la migration et les moyens de subsistance. Si les femmes togolaises au Nigeria ont fortement contribué à l'économie informelle depuis les années 1990, notamment dans la ville d'Ibadan, leur travail est longtemps resté méconnu dans le processus d'intégration régionale. Cette contribution examine les tendances historiques de leurs migrations et leurs activités économiques, dans une perspective d'intégration. L'approche historique adoptée s'est appuyée sur des données primaires et secondaires. Les premières sont issues d'entretiens avec des migrantes togolaises et aussi ouest-africaines vivant à Ibadan.

Mots-clés : Ibadan, femmes togolaises, économie informelle, intégration.

Chapitre 3. Irissa ZIDNABA et Nyalo Barkissa DRABO

Protection des droits des travailleurs migrants burkinabè en Afrique centrale

S'appuyant sur des entretiens réalisés à Ouagadougou auprès des migrants burkinabè rapatriés de l'Afrique Centrale et des responsables associatifs et des structures étatiques en charge de la migration internationale au Burkina Faso, cet article questionne les conditions de séjours migratoires des burkinabè au Gabon et en Guinée équatoriale. Il analyse également les violations en matière de droits de l'homme et de migrants auxquelles ceux-ci ont été confrontées. La plupart de ces migrants rapatriés vivaient de façon clandestine et exerçaient des travaux précaires tels que la maçonnerie, l'agriculture, les activités domestiques. Les conditions d'expulsion n'ont obéi aucun principe de droits de l'homme ou de droits des migrants alors que ces deux pays d'accueil sont tous signataires de plusieurs conventions internationales relatives au respect et à la protection des droits de l'homme et des travailleurs migrants sur leur territoire. Les délits de confiscation des biens et de traitements dégradant des migrants sont en effet régulièrement enregistrés.

Mots-clés : migration irrégulière, séjour, travailleur migrant, droit, Burkina Faso, Afrique centrale.

Protection of the Burkinabe Migrant Workers Rights in Central Africa

Based on interviews conducted in Ouagadougou, involving Burkinabè migrants repatriated from Central Africa, the associative leaders and State structures in charge of international migration in Burkina Faso, this work questions the stay of Burkinabè migrants in Gabon and Equatorial Guinea. It also analyzes the abuses and violations of the human rights these migrants face in these two countries. Most of these repatriated migrants lived clandestinely and carried out precarious jobs (masonry, agriculture, domestic activities), and many crimes of confiscation of property and degrading treatment of migrants are regularly recorded, underlining the lack of implementation of the rules to protect the migrant workers.

Keywords: Irregular Migration; Stay, Migrant Worker; Rights; Burkina-Faso, Central Africa.

Chapitre 4. Lawrence R. OKELLO

Internationalisation and Quality of Higher Education in Africa: A Comparative Study of Makerere University and University of Lagos

Widely accepted global phenomenon of internationalisation as a mainstream element of higher education assumes that there is value added to the quality of higher education institutions (HEIs). This study sought to question the validity of the above assumption by examining the relationship between internationalisation and quality of higher education in Africa, drawing from Makerere University (MAK) and University of Lagos as a comparative case study. This study adds empirical evidence on the debate in Africa. While in MAK the study found a strong positive correlation between internationalisation constructs and quality constructs in academic program content and academic program delivery; in UNILAG weak positive correlations were found in academic program content and academic program delivery. Surprisingly, the study found a strong positive correlation between staff mobility activities and constructs of quality in UNILAG while at MAK the correlations were negative. In summary, the finding implies that internationalisation has a potential of shaping quality of higher education in Africa if a stronger synergy is developed between higher education institutions, national, regional and African quality assurance agencies.

Keywords: Internationalisation; Higher Education; Quality; Academic Program Content; Academic Staff Mobility,

Internationalisation et qualité de l'enseignement supérieur en Afrique : étude comparative entre l'université Makerere et l'université de Lagos

Le phénomène de l'internationalisation est souvent présenté comme un gage de qualité des établissements d'enseignement supérieur (EES). Cette étude questionne ce postulat en examinant la relation entre l'internationalisation et la qualité de l'enseignement supérieur en Afrique, à partir d'une analyse comparative entre l'université Makerere et l'université de Lagos. Les résultats obtenus à partir de données qualitatives et quantitatives révèlent à l'université Makerere une forte corrélation positive entre les constructions d'internationalisation et les constructions de qualité dans le contenu des programmes universitaires et le mode d'enseignement des programmes. À l'université de Lagos, les corrélations positives sont faibles, relativement au contenu des programmes académiques et au mode d'enseignement. Curieusement, l'étude montre une forte corrélation positive entre les activités de mobilité du personnel et les constructions de qualité à l'université de Lagos alors qu'elles sont négatives à l'université Makerere. En résumé, les résultats impliquent que l'internationalisation peut potentiellement façonner la qualité de l'enseignement supérieur en Afrique sous la condition qu'il existe une synergie de travail plus forte entre les établissements d'enseignement supérieur, les agences nationales, régionales et africaines d'assurance de la qualité.

Mots-clés : internationalisation, enseignement supérieur, qualité, contenu des programmes académiques, mobilité du personnel académique.

Chapitre 5. Zakaria SORÉ

La mobilité des étudiants à l'Université Ouaga 1 Professeur Joseph Ki-Zerbo

Depuis le processus de Bologne et l'avènement du système Licence Master Doctorat (LMD) en France, la quasi-totalité des universités publiques membres du Conseil africain et malgache pour l'enseignement supérieur (CAMES) ont basculé dans ce système. Une des exigences du LMD, c'est la facilité de déplacement des étudiants dans les différents espaces géographiques. Pendant longtemps, la migration des étudiants africains est restée orientée vers l'Europe et récemment vers le Canada et les États-Unis. La mobilité dans l'espace ouest-africain attire peu de candidats. Cet espace qui semble plutôt bien avancé en matière d'intégration régionale manque de politiques et de programmes de recherches pouvant inciter à la mobilité des étudiants en son sein. Cette situation est aggravée par les difficiles conditions d'études dans les universités de l'Afrique de l'ouest.

Mots clés : mobilité des étudiants, dispositifs institutionnels, stratégies de mobilité, espace ouest-africain.

Student Mobility at the Ouaga University 1 Professor Joseph Ki-Zerbo

Since the process of Bologne and the advent of the system of Bachelor Master Doctorate's degree (BMD) in France, the near total of the public universities members of the African and Malagasy Council for the higher education (CAMES) shift in this system. One of the requirements of the BMD is to ease the movement of the students in various geographical spaces. For a long time, the migration of the African students remained directed towards Europe and recently towards Canada and the United States. Mobility in West African space attracts few candidates. This space which seems rather quite advanced as regards regional integration misses policies and programs of research being able to encourage with the mobility of the students within the area. This situation is worsened by the difficult conditions of studies in the universities of West Africa.

Keywords: Mobility of Students, Institutional Devices, Strategies of Mobility, West African Spaces.

Chapitre 6. Naluwembe BINAISA

Lagos: Negotiating Urban Mobilities in an Age of Mobile Telephony

Lagos is known for the speed of its vibrant business and trade sector, one of the largest economies in Africa and a magnate for continued migration from within Nigeria and beyond. Like many of the world's large cities it is a confluence of intersecting cleavages that include ethnicity, social class, age, gender, religion and citizenship that reveal evolving population densities. In this fast-moving city the diffusion and ubiquity of mobile telephony could be portrayed as an accelerator for equitable development, yet sharp inequalities persist. In this paper, I trace how mobile telephony facilitates communication and information flows and shifts mobilities. Mobilities that reflect human movement across a range of scales as well as that of ideas, norms, goods and infrastructures. In a city where the right to the city is encapsulated within a mantra of 'self-help' straddling diverse contemporary realities and future imaginaries, the ubiquity of mobile telephony reveals 'new' ways of enacting agency within 'old' constraints of social and spatial mobility. I draw on ethnographic fieldwork to trace the complexity of these dynamics. I argue that while we can trace the use of mobile telephony as building on norms of urban conviviality and disrupting boundaries of social difference, much remains in-flux within this contested urban landscape.

Keywords: Lagos, Mobile Telephony, Mobilities, Development, Marginalisation, Infrastructures

Lagos : négocier les mobilités urbaines à l'âge de la téléphonie mobile

Connue pour la performance et le dynamisme de son secteur commercial, Lagos est l'un des principaux centres économiques en Afrique et un pôle d'attraction de migrations continues, aussi bien au Nigeria qu'au-delà. À l'instar de nombreuses métropoles du monde, Lagos est située à la confluence de plusieurs clivages, relatifs à l'appartenance ethnique, la classe sociale, l'âge, le sexe, la religion et la citoyenneté, qui illustrent la densité d'une population en pleine croissance. Si, dans cette ville, la diffusion et l'omniprésence de la téléphonie mobile peuvent être considérées comme un accélérateur pour un développement équitable, de nettes inégalités persistent. Ce chapitre retrace comment la téléphonie mobile facilite les flux de communication et d'information et influence les mobilités. Celles-ci reflètent le mouvement humain, à travers une gamme d'échelles ainsi que d'idées, de normes, de biens et d'infrastructures. Alors que le droit à la ville est encapsulé dans un mantra d'auto-assistance, à cheval sur diverses réalités contemporaines et des imaginaires, l'omniprésence de la téléphonie mobile révèle des *nouvelles* façons d'organiser l'agencement des *anciennes* contraintes de la mobilité sociale et spatiale. À partir d'un travail ethnographique, la complexité de ces dynamiques est examinée pour montrer que, si l'utilisation de la téléphonie mobile consolide les normes de convivialité urbaine et rompt les limites de la différence sociale, d'importantes fluctuations subsistent dans ce paysage urbain contesté.

Mots-clés : Lagos, téléphonie mobile, mobilités, développement, marginalisation, infrastructures.

Chapitre 7. Astadjam YAOUBA

Trajectoires et expériences migratoires de ressortissants ouest-africains à Yaoundé

Engendrée par des difficultés d'ordre politique, environnemental, économique, et des traditions culturelles, l'immigration ouest-africaine trouve au Cameroun une terre d'accueil favorable, du fait que le secteur informel occupe une part importante de l'économie. À partir d'entretiens individuels, cette recherche montre les trajets empruntés par les Sénégalais, Nigérians et Nigériens vivant à Yaoundé. Elle dresse leurs profils démographique, socioculturel, et économique, retrace leurs expériences en migration, et s'intéresse aux différentes compétences acquises et à l'influence que cela a sur leur intégration socioprofessionnelle à Yaoundé. Ces migrants sont surtout des hommes travaillant dans le secteur informel et provenant majoritairement de zones rurales ; ils ont, pour ceux ayant suivi un enseignement formel, le niveau d'instruction du cycle primaire au plus. Beaucoup d'entre eux ont des trajectoires complexes, avec plusieurs zones de transit au cours desquelles ils accumulent de l'expérience qui leur facilite l'accès au logement, à l'emploi, et à d'autres ressources.

Mots clés : immigration, trajectoire migratoire, insertion socioprofessionnelle.

Trajectories and Migration Experiences of West African Nationals in Yaoundé

Encouraged by political, environmental and economic difficulties and cultural traditions, West African immigration finds a favorable land of welcome in Cameroon, by the fact that informal sector occupies a large part of the economy. With individual interviews, this research shows the path taken by Senegalese, Nigerians and people from Niger living in Yaoundé. It draws up their demographic, socio-cultural and economic profiles. It traces their experiences in migration, and interest in the various skills acquired and the influence that this has on their socio-professional integration in Yaoundé. These migrants are mainly men working in the informal sector and mostly from rural areas. They have, for those who have received formal education, the level of education of the primary cycle at most. Many of them have complex trajectories, with several transit areas where they accumulate experience that facilitates access to housing, employment, and other resources.

Keywords: West African Immigration; Migration Trajectory; Experience; Socio-professional Integration; Informal Sector.

Chapitre 8. Loppa NGASSOU

Cascadeurs de motos et contournement des normes dans l'espace CEMAC (1990-2015)

La mobilité des biens et personnes en CEMAC est régie par des normes officielles, à la fois juridiques, professionnelles et sociales. Cependant, certains acteurs économiques, en l'occurrence les cascadeurs de motos opèrent selon des normes pratiques propres à leurs activités de transport de marchandises. Le présent texte s'intéresse aux moyens de contournement des normes officielles de ces acteurs suivant le trajet Nigeria – Cameroun – Tchad / République centrafricaine. Il se fonde sur l'analyse des sources bibliographiques et des données d'entretiens réalisés en 2015 avec des Nigérians, des Camerounais, des Tchadiens et des Centrafricains dans le Nord Cameroun, qui est l'épicentre de l'activité. Il montre la multiplicité des stratégies locales de contournement des normes : la mise sur pied des réseaux, l'usage des routes secondaires, la mise en valeur de la double nationalité et de la filiation, la maîtrise et la pratique des langues locales et le soutien de la population.

Mots-clés : cascadeurs de motos, pratiques locales de contournement, normes officielles, formalités, CEMAC.

Motorcycle Stunt Drivers and Circumvention of Official Norms in the CEMAC Zone (1990-2015)

The mobility of goods and persons in CEMAC's area gets by official norms, which are legal professional and social. However, some economic actors and in the case of this research, the "motorbike stuntmen" are using local official norms in their own economic activities: the goods' trafic. The paper focuses on bypassing local official norms of motorbike stuntmen. They leave from Nigeria and deliver their goods to Cameroon, Chad and Central Africa Republic, three choice countries studied in this paper. For that, the research bases its analysis on bibliographical sources and data's interviews realised in 2015 with Nigerians, Cameroonians, Chadians and Central Africans in heart of goods' traffic: the North Cameroon. This paper analyzes the various ways to bypass community standards including: the setting up of networks, the use of secondary roads, the development of double nationality and filiation, a good practice of local languages and the support of the population.

Keywords: Motorbike Stuntmen; Local Practices of Bypass; Official Standards; Formalities; CEMAC.

Chapitre 9. A. Aziz MOSSI

Mobilité quotidienne et pratiques locales autour du Poste de contrôle juxtaposé entre le Bénin et le Niger

Ce texte analyse les conditions de la mobilité quotidienne à la frontière bénino-nigérienne de Malanville, dans un contexte d'existence d'un Poste de contrôle juxtaposé (PCJ) non encore fonctionnel. Il se fonde sur un corpus de données qualitatives recueillies à l'aide d'entretiens individuels et de groupe. Il montre que la gouvernance de la mobilité quotidienne dans l'espace frontalier obéit non pas à des règles officielles définies au sein des organisations communautaires (UEMOA, CEDEAO), mais à des « normes pratiques » flexibles. Cela montre que les politiques publiques, les conventions et accords officiels définis à l'échelle supranationale sont inopérants. Ils font l'objet de réappropriations diverses, souvent imprévues, qui produisent des effets concrets assez différents des intérêts et attentes des décideurs.

Mots-clés : mobilité, Poste de contrôle juxtaposé, Malanville, frontière, libre circulation.

Daily Mobility and Local Practices in Joint Controlling Border Office Between Benin and Niger

This contribution analyzes the conditions of daily mobility at the Benin-Nigerian border of Malanville, in the context of a not yet operational Juxtaposed Control Station (JCP). It is based on a body of qualitative data collected through individual interviews and groups. It shows that the governance of daily mobility in the border area is ruled not by official rules defined within the community organizations (WAEMU, ECOWAS) but by flexible "practical norms". This shows that public policies, conventions and official agreements defined at the supranational level are ineffective. They are the subject of various re-appropriations, often unforeseen, which produce concrete effects quite different from the interests and expectations of decision-makers.

Keywords: Mobility; Juxtaposed Control Station; Malanville; Border; Free Mobility.

Chapitre 10. Alimou DIALLO

Métamorphoses et gouvernement de la figure de l'étranger au Maroc

À partir d'une enquête à la fois historique et ethnographique, l'article propose de dépasser la catégorie du « transit » dans l'analyse des mouvements de population en proposant une approche internaliste qui prend en compte les dynamiques historiques de gouvernement des différentes figures de la mobilité. L'article éclaire la complexité de la figure de l'étranger et les formes historiques de sa production par l'état colonial, ainsi que les instruments bureaucratiques de contrôle et de surveillance (carte d'immatriculation, contrat de travail, passeport sanitaire, centre de détention) mis en œuvre par l'administration coloniale. Après l'indépendance, l'état postcolonial devient le garant à la fois de la *constance* et de la *rupture* des pratiques coloniales au niveau local, en déclenchant un mouvement de marocanisation et de nationalisation des pratiques de contrôle de la mobilité des étrangers.

Mots clés : étranger, transit, immatriculation, bureaucratisation, état colonial, marocanisation.

Metamorphoses and Government of the Figure of the Foreigner in Morocco

Based on a historical and ethnographic survey, this article proposes to go beyond the "transit" category in the analysis of population movements by proposing an internalist approach that takes into account the historical dynamics of governing the mobility. The article illuminates the complexity of the figure of the foreigner and the historical forms of its production by the colonial state as well as the bureaucratic instruments of control and surveillance (registration card, employment contract, health passport, detention center) used by the colonial administration. After independence, the postcolonial state becomes the guarantor of both the constancy and the breakdown of colonial practices at the local level by triggering a movement of moroccanization and nationalization of the practices of control of the mobility of foreigners.

Keywords: Foreigner; Transit; Registry; Bureaucratization; Colonial State; Moroccanization.

Les auteurs / Contributors

Les éditeurs / Editors

Elieth P. EYEBIYI : Docteur en Sociologie Anthropologie et PhD en Etudes urbaines, diplômé des Universités du Bénin et du Québec (Canada), Elieth Eyebiyi est enseignant chercheur et Coordonnateur du Programme MIGDEVRI au LASDEL Bénin/Niger. Précédemment Visiting Research Fellow à l'Institute of Advanced Study de Princeton, au Swedish Collegium, à l'Ecole des Hautes Etudes en Sciences Sociales de Paris, chercheur à l'Institut historique allemand de Paris et IsoLomso Fellow à Stellenbosch, il est spécialiste des questions de gouvernance politique et des télécommunications, mobilités, développement et informalité. Ses travaux actuels questionnent la production de l'informalité dans les espaces frontaliers ouest-africains, les mobilités étudiantes Sud-Sud et la place du genre dans le nexus migration et développement. Lauréat du Prix du Rayonnement international de l'Institut national de la recherche scientifique de l'Université du Québec en 2018 et Edinburgh Catalyst Fellowship en 2019. Auteur de plusieurs ouvrages dont le prochain porte sur les mobilités intra-africaines des médecins.

Angèle Flora MENDY : Docteure ès-Sciences sociales de l'Université de Lausanne, diplômée des Universités de Genève et de Saint-Louis du Sénégal, Angèle Mendy est sociologue, enseignante chercheure à l'Université de Lausanne. Précédemment Visiting Research Fellow à l'International Migration Institute (IMI) de l'Université d'Oxford, elle est spécialiste des migrations, des mobilités des professionnels de santé, des politiques de santé publique internationale et des interconnexions entre le Nord et le Sud dans le domaine de la santé. Ses travaux portent sur les carrières des médecins et infirmiers/infirmières africains en Europe et en Afrique. Sa thèse de doctorat a reçu le prix de la Conférence des Universités de Suisse occidentale et celui de la Faculté des sciences sociales et politiques de l'UNIL. Angèle Mendy est l'auteur de l'ouvrage Être médecin africain en Europe publié aux éditions Karthala en 2016.

Les contributeurs / Contributors

Naluwembe BINAISSA : Research Associate at University College London (UK) on the project *Citizens of photography: the camera and the political imagination*. Previously based at the Max Planck Institute for the Study of Religious and Ethnic Diversity, Göttingen, Germany and the International Migration Institute, University of Oxford.

Alimou DIALLO : Doctorant associé à la Chaire d'études africaines comparées et chercheur au Centre de recherche "économie, Société et Culture" de Rabat. Sa thèse de doctorat en science politique, à l'Institut des sciences sociales du politique de Paris, porte sur les formes de gouvernement des étrangers au niveau local, au Maroc.

Nyalo Barkissa DRABO : Juriste, Ingénieure de recherche au Département Sciences juridiques, politologie et histoire de l'Institut des Sciences des Sociétés du Centre national de la Recherche scientifique et technologique (CNRST), au Burkina Faso.

Sylvester KOHOL : PhD Student in history at University of Ibadan (Nigeria). Embedded on social history, his researches focused on migratory and correction studies (penology) with ongoing thesis on *History of the Prisons Service in Colonial Southwestern Nigeria 1872-1960*. He was MIGDEVRI Fellow resident at Lasdel Benin.

A. Aziz MOSSI : Anthropologue, chercheur au Lasdel Bénin et Enseignant à l'Université de Parakou (Bénin). Ses travaux s'intéressent à la délivrance des services publics incluant l'installation de Postes de contrôle juxtaposés aux frontières.

Loppa NGASSOU : Doctorante en histoire à l'Université de Ngaoundéré (Cameroun). Ancienne lauréate des bourses de résidence MIGDEVRI au Lasdel Bénin, où elle a travaillé sur les pratiques informelles aux frontières dans l'espace CEMAC.

Lawrence Rafaih OKELLO : Social worker, program manager and consultant. Graduate of the Uganda Management Institute. His current research examines, in a comparative approach, the Internationalization of Higher Education in Nigeria and Uganda.

Mutiat Titilope OLADEJO : PhD in History, University of Ibadan, Nigeria. Her research focused on Togolese women's integration in Nigeria, especially in Ibadan.

Zakaria SORÉ : Sociologue, Attaché de recherche, Institut des Sciences des Sociétés (INSS), Université Ouaga 1– Professeur Joseph Ki-Zerbo. Ses travaux portent sur les mobilités étudiantes dans l'enseignement supérieur au Burkina Faso.

Astadjam YAOUBA : Titulaire d'un Master professionnel en démographie. Doctorante en sociologie à l'Université de Yaoundé I au Cameroun, sa thèse porte sur l'immigration ouest-africaine au Cameroun. Ancienne lauréate des bourses de résidence MIGDEVRI au Lasdel Bénin.

Irissa ZIDNABA : Géographe-démographe, ingénieur de recherche du Département Sciences de la Population de l'Institut des Sciences des Sociétés du Centre national de la Recherche scientifique et technologique (CNRST), au Burkina Faso.

www.ingramcontent.com/pod-product-compliance
Lightning Source LLC
Chambersburg PA
CBHW080214040426
42333CB00044B/2656